叢書・ウニベルシタス　1008

規則の力

ウィトゲンシュタインと必然性の発明

ジャック・ブーヴレス
中川大・村上友一 訳

法政大学出版局

規則の力——ウィトゲンシュタインと必然性の発明　目次

「（…）私が研究したのは、諸民族の風俗であった。そこで学ぶことができたのは、必然性と恣意、衝動と意欲、進行と抵抗の出会いからいかに第三のものが生じ、それが芸術でも自然でもなく、同時に両者であり、必然的かつ偶然、意図的かつ盲目ということであった。私は人間社会を理解した。」

J・W・ゲーテ〔木村直司編訳『ゲーテ形態学論集・植物篇』、ちくま学芸文庫、二〇〇九年、二〇九頁〕

凡例

T : *Tractatus logico-philosophicus*, German text with a new translation by D. F. Pears & B. F. McGuinness, Routledge & Kegan Paul London, 1971. ＝『論理哲学論考』（奥雅博訳、『全集』第一巻所収）

WWK : *Wittgenstein und der Wiener Kreis: Shorthand notes recorded by F. Waismann*, edited by B. F. McGuinness, B. Blackwell, Oxford, 1967. ＝「ウィトゲンシュタインとウィーン学団」（黒崎宏訳、『全集』第五巻所収）

WL 1930–33 : « Wittgenstein's Lectures in 1930–33 » in G.E. Moore, *Philosophical Papers*, Allen & Unwin, London, 1959, pp. 252–324. {and in *Philosophical Occasions: 1912–1951*, pp. 46-114} ＝「ウィトゲンシュタインの講義一九三〇—三三年」（藤本隆志訳、『全集』第一〇巻所収）

WLC 1930–32 : *Wittgenstein's Lectures, Cambridge, 1930–1932, From the notes of John King and Desmond Lee*, edited by Desmond Lee, B. Blackwell, Oxford, 1980. ＝デズモンド・リー編『ウィトゲンシュタインの講義I——ケンブリッジ一九三〇—三二年』（山田友幸、千葉恵訳、勁草書房、一九九六年）

WLC 1932–35 : *Wittgenstein's Lectures, Cambridge, 1932–1935, From the notes of Alice Ambrose and Margaret Macdonald*, edited by Alice Ambrose, B. Blackwell, Oxford, 1979. ＝アリス・アンブローズ編『ウィトゲンシュタインの講義II——ケンブリッジ一九三二—三五年』（野矢茂樹訳、勁草書房、一九九一年、講談社学術文庫、二〇一三年）

PB : *Philosophische Bemerkungen*, B. Blackwell, Oxford, 1964. ＝『哲学的考察』（奥雅博訳、『全集』第二巻所収）

PG : *Philosophische Grammatik*, B. Blackwell, Oxford, 1969. ＝『哲学的文法』（山本信、坂井秀寿訳、『全集』第三・四巻）

BlB & BrB : *The Blue and Brown Books*, B. Blackwell, Oxford, 1958. ＝「青色本・茶色本」（大森荘蔵訳、『全集』第六巻所収）

BGM : *Bemerkungen über die Grundlagen der Mathematik*, Revidierte und erweiterte Ausgabe, Suhrkamp Verlag, Francfort, 1974. ＝「数学の基礎」（中村秀吉、藤田晋吾訳、『全集』第七巻。ただし、これは大幅に増補・改訂される以前の第二版の邦訳であるの

で、対応箇所の訳が存在しない場合がある）

Z : *Zettel*, B. Blackwell, Oxford, 1967. ＝「断片」（菅豊彦訳、『全集』第九巻所収）

WLFM : *Wittgenstein's Lectures on the Foundations of Mathematics, Cambridge, 1939*, From the notes of R. G. Bosanquet, Norman Malcolm, Rush Rhees, and Yorick Smythies, edited by Cora Diamond, The Harverster Press, Hassocks, Sussex, 1976.

PU : *Philosophische Untersuchungen (Philosophical investigations)*, B. Blackwell, Oxford, 1953. ＝『哲学探究』（藤本隆志訳、『全集』第八巻）

UG : *Ueber Gewissheit (On Certainty)*, B. Blackwell, Oxford, 1969. ＝「確実性の問題」（黒田亘訳、『全集』第九巻所収）

BF : *Bemerkungen über die farben (Remarks on Colour)*, B. Blackwell, Oxford, 1977. ＝『色彩について』（中村昇、瀬嶋貞徳訳、新書館、一九九七年）

RPP1 & 2 : *Remarks on the philosophy of psychology (Bemerkungen über die Philosophie der Psychologie)*, vol. I & II, B. Blackwell, Oxford, 1980. ＝「心理学の哲学」（佐藤徹郎、野家啓一訳、『全集』補巻第一・二巻）

CV : *Culture and Value* (*Vermischte Bemerkungen*), edited by G.H. von Wright in collaboration with Heikki Nyman, translated by Peter Winch, B. Blackwell, Oxford, 1980. ＝『反哲学的断章』（丘沢静也訳、青土社、一九八一年）

LWPP1 : *Last Writings on the Philosophy of Psychology* (*Letzte Schriften über die Philosophie der Psychologie*), vol.I, Preliminary Studies for Part II of *Philosophical Investigations*, B. Blackwell, Oxford, 1982.

ウィトゲンシュタインの著作についての略記法および参照のしかたは右の通りである。『全集』とあるのは、大修館書店から刊行されている「ウィトゲンシュタイン全集」全一二巻（補巻二冊をふくむ）のことである。

『全集』所収の「青色本」は文庫化もされている（ちくま学芸文庫、二〇一〇年）し、全集以外の邦訳もある（黒崎宏『『論考』『青色本』読解』、産業図書、二〇〇一年）が、参照頁付は全集版に拠った。『哲学探究』も全集以外の邦訳がある（丘沢静也訳、岩波書店、二〇一三年、黒崎宏『『哲学的探求』読解』、産業図書、一九九七年）が、全集版の頁数のみ記した。

『論理哲学論考』は、多くの邦訳があり、また、章節番号のほうが参照しやすいと思われることから、（原著で指示されている）章節番号に加えて邦訳書の頁数を付記することはしなかった。訳注等で言及した場合もそれに準じた。『雑考』（CV）について、本書中では、ウィトゲンシュタイン文献での慣例にならい、邦訳書表題とは違うこの表題を採用した。

本文および原注で、〔　〕内に記したのは、本書の訳者による補いである。［　］は原著者ないし引用文献の翻訳者による補いである。

原著の注の付け方は一貫性を欠いている。本訳書では、凡例にあるウィトゲンシュタインの著作についての文献的な原注は本文中に挿入し、その他の原注は後注に回した。

原注のなかに〔　〕で補ったのは、原著刊行以後に出版された書物についての情報（とくに Wittgenstein, *Philosophical Occasions: 1912–1951*, ed. By James Klagge and Alfred Nordmann, Hackett, 1993 に収録されたウィトゲンシュタインの著作について、その参照箇所）などである。

本書中で引用されているウィトゲンシュタインの著作についても、その他の文献についても、既存の翻訳をおおいに活用させていただいた。訳文をほとんどそのまま使用しながら、本書中の表記に合わせて一部を断りなく変更させていただいた場合もある。お許しをいただきたい。

序文

わたしは一〇年以上前に出版した書物[1]――これはあまり反響を呼ばなかったけれども、本来ならもう少し反響があってもよかったはずのものだ――の中で、「規則に従う」とはどういうことかを、私的言語の可能性との関係において詳しく論じておいた。本書の執筆を思い立った当初の意図は、このウィトゲンシュタインの問いに立ち返ることであった。この問いに立ち返るべき理由はいくつもあった。第一に、すでに時代遅れのものになっていて、誤ったことは言っていないにしても不十分極まりないこの書物を、いまさら読み返すというのはひどく気の進まないことだからである。しかも、当時は利用できなかったウィトゲンシュタインのテキストが現在では利用できるようになっており、当時であれば採用することのできた解釈上の仮説が、いまでは真剣に再検討せねばならなくなっている場合もある。それが、この書物をもう一度読み返そうという気を、いっそう失せさせるのだ。第二の理由は、いまやウィトゲンシュタインにかんする研究書は、過去の偉大な著者たちについての研究書の中でも、うんざりするほどの分量を占めるにいたっているというのに、フランス語で書かれたウィトゲンシュタイン研究書はといえば、とるに足らないとは言わないまでもまだ圧倒的に少ないことである。実際、フランス語圏におけるウィトゲンシュタイン研究は、ある意味でいまだ手つかずの状態にある。

たしかに、いつの頃からかウィトゲンシュタインはフランスの保守的な哲学者たち――わたしとしては、むしろかれらこそが前衛的だと言いたいのだが――の注意を引いてきた。しかし、それはあまりに打算的なものであって、端っから《アプリオリ》相当に疑わしいものであった。いずれにせよ、かれは突如として哲学業界の聖人となった。業界は誤ってかれを論理実証主義〔訳注1〕の代表格と見なして何年ものあいだ無視または軽視してきた。しかし最近になって、今日なお明らかにかれらの嫌悪の対象であり続けているもの、「真の」哲学がかつてないほど対決を迫られている主要な脅威、それに対する対抗手段としてウィトゲンシュタインを用いる可能性を発見したらしい。論理、厳密性、合理性といったものに言及するといつでも、フランス哲学の思想的指導者たちは本気で被害妄想を抱いてしまい、この被害妄想が哲学通たちを喜ばせているといったありさまだ。さらに憂慮すべきことに、今日ではウィトゲンシュタインを利用する主な目的が、このような幼稚な態度を正当化したり助長したりすることになりかねない。

このようなわけで（わたしの理解が正しいとすればだが）、いまやウィトゲンシュタインは哲学する自由のいわば擁護者に昇格してしまっており、論理的かつ科学的（こんなにうまくいっていることを、なぜ途中でやめてしまうというのだろうか）、さらには政治的でさえある秩序の代理人たちを向こうに回して、哲学する自由を唱道していることになっている。しかしながら、神聖にして侵すべからざる「出版と報道の自由」に対してクラウスが抱いていたのと同じような考え方を、われわれの思想的指導者たちが哲学的自由（これは、ほとんどなんでも正当化なしに言ってよい自由を意味する）と呼んだものについてウィトゲンシュタインが抱いていたとしても、理解しがたいことではない。〔訳注2〕あるときウィトゲンシュタインはドゥルーリーに対して、みずからの哲学が「実務的なもの（business-like）」であってほしいと、みすぼらしい不動産物件で食いつないでいる無能な所有者からその所有権を剝奪することこそ自分の仕事なのだと言っている。〔訳注3〕今日では、ニーチェはもはや明らかな成功者とはいえず、おそらくハイデガー〔訳注4〕もその権威を少しずつ失いはじめている。そうした中で、わが国における哲学の貧困化と哲学的議論の惨状の元凶である不動産所有者どもは、「言語ゲーム」の概念や、その他のウィトゲンシュタイン的な道具立て《ガジェット》を発見してからこちら、ウィトゲンシュタインを利用して自分たちの商売を立て直そうとしているのだ。

こうしたことが少しでも気にかける値打ちのあることなのだとすれば、ウィトゲンシュタインの数々の発見がまだよく理解できておらず、その使い方が会得できていない注釈家としては、ウィトゲンシュタイン自身が立てた問いと、その問いの立て方にいま一度関心を寄せざるをえない。しかし、規則にかんする問いに立ち返る最大の理由は、ウィトゲンシュタイン解釈者の大部分がこの一〇年で態度を一変させてしまったことにある。規則という主題、規則に従うとはどのようなことかという主題にかかわる『哲学探究』の諸考察は、長らく一般に数学の哲学の問題と結びつけられ、比較的周辺的な注意しか引いてこなかった。しかし、ある時期から、実際にはこれらの諸考察がこの著作の中心的部分となっているという一種の合意形成がなされているように思われる。理解、意味、指示、客観性、必然性についての反省が、さらには、これまではわりとぞんざいに取り扱われてきた——注釈家の選好や選択に応じて重視されたり軽視されたりしてきた——他の主題にかんしても、この諸考察を出発点とすることで比較的体系的なしかたで理解し秩序づけることができるような、そういう中心的部分となっていると考えられるようになったのである。

わたしがこの問題に最初に取り組んだとき(2)、わたしとしては、ウィトゲンシュタインがこの点について言ったことが、現代哲学に対するかれの最も重要な（あるいは少なくとも、最も魅力的かつ刺激的な）貢献であると考えていた。ウィトゲンシュタインは、チョムスキー言語学や人類学、もっと一般的にいえば、規則（とりわけ、暗黙の内に含意された規則）の概念を無批判に使用しているすべての学問領域の主要問題を定式化することに成功したと、その頃のわたしはそう確信していた。しかし、ウィトゲンシュタインの挑戦がほんとうに真剣に受け取られ、実際に評価されはじめたのは、それから数年後のことであった。長らくチョムスキー学派の理論家たちは、言語に対するウィトゲンシュタインの哲学的反省をほぼ完璧に無視できると考えていた。いわゆる「行動主義的分類学的」言語学を復興させようとしている者たちや、言語現象に対するひたすら理論的なアプローチそのものを頭ごなしに否定しようとする者たちをほぼ完璧に無視してしまえるのと同じように。しかし、これまで生成言語学の概念、方法、プログラムに対して表明されてきたあらゆる批判の中で、ウィトゲンシュタインから、あるいは少なくとも、クリプキ〔訳注5〕の提示した「ウィトゲンシュタインのパラドクス(3)」から引き出しうる批判こそが、最も興味深いものであるということ、これは今日ではチョムスキー自身も認めるところであるように思われる〔訳注6〕。

しかし、ここで注意しておくべきことがある。チョムスキーのような理論的企てを、あるいは、もっと一般的に、自然言語の意味にかんする体系的理論のようなものを構築したり、どのような方法で構築するのが正しいのかを思い巡らしたりする試みを、ウィトゲンシュタインの諸考察がどれほど深刻に問い直すものであったのかということ、この点にかんして解釈者たちの一致はいまのところ存在しないということである。クリスピン・ライト〔訳注7〕は一九八〇年にこう驚いている。「『探究』の出版から三〇年近くも経つというのに、こうしたアプローチの支持者たちの著作の中に、自分たちの計画がどの点で、二〇世紀におけるもっとも独創的なこの哲学者の着想を補完するものであるのか、あるいは取って代わるものであるのか、あるいは促進するものであるのか、あるいは切り崩すものであるのかにかんして明記しているのを探しても、ほとんどなにも見つからない」(4)。実際、こうした状況は驚くべきものに思われるかもしれないが、おそらくライトの示唆するような気まぐれな哲学的流行の産物なのではない。一方で、ウィトゲンシュタインのほのめかしは、ひたすら敗北主義的な予断にしばられていたのであり、そんな予断は、歩いて見せることで運動を証明するように、所与の自然言語のための体系的意味理論を実際に構築してみせるだけで斥けうるのだ（チョムスキー主義者たちがそう確信していたのは明らかである）と長いこと考えられてきた。そういうことではないのだと分かるにはある程度の時間が必要であった。もう一方では、この問題が真剣に議論されるようになり、とりわけウィトゲンシュタインのテキストが提起しつづける解釈上の難問のゆえに、この問題に対して厳密かつ説得的な解答を与えるのに必要なだけ明晰なしかたでかれのテキストを定式化することはおそらくできない、ということが理解されるようになった。ベイカーとハッカー〔訳注8〕を含む何人かの論者は、ウィトゲンシュタインは目下流行しているような言語理論、つまりはチョムスキーや、ダメット〔訳注9〕や、デイヴィドソン〔訳注10〕等々の、すべての信用をいわば前もって失墜させておいたのだと見ている(5)。しかし、ウィトゲンシュタインの概念的考察は、意味の「科学的」理論という発想や、脳状態や中枢神経系によって言語能力や言語理解を説明するモデルを構築する可能性を根底から覆すような反論をなんら含むものではないとする解釈も、同じように見出だされる。

わたしの個人的印象を言わせてもらえば、この点にかんしてどんな仮説でも立てることができる以上、ウィトゲンシュタインはおそらく、この種のプログラムに対しても数学の場合と同じく中立的な立場を、すなわち反修正主義的な態度をとったであろうと思われる。心理学の特徴が実験的方法と概念の混乱とが存在することにあるのは、数学のある分野（たとえば集合論）において概念的混乱と形式にかなった証明方法とが共存しているのと同じである、と『哲学探究』の最後で指摘されている。たとえ概念を明晰化したとしても、それによって集合論において証明方法に傷がつくことはなく、心理学において実験的方法に傷がつくことはない。そもそも、チョムスキーのモデルに基づいて構築された言語理論は概念的混乱でしかありえないとウィトゲンシュタインが考えるなどということは信じがたいことである。実際に概念的混乱を含んでいるということは、現在では――部分的にはウィトゲンシュタインの影響のゆえに――徐々に認められつつあるのだけれども。とはいえ、ウィトゲンシュタインの数学についての哲学的考察が、かれ自身の主張するように、ほんとうになにからなにまで数学の現状を維持しうるものであるかどうかは、法外に難しい係争中の問題である。言語のような対象の場合には、本来の意味での理論と原理的には直接衝突することのない哲学的な概念分析と、その理論が含んでおり、経験的に検証しようとしている諸仮説の検討とを、つねに明確に区別できるということは、おそらくもっと疑わしい。

発話主体が絶えず言語そのものを変容させていくような創造ないし発明の過程に、言語は服従せざるをえないという理由で、言語の習得を特定の規則体系にかんする暗黙知によるものとして描きうることを頑として受け容れない人たちがいる。そうした人たちには、ウィトゲンシュタインの（より正確には「クリプキの」だと言う人もいるだろうが）懐疑的パラドクスがもつ一見したところ反理論的な含意は歓迎されるであろう。しかしわたしの考えでは、これはとても悪い理由である。なぜなら、これら二つの見方のどちらかを選ぶ必要などないからである。わたしたちが理解すべきはまさに、言語使用が一面では体系的で予測可能なものでありつつ、それと同時に、ある意味では予測のできない斬新なものでもあるということが、いかにして可能なのかということなのだ。わたしたちが「ある人がある規則を習得した」と十分な根拠をもって言っているときには、わたしたちはその人の行動にかんして多くのことを予言できるのだということ、そのことをウィトゲンシュタインが否定していないのは確かである（否定していると解釈する人たちもいるが）。懐疑的パラドクスが一見したところ、無秩序状態がある意味でいつでも起こりうるということを意味しているように見えるとしても、その無秩序状態が現実のものだということは少しも含意していないし、まして、言語の創造性が可能であるためには、その無秩序状態が現実のものでなければならないということも、まったく含意してはいない。

いずれにせよ（現実の、または想定上の）パラドクスとその諸帰結[6]について掘り下げて検討することは先送りしなければならなかった。わたし自身があらぬ方向へと引きずり込まれているのに気づいたからである。ウィトゲンシュタインの「懐疑的」な考察が描き出しているのは、規則が有しているように見えるある種の脆さと無力さであるかのように見えるかもしれないが、しかし、かれの思索における決定的かつ核心的な要素は、むしろ「規則の力」とでも呼びうることであって、それはつまり、わたしたちが従っている必然性は、規則の力を通して、そしてそれを通してのみ姿を現わすということなのである。「必然性の発明」という発想はクリスピン・ライトから借用した。必然性は発明の娘であるという定式は、おなじみの英語のことわざ、「必要は発明の母である（Necessity is the mother of invention）」をひっくり返したものなので、おそらく英語で言ったほうが伝わりやすいであろう。〔訳注11〕いずれにせよ、この定式がみごとに要約しているのは、ウィトゲンシュタインの必然性のとらえ方のうちには、独特であると同時に、まったく逆説的で挑戦的な発想が含まれているということだ。その発想によれば、わたしたちの表現体系が従うべきであった、あるいは従うべきことになるはずの、事物の本性がわたしたちに必然性を押しつけるのではない。むしろ、もっぱら、わたしたちがどのように表現体系を選んだのかというその選び方が、わたしたちに必然性を押しつけるのである。必然性を自由に創造する過程が、最も体系的かつ劇的なしかたで発動する領域が数学である。こうして気づけば、わたしはウィトゲンシュタインの数学の哲学を横断するという大航海へと乗り出すことになってしまっていたのであって、本書はじつのところその第一歩にすぎない。一般に、ウィトゲンシュタインの哲学のこうした側面は、最もよく研究されているものでもなければ、最も評価されているものでもない。むしろその反対である。しかしわたしが確信しているところでは、それは間違いなくかれの哲学の核心をなしているものであって、ウィトゲンシュタインが言ったことの幾つかが一見したところ不可解で不合理であって、かれの名声につり合わないものに見えるからといって、無視したり過小評価したりできるようなものではない。

ウィトゲンシュタインは、「真でない場合を想像できないとされる命題は、そのような場合の考えられる命題とは違った機能をもっている」（BGM, p. 225〔『全集』第七巻、二二八頁〕）ことを強調している。数学的命題および文法的命題一般の場合には、相違点は、それらがじつは規則として機能しており、厳密には真でも偽でもないという点にある（もしそれらの命題が、本来の意味での命題と見なされるとすれば、真なる命題としてしか出現しないであろうが）。しかし、それが偽であると考えることができない、または考えたくないという点では規則と同じだが、しかしそれでも規則ではない多くの命題がある。反実在論者の思索を突き詰めていくと無神論的な結論に帰着するのだとしたら、カトリックの哲学者としてどのように対処するのかと問い尋ねられて、ダメットはこう答えている。「それがさほど重大なことだとは思いません。わたしの宗教的信念が告げるところによれば、わたしはどこかで間違いを犯してしまったに違いないのです[7]」。これは、命題を規則として用いるしかたの秀逸な例である（ウィトゲンシュタインによれば、数学的規則もまた「わたしはどこかで間違いを犯してしまったに違いない」と言うことを許す）。しかし、宗教的確信を表現している命題は、文字どおりの意味で（その他のことがらについてわたしたちが語りうることすべての形式を決めている）規則であって、偽でもありうるようなことを主張しているほんものの命題なのではないなどと、実際に言えるものであろうか。ダメットのような態度をとる信者にとっては、偽となる可能性はそもそもないのだとしても。『確実性の問題』の中で、ウィトゲンシュタインは「論理学の命題ばかりでなく経験命題の形式を具えた命題も、思想（言語）の操作の基盤をかたちづくるものである」（UG, §401〔『全集』第九巻、九九頁〕）と認めている。しかし、そうした命題に「文法的」な役割をどうにかして帰属させることができたとしても、それらの命題を厳密な意味において文法的命題と見なすことができないのは明らかである。なぜなら、それらは仮説を構成してはいないとしても、間違いなく対象についての命題だからである（cf. UG, §402〔『全集』第九巻、九九―一〇〇頁〕）。

伝統的な考え方では、わたしたちが数学的命題に認めているまったく特別な確実性は、数学的命題の対象の特殊性と、わたしたちが数学的対象を認識するしかたの特殊性とから生ずる。物理的対象の場合、わたしたちは仮説を立てることをいわば強要されているのだが、しかし数学的対象の場合には、外界の事物のように外部からわたしたちが認知するのではない（フレーゲの言うように〔訳注12〕）から、わたしたちは全面的で決定的な確実性を手に入れることができるというのである。ウィトゲンシュタインは、数学的命題と通常の命題をこんなふうに区別することを全面的に斥けて、わたしたちは数学的命題の真理性について確信しているのと同じように、特定の経験命題の真理性をも確信することができるのだと（正しく、とわたしには思われるのだが）主張している。この相違は確実性の程度の相違ではなく――（きちんと測ることができれば）程度は同じかもしれない――確実性の論理的タイプの相違なのである。しかし、そうだとすれば、わたしたちが（たとえば論証に基づく）ほんものの必然性を認めていると信ずるがゆえに、ある命題をどんな反証可能性からも免れさせている場合と、ただわたしたちがその命題を教義《ドグマ》として受け入れてしまっているというだけで、それに対する反証が問題外であるような場合とのあいだにある違いを、どのように理解しなければならないのか。

　わたしたちの概念選択にかんして（理由のある）改訂を提案することによって、いつでもわたしたちが疑義を差し挟むことのできる必然性と、絶対に揺らぐことはないが、批判されることはありうるし、万一の場合には偽である――この語の通常の意味において――と認められうる教義《ドグマ》ないし確信とを、峻別することを可能にするような多くの要素をウィトゲンシュタインが与えてくれているわけではない。クリスピン・ライトの考えでは、『確実性の問題』におけるウィトゲンシュタインは、あらゆる異議申し立ての可能性を――どんな理由であれ、あるいは理由などまったくなくても――免れている確信から、必然性を区別することは無意味であるという考え方に接近している。(8) ウィトゲンシュタインと同じ哲学観をもつ者にとっては、この区別は哲学的観点から見て無意味である。わたしたちは特定の諸命題をまったく特殊なしかたで使っているのだが、わたしたちはそのことを認めようとはしたがらない。こうしたわたしたちの傾向性に反して、まったく特殊なしかたで使っていると認めることが哲学の務めなのであって、その諸命題の実際の使用法が合法的かどうかを示すことが哲学の務めなのではない、というのがウィトゲンシュタイン的な哲学観である。いずれにせよ、かれにとって哲学が、根本的な信頼――それがどんな種類のことであれ――を擁護したり攻撃したりするのにわたしたちが平素より用いている理由よりも、それ自体としてよりよく、より深遠な理由を与えうるなどということはありそうもない。ましてや、ふつうの理由の連鎖をたどって行き着いた地点において（「哲学的な」）理由を見つけるのを任務とするなどということも問題外である。

説明（おそらくは言い訳）というかたちでの注意を終えるにあたって以下のことを付け加えておきたい。わたし個人としては、数学的実在論を支持すべく一般に引き合いに出されるようなどんな論証にもまったく納得していない。そして、そうした傾向にある人は、ウィトゲンシュタインの数学にかんする考察に、それが実際にもちうる以上の重要性を帰属する危険性があるということを、わたしは見過ごしてはいない。いずれにせよ、ほとんどなんの不安もなしにプラトニスト流の概念や説明(9)を受け容れている人には、ウィトゲンシュタインが数学にかんして述べたことに対して実際的関心を見出だすのが難しいのは確かである。しかしながら、はっきりとした――それと同時にきちんと理由づけられた――プラトニスト的な確信を公言する人たちが、いつでもみずから進んで開けっぴろげにそうしているわけではなく、かれらの多くはただほかにしかたがないというだけでプラトニズムを受け容れようと決めているということは明らかである。それゆえ、ほかにやりようがあるということを立証しようという企てが前途有望なものだと予想するのは当然のことである。

　プラトニズムに対するウィトゲンシュタインの敵意は、存在論的倹約や認識論的な議論によってではなく、概念的理由に動機づけられたものである。じつに有害な哲学的混乱を避けるために、まったく違ったしかたで進んでいくことができるだけでなく、そうせねばならないのだとかれは確信していた。ウィトゲンシュタインが、あらゆる点で説得的であるような競合する見方を、数学的実在論に対してうまく対置しているとまで言うつもりはない。しかし、わたしはクリスピン・ライトと同じように、ウィトゲンシュタインは困難であるとともに重要でもあるような一連の問題を――たとえ完璧には解決することができなかったにせよ――後世に遺したのだと確信している。また、ほとんど公平とはいえない注釈者たちに対してとるべき最善の態度は、おそらく「かれらがウィトゲンシュタインに対しては示さなかったような寛容を示すこと」[10]であると確信してもいる。

　当然考慮に入れておかなければならないのだが、『数学の基礎』の著者に対してわたしが示したような寛容は、結果的には不適切なものであるかもしれない。しかし、そうなのだとしても、それは、わたしたちがすこぶる執着してきた伝統的な数学像をどんな代価を払ってでも維持したいという欲求より、はるかに深刻な理由のためであるはずだ。ベナセラフ〔訳注13〕はラッセルの有名な警句〔訳注14〕を手直しして、規約主義は窃盗が正直な労働に対してもつ利点と同じ利点をもつのではないと主張している。「なぜなら、窃盗の場合には少なくともなにか獲物を持ち帰るのに対して、暗黙の定義や規約的過程やそれに類似した手段によっては、真理を持ち帰ることはできないからである」[11]。しかし、ベナセラフが思い浮かべているような種類の真理が、すなわち、数学的命題とその対象とのあいだの、規約主義なら無視する結びつきを明らかにすることでのみ得られるような真理が、数学でほんとうに必要とされているのだろうか。思うに、ウィトゲンシュタインが明らかにしようとしたのはこういうことだ。必然性を欲するなら、その意味での真理を同時に手にすることはできない。

原注

(1) *Le mythe de l'intériorité, Expérience, signification et langage privé chez Wittgenstein*, Edition de Minuit, 1976.

(2) Cf. J. Bouveresse, « La notion de "grammaire" chez le second Wittgenstein », Actes du colloque d'Aix-en-Provence, 21–26 juillet 1969, *Revue internationale de philosophie*, nº 88–89, pp. 319–338.

(3) Cf. S. Kripke, *Wittgenstein on Rules and Private Language*, B. Blackwell, Oxford, 1982.〔ソール・A・クリプキ『ウィトゲンシュタインのパラドックス――規則・私的言語・他人の心』、黒崎宏訳、産業図書、一九八三年〕

(4) C. Wright, *Wittgenstein on the Foundations of Mathematics*, Duckworth, London, 1980, p. 279.

(5) Cf. G.P. Baker and P.M.S. Hacker, *Language, Sense and Nonsense*, A Critical Investigation into Modern Theories of Language, B. Blackwell, Oxford, 1984.〔ベイカー&ハッカー『言語のセンスとナンセンス』、峠敏之訳、松柏社、二〇〇〇年〕

(6) この問題に対する最初の取り組みとして、J. Bouveresse, « Le "paradoxe de Wittgenstein", ou comment peut-on suivre une règle? », in *Ludwig Wittgenstein*, numéro spécial de la revue *Sud*, 1986, pp. 11–55. を参照のこと。

(7) *Philosophical Doubts and Religious Certainties*, An Interview with Michael Dummett, *Cogito*, 1 (1987), p. 3.

(8) Cf. C. Wright, *op. cit.*, p. 415, note 1.

（9）以下、「数学的プラトニズム」という表現は、P・ベルナイスの論文（« Sur le platonisme dans les mathématiques », *L'enseignement mathématique*, 34, 1935）以降、数学の哲学者たちがこの表現に与えてきた意味で使用する。もちろん、これがプラトン自身の教説を正確に表現していると言い張るつもりはない。すでにしてポアンカレが、「カントール主義者」の立場と「プラグマティスト」の立場（こちらがポアンカレの立場である）とを対比しつつ、カントール主義者の数学的実在論とプラトンのイデア論とが近しいものであることを指摘していた（cf. *Dernières Pensées*, Flammarion, Paris, 1913, p. 159–160）〔アンリ・ポアンカレ『晩年の思想』、河野伊三郎訳、岩波文庫、一九三九年、一四八―一五一頁〕。

（10）C. Wright, *op. cit.*, p. 467.

（11）P. Benacerraf, « Mathematical Truth », in P. Benacerraf and H. Putnam (eds.), *Philosophy of Mathematics: Selected Readings*, B. Blackwell, Oxford, 2e édition, 1983, p. 420.〔飯田隆編『リーディングス　数学の哲学――ゲーデル以後』、勁草書房、一九九五年、二六八頁〕

訳注

〔訳注1〕前世紀二度の世界戦争のあいだの時期に緊密な連携のもとに活動したウィーン学団（シュリック〔Moritz Schlick, 1882–1936〕やノイラート〔Otto Neurath, 1882–1945〕、カルナップ〔Rudolf Carnap, 1891–1970〕らに代表される）とベルリンの科学哲学会（ライヘンバッハ〔Hans Reichenbach, 1891–1953〕らに代表される）の活動を総称して論理実証主義と呼ぶ。この学派の成員たちはウィトゲンシュタインの『論理哲学論考』の影響を強く受けているけれども、かれらの考え方とウィトゲンシュタインの考え方とには大きな隔たりがあることが、今日では広く認められている。

たとえば、ジャニクとトゥールミンは、論理実証主義がマッハ〔Ernst Mach, 1838–1916〕やオストヴァルト〔Friedrich Wilhelm Ostwald, 1853-1932〕の系譜を引く科学哲学であるのに対して、ウィトゲンシュタインの哲学はむしろ、ヘルツ〔Heinrich Rudolph Hertz, 1857–1894〕やボルツマン〔Ludwig Eduard Boltzmann, 1844–1906〕（ボルツマンはマッハに厳しく攻撃され、それがかれを自殺に追い込む原因の一つとなった）の系譜を引くことに注意を促し、ウィトゲンシュタインと論理実証主義との思考の枠組みの根本的な違いを強調している（ジャニク&トゥールミン『ウィトゲンシュタインのウィーン』、藤村龍雄訳、平凡社ライブラリー、二〇〇一年、第五章）。

〔訳注2〕カール・クラウス〔Karl Kraus, 1874–1936〕はオーストリアの作家・ジャーナリスト。「カール・クラウス著作集」（法政大学出版局）などの邦訳書がある。クラウスは、出版と報道の自由を安易に認めることに対しては批判的な立場を取っていた（河野英二は次の論文で、ウィトゲンシュタインの言語批判が、報道文の文法的あるいは論理的な盲点を露呈させることによって新聞言説全般の無効性を検証しようとするクラウスの言語諷刺と類似したものだと指摘している。「「伝達」と「造形」のあいだ」、『思想』（岩波書店）、一〇五八号（二〇一二年第六号）、二一七―二三九頁）。

クラウスの業績とそのウィーン文化やウィトゲンシュタインの思想に与えた影響については、ジャニク&トゥールミン前掲書などを参照されたい。なお、ブーヴレスは、*Schmock ou le triomphe du journalisme: La grande bataille de Karl Kraus*, Seuil, 2001 など、クラウスにかんするいくつかの論考を著している。

〔訳注3〕「実務的」云々は、Rush Rhees (ed.), *Recollections of Wittgenstein*, Oxford University Press, 1984 の一一〇頁に、「不動産」云々という箇所に相当すると思われる発言は、同書の一一七頁にある（同書の第一版にあたる Rush Rhees (ed.), *Ludwig Wittgenstein: Personal Recollections*, Rowman and Littlefield, 1981 では、それぞれ一二五―一二六頁、一三二頁にある）。これらの発言は、ノーマン・マルコムが、この本の一九八四年版に新しく寄せた序論の xv 頁で引用している。

〔訳注4〕ハイデガー〔Martin Heidegger, 1889–1976〕はドイツの哲学者。『存在と時間』、熊野純彦訳、岩波文庫（全四巻）、二〇一三年、『現象学の根本問題』、木田元監訳、平田裕之・迫田健一訳、作品社、二〇一〇年など邦訳書多数。みずからと同年生まれのこの哲学者についてウィトゲンシュタインは、『ウィトゲンシュタインとウィーン学団』で次のように述べている。「わたしは、ハイデガーが存在と不安について考えていることを、十分考えることができる。人間は、言語の限界に向かって突進する衝動を有している。たとえば、あるものが存在するという驚きについて考えてみよ。この驚きは、問いの形では表現されえない。そして、答えはまったく存在しない。われわれがたとえなにかを言ったとしても、それはすべてアプリオリにただ無意味でありうるだけだ。それにもかかわらず、われわれは言語の限界に向かって突進する」（WWK, p. 68.〔『全集』第五巻、九七頁〕）。

〔訳注5〕ソール・クリプキ〔Saul Aaron Kripke, 1940–〕は、米国の論理学者・哲学者。プリンストン大学教授。『ウィトゲンシュタインのパラドクス』（原注3を参照）のほか、『名指しと必然性』（八木沢敬・野家啓一訳、産業図書、

一九八五年）の邦訳書、邦訳論文に、「話し手の指示と意味論的指示」（黒川英徳訳、『現代思想』（青土社）、二三巻四号（一九九五年四月号）、二六六―二九五頁掲載）、「信念のパズル」（信原幸弘訳、松阪陽一編訳『言語哲学重要論文集』、春秋社、二〇一三年、三〇一―三八三頁所収）がある。

ウィトゲンシュタインのパラドクスの解説としては、飯田隆『クリプキ』、日本放送出版協会、二〇〇四年、シュテークミュラー『現代哲学の主潮流　5』、中埜肇・竹尾治一郎監修、法政大学出版局、一九九五年の第一章などを挙げることができる。

〔訳注6〕ノーム・チョムスキー［Noam Chomsky, 1928–］は、米国の高名な言語学者・哲学者。邦訳書も多く、紹介・研究文献は、日本語で読めるものだけでも汗牛充棟といえる。とはいえ、ウィトゲンシュタインのパラドクスに対するかれの議論については、まずもって、N. Chomsky, *Knowledge of Language: Its Nature, Origin, and Use*, Praeger, 1986 の第四章が参照されるべきであろう（この本の第一章と第二章の翻訳は、次の書物の第Ⅲ部に収められている。しかし、第四章の邦訳は出版されていないようである。福井直樹編訳『チョムスキー言語基礎論集』、岩波書店、二〇一二年）。

〔訳注7〕クリスピン・ライト［Crispin Wright, 1942–］は英国の哲学者で、米英の複数の大学で教鞭を執っている。本書では、かれの一九八〇年の著作 *Wittgenstein on the Foundations of Mathematics*（原注4を参照）にしばしば言及する。ライトの他の著作に、*Frege's Conception of Numbers as Objects*, Aberdeen University Press, 1983 や、*Realism, Meaning and Truth*, Blackwell, 1986, 1993 など、邦訳論文に、「クリプキと反私的言語論」（松本洋之訳、『現代思想』（青土社）、一三巻一四号（一九八五年一二月臨時増刊号）、四四―六三頁掲載）、「論理的必然性を作る」（野矢茂樹訳、『現代思想』（青土社）、一六巻八号（一九八八年七月号）、二三三―二五七頁掲載）、「スコーレムとスコーレム的懐疑論者」（小島明彦訳、『現代思想』（青土社）、三二巻八号（二〇〇四年七月号）、一〇八―一二六頁掲載）、「ヒュームの原理は分析的か」（津留竜馬訳、岡本賢吾・金子洋之編『フレーゲ哲学の最新像』、勁草書房、二〇〇七年、一一三―一七〇頁所収）がある。

〔訳注8〕ベイカー［Gordon Park Baker, 1938–2002］とハッカー［Peter Michael Stephan Hacker, 1939–］は、共同執筆で、『哲学探究』の注釈書（*Wittgenstein: Understanding and Meaning*, Blackwell, 1980, *Wittgenstein: Rules, Grammar, and Necessity*, Blackwell, 1985）のほか、ウィトゲンシュタインやフレーゲについての本を書いている。ハッカーの単著の邦訳に『洞察と幻想――ヴィトゲンシュタインの哲学観と経験の形而上学』がある（米沢克夫訳、八千代出版、一九八一年、原著第

一版の翻訳のみ）。

〔訳注9〕マイケル・ダメット［Michael Anthony Eardley Dummett, 1925–2011］は英国の哲学者。オックスフォード大学教授であったほか、英米の複数の大学で教える。フレーゲ研究と直観主義論理学の研究を基盤とした、反実在論的な意味の理論を提唱した。主著に *Frege: Philosophy of Language*, Duckworth, 1973, 1981 や *Elements of Intuitionism*, Oxford University Press, 1977, 2000 などがある。邦訳書は、『真理という謎』、藤田晋吾訳、勁草書房、一九八六年や、『分析哲学の起源』、野本和幸他訳、勁草書房、一九九八年など。ダメットの言語哲学については、金子洋之『ダメットにたどりつくまで』、勁草書房、二〇〇六年を参照されたい。

〔訳注10〕ドナルド・デイヴィドソン［Donald Davidson, 1917–2003］は米国の哲学者。カリフォルニア大学バークリー校教授だったほか、米国の複数の大学で教える。行為論における業績でも名高い。言語哲学においては、タルスキ［Alfred Tarski, 1901–1983］の真理理論を意味理論に転用することによって、自然言語の分析に真理条件的意味論の枠組み（つまり、文を理解するとはその文が真になる条件を知っていることだという考え方）を適用する。『行為と出来事』、服部裕幸・柴田正良訳、勁草書房、一九九〇年、『真理と解釈』、野本和幸・植木哲也・金子洋之・高橋要訳、勁草書房、一九九一年など、多くの論文集が日本語に訳されている。飯田隆『言語哲学大全Ⅳ』、勁草書房、二〇〇二年は、デイヴィドソンのプログラムを日本語に適用してみせてくれる。

〔訳注11〕「発明は必然性の母である」という文言は *Wittgenstein on the Foundations of Mathematics* の三九二頁に出てくる。同書四一、四五、四八頁等でライトは、証明が与えられるときに生じることの記述としては、「発見（discovery）」や「強制（compulsion）」よりも、「発明（invention）」や「決定（decision）」の概念のほうがふさわしいと指摘している。ちなみに、ライトは一九八六年に「論理的必然性を作る（Inventing Logical Necessity）」という表題の論文を書いている（邦訳について訳注7を参照のこと）。

〔訳注12〕ゴットロープ・フレーゲ［Friedrich Ludwig Gortlob Frege, 1848–1925］はドイツの数学者・論理学者・哲学者。算術の論理主義的な基礎づけをめざし、その目的のために、現代的な述語論理学をほぼ独力で創りあげ、また、多くの言語哲学的な考察を残した。ウィトゲンシュタインが掛け値なしの敬意を込めて言及する数少ない哲学者のひとりである。勁草書房から「フレーゲ著作集」全六巻が刊行されている。

フレーゲは、感性的なもののみを存在すると見なす傾向によって、多くの論者が、数ではないもの（たとえば数記号）を数であると誤認してしまう、と述べている（『フレーゲ著作集3　算術の基本法則』、野本和幸・横田榮一・金子洋之訳、勁草書房、二〇〇〇年、一四頁）。

〔訳注13〕ポール・ベナセラフ［Paul Joseph Salomon Benacerraf, 1931–］は米国の哲学者。プリンストン大学教授として教えていた。数学の哲学における唯名論的な構造主義の提唱者として知られる。引用されている「数学的真理」（飯田隆訳）は、『リーディングス　数学の哲学』（原注11を参照）の二四五―二七二頁に収められている。

〔訳注14〕バートランド・ラッセル［Bertrand Arthur William Russell, 1872–1970］は英国の哲学者・論理学者。*The Principles of Mathematics* (1903) で構想した数学の論理主義的基礎づけのプログラムを、一九一〇―一三年、ホワイトヘッド［Alfred North Whitehead, 1861–1947］との共著『プリンキピア・マテマティカ』全三巻（序論の邦訳がある。『プリンキピア・マテマティカ序論』、岡本賢吾・戸田山和久・加地大介訳、哲学書房、一九八八年）を刊行して実現した。ちょうどその時期に（一九一一年から一三年にかけて）ウィトゲンシュタインはケンブリッジ大学のラッセルのもとで学んでいる。ラッセルの著作には、『神秘主義と論理』、江森巳之介訳、みすず書房、新装版二〇〇八年、『論理的原子論の哲学』、高村夏輝訳、ちくま学芸文庫、二〇〇七年など、多くの邦訳がある。

ここでラッセルの警句と言われているのは、*Introduction to Mathematical Philosophy* (1919) で（デデキント列の説明にからんで）述べられた次の言明である。「必要なものを「仮定する」という方法には多くの利点がある。その利点は、正直な労働に対して窃盗がもっている利点とまったく同一のものである」（『数理哲学入門』、中村秀吉訳（『世界の大思想26　ラッセル』、河出書房新社、一九七〇年、一五七―三〇一頁所収）、二〇八頁、『数理哲学序説』、平野智治訳、岩波文庫、一九五四年、九五頁）。

第一章　文法の自律性と規則の恣意性

ベイカーとハッカーは『哲学的文法』についての書評で、「文法の自律性」と呼ばれる理論をウィトゲンシュタインに帰している。それは二つの基本的な論点を含む。「〔一〕文法は現実に対して責任がないだけでなく、〔二〕文法の諸規則は個々に独立している。ある文法規則が他の文法規則へとわれわれをコミットさせることはなく、われわれみずからがコミットするのである。文法は恣意的なものであり、その内部配列は自由に選ぶことができるが、文法の採用はわれわれが自由に選びうることではない（測定単位についても同様のことがいえる）。それはわれわれの本性の所産なのである（火に対する恐怖と同じように、これを帰納によって正当化することはできない）」[1]。文法規則はそもそも現実によっては正当化されえず、現実と衝突することもない。諸規則がたがいに衝突することもありえない。ムーア[訳注1]の伝えるところでは、ウィトゲンシュタインは一九三〇―一九三三年の講義で次のように指摘していた。「われわれは語の「意味」という表現をもっている。ただそれだけのことがわれわれを誤らせてしまう。

われわれは規則が規則でないものに対して責任があると考えてしまう。しかし、規則はただ規則に対してしか責任がない」(WL1930–33, p. 258〔*Philosophical Occasions*, p. 52.『全集』第一〇巻、一三頁〕)。しかるに、文法の自律性というテーゼは、ベイカーとハッカーが定式化したように、ある規則を他の規則へと一定のしかたで還元するような説明が、規則のうちには存在しないことをも含意している。

この主張の第一部分は、文法的命題の本性そのものからただちに帰結する。文法的命題は規則ないし規約という身分にあり、記述命題とは違って本来の意味での真理条件をもちえない。もしある規約が現実によって真または偽となる(より一般的な言い方をすれば、正当化または無効化される)とすれば、それは厳密には、そう思われていた通りのもの、すなわち規約ではなかったことになる。「描写のための規則が、その規則に適った描写が現実と合致するということによって正当化される場合、わたしはそれを規約とは呼ばない。だから、「空から光を受け取っているものよりも、空の方を明るく塗れ」という規則は規約ではない」とウィトゲンシュタインは書いている(PG, p. 186〔『全集』第三巻、二五九頁〕)。

しかし、ある規則の採用は、それだけではけっして他の規則の採用を強制するものではないという考えは、一見したところ奇想天外な発想である。ダメットが「生粋の規約主義(full-blooded conventionalism)」と呼んでいる次のような教説をウィトゲンシュタインに帰するのを、多くの注釈者たちがためらうのももっともである。「かれ〔ウィトゲンシュタイン〕にとって、どの言明の論理的必然性もつねに言語的規約の直接的表現である。つまり、ある与えられた言明が必然的であるとは、つねに、われわれがその言明を不可侵のものとして扱おうときっぱりと決めたということなのである。まずなにか他の規約を採用し、その後で、その言明を必然的なものとして扱わねばならないことが分かるというわけではない」[2]。

こうした考え方と、数学の計算や証明といった実践にかんするウィトゲンシュタイン自身の記述との折り合いをつけるのが困難なのは明らかである。数学的命題は、かれにとって、文法規則のとりわけ重要な例証となっている。実際、数学の計算や証明の帰結は、それに基づいて、先に採用した諸規則の帰結として、新たな規則を採用するようわたしたちを導いてゆく。こうした事情にもかかわらず、文法の規則は現実のみならず、すでに導入された他の諸規則に対しても、責任をまったく免除されていると主張することなどいかにしてできようか。どれほど過激な根元的規約主義者であっても、まさに約定の対象とされた規約と、演繹過程の帰結として承認される(おそらくは義務化される)規約とを区別しなければならないのは明らかである。数学に本質的なことは、最初の諸規則から一定の規則に従って産出された諸規則から構成されているという点にあるのではないか。ウィトゲンシュタインはこの点にかんしてこう述べている。

「数学的命題は一つの道を決定するのであり、われわれのために一つの道を固定するのである。数学的命題が規則でありつつ、たんに約定されるだけではなく、規則に従って産出されるということはなんら矛盾ではない」(BGM, p. 228〔『全集』第七巻、二三一頁〕)。

しかし、規約主義者は首尾一貫しているかぎり、生粋の規約主義であり続けることができないとする見解もある。クワイン〔訳注2〕は次のように指摘して、論理的真理にかんする通常の規約主義的解釈が直面する困難をはっきりと述べている。「論理が規約から間接的に出てくるのだとすれば、規約から論理を導き出すには論理が必要となる[3]」。規約主義者の意図が、ウィトゲンシュタインのように、どんな必然性をも文法規則ないし文法的命題の必然性の概念のみによって説明することにあるとすれば、文法計算において確立される規則と帰結との内的連関が、規約主義者には理解不可能なものとなってしまう。この帰結は、規約から規約そのものを帰結させる場合と同じように、規則から「必然的に」帰結するのである。クリスピン・ライトもまた次のように書いている。「規約主義者だからといって、規約間の論理的関係を否定せねばならないわけではない。かれらが固持せねばならないのは、その種の関係が規約によって構成されているという点である。さもなければ、少なくともある種の必然的言明は、規約主義者の意図に反して非規約的な性格をもつことになってしまうだろう。しかるに、規約主義者の意図は、〔必然性をすべて規約的必然性に還元することによって〕必然性とはなにかという問題に対して完全に一般的な説明を与えることにあったはずである[4]」。

すべての文法的命題の相互独立性は、ウィトゲンシュタインにあっては、クリスピン・ライトのいわゆる「論理的な帰結関係の非客観性[5]」から導かれる。任意の命題から任意の帰結を論理的に演繹することが原理的に可能であるという意味で、論理的な帰結関係が主観的なわけでないのは明らかだ。ここで非客観性とは、ただ次のことを意味するにすぎない。すなわち、規則から独立した、意味にかんする「事実」への参照によって、みずからの用いている演繹規則の正当化を望むことはできない、ということである。しかし一方で、規則を正しいと見なしうるためには、規則は必然的に「事実」と合致していなければならない。しばしば、論理的演繹とは暗黙のうちに認められていた帰結を顕在化させるだけであり、その帰結は実際には関連する名辞の意味や概念内容によって最初から押しつけられていたのだと言われる。しかしそうであるのなら、つまり、意味が論理的操作からまったく独立に規定されており、論理的操作が徐々に意味の内実を露わにするにすぎないのなら、演繹規則は先在する意味内容の基本的特徴を忠実に反映しているだけだと述べれば演繹規則を正当化できるのは明らかだ。

ウィトゲンシュタインが異議を唱えているのは、まさにこうしたものの見方である。かれにとっての文法的命題の意味や理解とは、わたしたちが自己の存在に対してコミットを取り消すことができないように、それを認めることで、そこから論理的に帰結してくる他の文法的命題をも認めるよう最初から規定されている、といったものではない。命題間の論理的な帰結関係でさえも、認知され、それとしてはっきりと認められた瞬間になってはじめて存在しはじめる。言い換えると、ウィトゲンシュタインにとって、一時的に隠蔽されており、発見されるのを待っているような内的な概念連関など存在しない。「隠された連関など論理のうちには存在しない」(PG, p. 244〔『全集』第四巻、一三頁〕)。わたしたちは新たな本質的連関を発見したと信じているが、それはいかなる意味でも発見以前には存在しなかったのである。その本質的連関は、そのつどごとに実行され承認されねばならない構成の操作から導き出されるのであり、あらかじめ規定された意味の宇宙の探索から導き出されるのではない。それは意味規定の補足と文法の拡張なのであって、隠された内容のたんなる解明なのではない。

それゆえ、演繹規則を、意味のようななにかにかんする特別な種類の真理を表現する命題と見なすことはできない。「pがqから帰結するかどうかは、pとqだけから明らかでなければならない」[cf. T 5.132]。このことは次の意味でなければならなかった。pがqから帰結することはpとqの意味を規定している規定事項であって、これら二つの命題の意味について言明されたときに真となるようななにかではない。したがって、たしかにわれわれは推論規則を定めることはできるが、そのさい、われわれは文字記号の使用規則を与えているのであり、この規則が未規定であった文字記号の意味を規定するのである。ということはとりもなおさず、これらの規則は恣意的に約定されねばならず、記述のように現実から読み取られうるものではないということである」（PG, p. 246〔『全集』第四巻、一五頁〕）。

したがって、文法の現実に対する自律性とは、同時に、文法規則が「写像する」とされる意味の世界を構成しうるような種類の現実に対する自律性でなければならない。この点にかんして、ウィトゲンシュタインは『哲学的文法』で、じつに明快に述べている。

「文法はいかなる現実についても説明責任を負うものではない。文法規則がはじめて未規定であった意味に対して規定を与える（意味を構成する）のであり、したがって、それらはいかなる意味に対しても責任はなく、そのかぎりで恣意的である。

「ない」という語にとってこれらの規則または他の規則が正しいかどうか（すなわち、これらの規則がその語の意味に適当なものなのかどうか）、ということについての議論などありえない。これらの規則がなければ、その語はまだなんの意味ももたないのだから。そして、われわれが規則を変えるならば、その語はまた別の意味をもつ（あるいはなんの意味ももたなくなる）のであり、その場合は語のほうを変えてもいっこうに差しつかえない」（PG, p. 184〔『全集』第三巻、二五六―二五七頁〕）。

ウィトゲンシュタインは手を休めることなく、「語の意味とはものがいっぱいに詰まった箱であって、中身が箱に詰められて届けられるので、われわれはただその中身を調べさえすればよい」（PG, p. 481〔『全集』第四巻、三五〇頁〕）という繰り返し現れるイメージを批判し続ける。このイメージのゆえに、論理的推論をおこなうさいに、結論がなんらかのしかたで前提のうちに、（〔「理解される」と「含まれる」という〕この語の二つの意味において）「含意されて《コンプリーズ》」いなければならない、とわたしたちは考えてしまう。というのも、ウィトゲンシュタインが言うには、「ある思考から帰結するものは、その思考において同時に考えられていなければならないからである。実際、思考のうちには、わたしたちが思考しているにもかかわらず、わたしたちに知られていないものなどなに一つない。思考とは、検査をすれば予想外のことが発見されるような機械でもなければ、はじめは出来るように見えなかったことをやってのけるような機械でもない。すなわち、まさに論理的な観点から言うならば、思考とはおよそ機械として働くものではない。思考であるかぎり、あらかじめ投げ込まれた以上のものが思考のうちに存在することはない。もし思考が機械として、つまり因果的に働くのであれば、思考はなんでもやってのけると考えることもできたかもしれない。しかし、論理的観点からすれば、われわれがその思考によって考えたことしか思考は生み出さない」（PG, p. 247〔『全集』第四巻、一六—一七頁〕）。

ここでわたしたちが気づくのは、みずからの思考していた命題の意味のうちに結論がすでに含まれていた、というだけでは実際には十分ではないということだ。なぜなら、わたしたちは帰結の産出を、わたしたちから独立に働き、まったく予想外の結果を産出しうるような意味機械の恣意性に委ねようとはまったく思わないからだ。この点を完全に確かなものとするには、意味機械は純粋に論理的に働くのであり、すでに命題内容そのものと一緒に思考されていた帰結しか産出しない、ということが確信できていなければならないだろう。換言すれば、意味から論理的に帰結することは、その意味を把握した瞬間すでになんらかのしかたで「考えられて」いたことと一致していなければならない、と思われるのだ。

しかしながら、たとえば「『かれが部屋にいる』という命題において、わたしはかれが占めうる一〇〇の場所を考えてはいないし、まして、かれが占めうるすべての場所など確実に考えてはいない」(*ibid.*〔『全集』第四巻、一七頁〕)のは明らかである。それゆえ、pと同時にqを考えていたのだと言って、pからqの演繹を正当化できる場合などほとんどない。むしろ逆に、ほとんどの場合、pについての思考がqについての思考をすでに含んでいたのだと言うのに利用しうる唯一の証拠《クリテール》となるのが、演繹規則がpからqへの移行を許すという事実なのだ。ウィトゲンシュタインが注記しているように、一見したところ演繹には二つの種類があるように思われる。結論において問題とされることすべてが前提において明示的に言及されている場合と、そうではない場合である。前者の一例は「$p \& q$」から「q」への推論である。後者の例としては、「この棒全体が白い」から「この棒の真ん中の三分の一も白い」への推論を挙げることができる。この推論では、結論は前提が言及していなかった境界について語っている。pからqが論理的に演繹できる場合には、pと同時にqがすでに考えられていなければならないという考えは、前者の場合にははっきりした意味をもつが、後者の場合にはそうではない。「ある命題からそこではまったく考えられていなかった他の命題が帰結することが驚きだというなら、pから$p \vee q$が帰結することを考えてみよ。わたしはpを考えるさいにけっして$p \vee \xi$という形の命題すべてを考えてはいない」(PG, p. 248〔『全集』第四巻、一八頁〕)。ここからウィトゲンシュタインは次のように結論づける。「ある命題から他の命題が帰結するさいに、前者といっしょに後者をも考えていなければならないという発想そのものが、心理化をおこなう誤った考え方に基づいている。われわれは記号と規則の中に存在するものにのみかかわるのでなければならない」(*ibid.*〔『全集』第四巻、一九頁〕)。

命題 p の意味とそこから帰結しうることとに限定するために、〔それらの帰結は〕p といっしょに明示的に、あるいは暗黙のうちに考えられていたのだ、と認めたとしても、さほど状況は改善されない。論理的推論を支配する原理は、推論に現われる言明の意味を尊重するように選ばなければならないと言ったところで、その言明の意味を説明するためには、それらの推論原理自体を使わざるをえないし、また、要求どおりに意味を尊重することを同じ推論原理を受け容れることと同一視せざるをえないのだとすれば、大して進歩があるわけではない。ウィトゲンシュタインが看取したように、わたしたちは次のように言うことができよう。「文法には後から補われるものなどなにもない。ある規定が他の規定に後続することはなく、すべての規定は同時に存在する」(PG, p. 278〔『全集』第四巻、六〇頁〕)。たとえば、「$(Ex)\,f(x)$」が「$f(a)$」から帰結することを、わたしはどのように知るのだろうか。「$(Ex)\,f(x)$」〔訳注3〕という記号の背後にいわば意味をのぞき見て、それによって、この演繹可能性の関係が存在することを確認するからであろうか。こうした場合に、規則は実際には理解の一部を表現しているのであって、後から帰結しうることがらを表現しているのではない。「$(Ex)\,f(x)$」が「$f(a)$」の論理的帰結であることを知っている、このことが本質的に言わんとしていることは、このように計算をおこなうということである。この依存関係は規則それ自身によって制定ないし約定されている。「というのも」、とウィトゲンシュタインは注記している、「隠された依存関係などというものは、まさに存在しないからである」(PG, p. 244〔『全集』第四巻、一二頁〕]。

「$(Ex)\,f(x)$」が「$f(a)$」から帰結する、それを知り文法において示すことが、いわゆる意味の経験を含むあらゆる経験に先立って可能でなければならない。なぜなら、ここで考慮されうるのは、まさに文法において約定された規則だけなのだから（cf. PG, p. 279〔『全集』第四巻、六二頁〕）。「$(Ex)\,f(x)$」の意味がわたしにとって規定されているのは、ただわたしがこの演繹規則と他の同じような演繹規則をすでに採用しているからにほかならない。そして、もし規則がこの意味で規定されていないとすれば、表現が言語に導入された後で、その後の経験に応じて規定されることもないであろう。「実際のところ、いかなる規定も未来の経験に委ねられることはない」（PG, p. 245〔『全集』第四巻、一四頁〕）のだから。実際、意味の規定全体が規約から帰結するのである。そして、明らかに諸規約のすべてが同時に採用されたわけでもないのに、どの規約もわたしたちの今後の発見には依存しないという意味で、規約はすべて同時的なのである。

文法規則が意味を規定ないし構成しており、その事実によって、事実に対する説明義務を完全に免れているという発想は、形式主義に対するフレーゲの反論の根底にある考え方と真っ向から対立する。〔訳注4〕フレーゲの考えでは、チェスの規則は実際に恣意的であるけれども、それとは違って、算術の規則は、わたしたちが算術記号の意味を度外視すると決めることで、算術の規則から正当化を完全に奪ってしまうために、恣意的に見えるだけなのである。「もし意味に立ち返りたいのならば、諸規則はまさにこれらの意味に基礎づけ〔justifications〕を見出だすであろう。だが、そのようなことがここで生ずるとしても、それはいわば舞台裏においてである。形式的算術という舞台の上で、そのようなことを語る余地はない」(6)。ウィトゲンシュタインの立場をこう言い表わすこともできよう。かれから見れば、このような二種類の規則を区別すること、すなわち、記号を特定の存在者（たとえば、数や色）のカテゴリーの名称に割り当てることで記号の意味を（恣意的に）固定する規則と、先行する選択の不可避的な諸帰結を明示化するだけの規則とを区別することがまやかしなのだ、と。

「「二つの否定が肯定を生み出すということが、わたしがいま使っている否定の中にすでに存在していたに違いない」。こうしてわたしは記号体系の神話を発明しようとする。

あたかも「−−p」がpを意味することが、否定の意味から導き出されてくるかのように、あたかも否定記号についての諸規則が否定の本性から導かれてくるかのように見えてしまう。ある意味で、まず否定が与えられ、次いで文法の諸規則が与えられるかのように。

かくて、否定の本質は言語において二通りの表現をもっているかのように見えることになる。一つは、わたしがある文において否定表現を理解する際にわたしがその意味を把握しているものであり、また一つは、文法におけるその意味の諸帰結である」（PG, p. 53〔『全集』第三巻、六一頁〕）。

原注

（1）G. P. Baker and P. M. S. Hacker, « Critical Notice on *Wittgenstein's Philosophical Grammar* », *Mind*, 85 (1976), p. 279.

（2）M. Dummett, « Wittgenstein's Philosophy of Mathematics », in P. Benacerraf and H. Putnam (eds.), *Philosophy of Mathematics: Selected Readings*, B. Blackwell, Oxford, 1964, p. 495.〔このアンソロジーの一九八三年版（Benacerraf & Putnam (eds.), *Philosophy of Mathematics: Selected Readings*, 2nd edition, Cambridge University Press, 1983）には収録されていない。Dummett, *Truth and Other Enigmas*, 1978, Harvard University Press, p.170.『真理という謎』、藤田晋吾訳、一三五頁〕

（3）W. v. O. Quine, « Truth by Convention », in *The Ways of Paradox and Other Essays*, Harvard UP., 1966, p. 97.〔一九七六年の増補改訂版では一〇四頁。以後この版については1976と略記する。クワイン「規約による真理」、古田智久訳、『精神科学』（日本大学哲学研究室）第四四号（二〇〇六年）、一六一―一八〇頁、第四六号（二〇〇八年）、一七三―一九一頁、第四八号（二〇一〇年）、一〇三―一三四頁。引用箇所は二〇一〇年、一一二頁〕

（4）C. Wright, *Wittgenstein on the Foundations of Mathematics*, p. 392.

（5）C. Wright, *ibid.*

（6）G. Frege, *Grundgesetze der Arithmetik* (1893–1903), Georg Olms, Hildesheim, 1966, vol. II, p. 99.〔『算術の基本法則』、野本和幸編、勁草書房、二〇〇〇年、三〇二頁〕

訳注

〔訳注1〕G・E・ムーア〔George Edward Moore, 1873–1958〕は、数理論理学のラッセルや確率論のケインズ〔John Maynard Keynes, 1883–1946〕（経済学者として高名）、そしてウィトゲンシュタインらとともに、二〇世紀ケンブリッジの哲学を代表する人物。一九〇三年の『倫理学原理』（邦訳は泉谷周三郎・寺中平治訳、三和書籍、二〇一〇年）によってメタ倫理学の領域を開拓し、分析哲学の建設者のひとりとも目される。『倫理学原理』における「善は分析不可能である」というテーゼは、ケインズや作家のリットン・ストレイチー〔Lytton Strachey, 1880–1932〕ら、いわゆるブルームズベリー・グループの知的エリートたちに決定的な影響を与えたといわれる。

ウィトゲンシュタインは、すでに一九一二年にムーアの講義を受けているし、一九一四年にはかれに懇望して、当時居住していたノルウェイにムーアを呼び寄せている。ムーアは一九二五年から三八年までケンブリッジ大学の教授であり、ウィトゲンシュタインは二九年から三五年までケンブリッジに戻っているので、その間ともにケンブリッジ大学にいたことになる（ウィトゲンシュタインはその後三九年から四七年までケンブリッジで教授職を務める）。ここで引用されている講義録はその時期のもので、この時期のウィトゲンシュタインの講義には、複数の記録が残っている（凡例の、リーが編集した講義録やアンブローズが編集した講義録を参照されたい）。

〔訳注2〕W・V・O・クワイン［Willard Van Orman Quine, 1908–2000］は米国の哲学者・論理学者。一九五一年の「経験主義の二つのドグマ」（クワイン『論理的観点から』、飯田隆訳、勁草書房、一九九二年、三一―七〇頁所収）において、分析命題／総合命題の区別と還元主義とを経験主義のドグマとして批判し、経験によって検証されるのは個々の命題ではなく命題体系全体であるとする全体論（holism）を提唱した。その他の邦訳書に、『ことばと対象』、大出晁・宮舘恵訳、勁草書房、一九八四年や、『集合論とその論理』、大出晁・藤村龍雄訳、岩波書店、一九六八年など。

ここで言及されている議論はカルナップへの批判にかかわる。この点については、丹治信春『クワイン』、平凡社ライブラリー、二〇〇九年の第一章（飯田隆『言語哲学大全II』、勁草書房、一九八九年の第二章の例を借用している）を参照されたい（丹治は次の本で、ブーヴレスと同様にウィトゲンシュタインとクワインの対立点を強調しつつも、ブーヴレスとは対照的に、ウィトゲンシュタインを批判しクワインに軍配を上げている。丹治信春『言語と認識のダイナミズム』、勁草書房、一九九六年）。

〔訳注3〕『哲学的文法』の刊本では、存在量化子に通常の「∃」記号を使っている。しかし、ブーヴレスはもっぱら「E」を使っているようである（ブーヴレスの独特な記号標表記については第六章原注15への訳者による注記を参照のこと）。

〔訳注4〕レズニク［Michael David Resnik, 1938–］は、形式主義を、（1）ゲーム形式主義――数学を無意味でチェスのようなゲームだと見なす――、（2）理論形式主義――数学を形式的体系についての理論として扱う――、（3）有限主義――数学の一部を一定の記号的対象についての有意味な理論と見なし、残りの部分をその道具主義的な拡張と見なす――の三種類に区別している。フレーゲが定式化し、批判しているのは（1）と（2）で、イェーナ大学で長くフレーゲの同僚だったトーメ［Karl Johannes Thomae, 1840–1921］や、その師のハイネ［Heinrich Eduard Heine, 1821–1881］に由来する。（3）はフレーゲよりずっと後のヒルベルト［David Hilbert, 1862–1943］の立場である（野本和幸『フレーゲ哲学の全貌』、勁草書房、二〇一二年、五五四頁を参照。他に、野本和幸・土屋俊編『フレーゲ著作集2 算術の基礎』、勁草書房、二〇〇一年、八四―八五頁の訳注や、『算術の基本法則』邦訳の二九九頁以下をも参看されたい）。

第二章　「意味体」という発想に対する批判

いましがた言及されたまやかしは、ウィトゲンシュタインによれば、ある魅惑的なアナロジーによって生み出された。このアナロジーによって、わたしたちは、語と文の背後には「意味体」(Bedeutungs-körper) なるものが存在し、語とは意味体の見える面であり、文とは使用される語数の分だけ存在する結合から生じる面の配列であると考えてしまう。「次のアナロジーを考えてみよ。彩色された一つの面をもった立方体（ないしピラミッド）におけるその見えない背後の部分と、語におけるその背後にある意味。この彩色された面が置かれうる位置は、背後の立体の置かれている位置に依存している。そこでわれわれは、彩色された面の背後に立方体があると分かっているならば、さらにその面を他の面と関係づける規則をも知ることができる、と考えてしまうだろう。だが、それは誤っている。立方体の幾何学は、その立方体を見ることから導かれるものではない。〔一つの立体を立方体として〕把握する行為からは、規則は導かれてこない」(WLC 1932–35, p. 50〔邦訳、九二頁（文庫版一四三頁）〕)。意味体の神話というまやかしは、次のような発想である。「すべての規則を把握せずに意味を把握できるせいで、あたかも、規則は意味から展開されうるかのように見えてしまう」(WLC 1932–35, pp. 50–51〔邦訳、九二頁(文庫版一四三頁)〕)。

『論考』の哲学そのものが、このような神話のじつに典型的な例証となっている。言語における名の結合可能性が、そのまま、意味される事物(名が現実において関係づけられる対象)の結合可能性を映し出すと見なされた。『論考』では、文において記号のとりうる配列は、記号の背後に(いわば)隠された対象がとりうる配列の見える部分に等しいとされていた。しかし、一九三〇年代はじめに、ウィトゲンシュタインは意味体という発想を放棄する。それによって、論理学が否定記号にかんする諸規則を帰結させる諸対象を取り扱いうるという発想、幾何学が「立方体」という語の使用規則を帰結させる(いわゆる「イデア的」)対象を取り扱いうるという発想をも断念することになる。むしろ、幾何学が「立方体」という語の意味を構成するように、論理は否定記号の意味を構成する。文法規則からただちに、なにものにも依存せずに、意味をもつ記号の結合ともたない記号の結合が規定される。文法規則は「意味」を取り扱うのでないのだから、そうした種類の対象を考察したところで、なにも導き出されはしない。

　意味体という比喩は、『哲学的文法』において明示的に言及され批判されている(pp. 53–54〔『全集』第三巻、六一—六二頁〕, cf. PU, §§ 558–559〔『全集』第八巻、二九七—二九八頁〕)。この比喩と同時に、ウィトゲンシュタインにとって疑わしいものとなっていったのが、文の意味は語が文の中でもつ意味から合成されるという考え方である。「(「わたしはまだかれに会っていない」という文の意味が、どのようにして個々の語の意味から合成されるのか。)文は語から合成される。それで十分なのだ」(PU, p. 181〔『全集』

第八巻、三六一頁〕)。「「この薔薇は赤である」という文における「である」と、「二かける二は四である」における「である」は違った意味をもつと言うとき、わたしたちは正確なところなにを言おうとしているのか。このような場合に、同じ長方形が見えているのだが、実際には一方は四角錐の底面であり、もう一方は四角柱の底面である場合と同じように、「である」という語が二つの用例では背後に二つの異なる意味体をもっているのだと想定するのはなかなか魅力的である。「である」という語が異なる役割を果たしうることは、目に見えない二つの意味体の相違によって説明されるのであり、これらの文に例示された二種類の結合において、わたしたちは「である」という語に対して二つの異なる役割を帰しているというわけだ。しかし、端的に次のように言うことができないのはなぜか。「「である」という語が二つの文で違った意味をもつことを示す規則は、二つめの文では「である」を「に等しい」に置き換えることを許すが、この置き換えを一つめの文では禁止する規則である」(PG, pp. 53–54〔『全集』第三巻、六一頁〕)。

たしかに、ウィトゲンシュタインの認めるように、語の文法を意味体からいわば読み取ることができないのは、立方体の幾何学を立方体だけから読み取ることができないのと同様である。実際、立方体はそれがシンボルであるかぎりでは、規則に最も適した表記法として用いられうる〔cf. WLC 1932–35, p. 51. 邦訳、九四頁(文庫版一四四―一四五頁)〕。「いかにして立方体(ないしその図形)は幾何学的規則の表記法として役立ちうるのか。命題ないし命題の部分として、命題の体系に属するかぎりにおいてである」(PG, p. 55〔『全集』第三巻、六三頁〕)。

意味体というアナロジーに対する批判は、その本質的帰結として、意味が文法規則を暗示しうる、あるいは押しつけうるという幻想を破壊することになる。しかし、ウィトゲンシュタインが最初そうしたように、実際にこの幻想を追放して、反対に意味が規則によって構成ないし規定されるという発想に置き換えたとしても、それでも困難に直面する恐れはある。そして、その困難たるや、意味がいわば使用規則を命じるのだと考えた場合に、意味にかんして生じる困難と根本的に違うものではない。意味の場合には問題は以下のようであった。わたしたちが一気に把握できるとされる意味が、いかにして将来に現実化しうる使用や、一般にありうる使用のすべてをあらかじめ規定してしまいうるのか。これに対して、規則の場合には、問題は以下のようになろう。わたしが意味を一気に理解するさいにわたしの把握している諸規則が、いかにして未来の適用のすべてを、ありうる適用のすべてを規定してしまいうるのか。

自分が意味と呼んでいるものを一気に把握したのだと言う代わりに、使用規則を一気に把握したのだと言ったところで、その利点はかなりの程度まやかしである恐れがある。実際に意味が文法規則から構成されるのだとしても、依然として、いかにして文法全体が記号にいわば凝縮されうるのか、記号の理解のうちに一気に「呑み込まれ」うるのかを理解するという問題は残っている。「たやすく記号が文法全体を集約しているかのように考えられてしまう。すなわち、まるで真珠の首飾りが箱の中に収められているように文法全体が記号の中に含まれており、われわれはそれをただ抽き出してきさえすればよいかのように考えられてしまう（しかし、まさにこうした構図がわれわれを誤らせるのである）。まるで理解とはあるものを瞬間的に把握することであり、そこから後になっていろいろな帰結が引き出されてくるかのように考えられてしまう。しかも、それらの諸帰結は引き出されるに先立って、すでにイデア的な意味として存在していたというわけである」（PG, p. 55〔『全集』第三巻、六四頁〕）。

事態をこのように描き出すことで、ただちに二つの本質的な疑問が提起される。（一）わたしがたとえば否定記号を理解するとき、それ以後のわたしの使用を支配することになる特定の文法規則群をわたしは一気に把握しているのだと言うことは、どの程度もっともらしいことなのだろうか。「いま分かった！」というわたしの叫び声は、たいていの場合、ウィトゲンシュタインが指摘するように、「正しい」こと（この場合は否定）をわたしが考えた（おそらく、より厳密に言えば、考えたと考えている）ことを示す信号値にすぎない。このような一見してひどく混乱しておりいまだ分節化されていない経験においては、わたしが特定の規則を考えていることなどほとんどありそうもない。わたしは（少なくとも）「無意識に」特定の規則を考えてはいたのだと言ったところで、さほど役には立たないのは明らかだ。（二）語の理解が実際に、その意味を構成し、使用を規定する規則の知識から構成されるとして、この規則の知識が「分かっていた」と言う権限をわたしに与えるような適切な諸帰結を現実に生み出してしてくれることを、いかにしてわたしは確信しうるのか。

それゆえ、ウィトゲンシュタインがBedeutungskörper〔意味体〕という発想に対する批判から、いわゆる「規則に従うこと」にかんする問題をめぐるその後の考察へと導かれていったのは、まったく自然な展開であった。規則言明とは実際のところ、心に提示された意味以外のなにものでもなく、「使用がそこから運び出されてくる貯蔵庫でもなければ、みずから適用を生成する論理機械でもない」[1]。ベイカーとハッカーによれば、『哲学探究』の最初の部分（§§ 1–138〔『全集』第八巻、一五—一一一頁〕）を、あらゆる面においてBedeutungskörperという考え方に対する批判として理解しうるとすれば、それに続く部分（§§ 139–242〔『全集』第八巻、一一二―一七七頁〕）は、Regelskörper〔規則体〕とでも呼びうる、もっと巧みな考え方を攻撃している。「その目的は」、この二人の著者によれば、「規則が表現の意味を神秘的・魔術的に規定ないし構成するのだという誤った考え方、〔規則を把握するとは〕今後は既定の軌道に沿ってわれわれを誘導することになるような規則を把握することなのだという規則の理解、これらの支配を打倒することにある(2)」。

フレーゲにおいて、ある語を理解するとは、その語に対応する抽象的存在者（意義）を把握すること（Fassen ないし Erfassen）だとされる〔訳注1〕。フレーゲがこのようなしかたで表現しているからといって、かれがそれを像でないと、つまり、このような場合にわたしたちが自由に使用できる像の中で最も適切な像、あるいは、不十分さの最も少ない像でないと見なしていることにはならない。しかし、この明らかに物理的性質はもたないが、心的なものでもない存在者が、いかにして心的作用において把握されうるのか、フレーゲはこの点をさらに厳密に説明しようとはしない。それどころか、かれは、このまったく特異な事物が、最後まで説明不可能なままでありうると認めてさえいる。ウィトゲンシュタインは『哲学的文法』において、こうした考え方がもたらす致命的困難を指摘している。「フレーゲは算術の形式主義的なとらえ方を論駁する際に、ほぼ次のように述べている。記号にかんする細々した説明は、われわれが記号を理解しているならば余計なものである。なぜなら、理解するとはいわば像を見ることであり、規則のすべてがこの像から帰結するのであり、この像によって理解されうるのだから。しかしフレーゲは、この像そのものがさらになにかの記号でありうる、たとえば書かれた演算を説明するための演算でありうると見ていたようには思われない」（PG, p. 40〔『全集』第三巻、四〇―四一頁〕）。

もちろん、フレーゲの意義は主観的な像や表象とはなんの関係もない。しかし、そうだからといって、フレーゲがとりわけ意義から区別しようとしている心的な像や表象よりも、意義の方がより効果的に未来の使用を一瞬にして規定してしまうなどということがどうしたら可能なのか。それには、意義それ自身が、みずからの命じる使用にかんして完全に規定された像ないし図式のたぐいを、すなわち、すべての使用をいわばみずからのうちにすでに集約しており、解釈や適用にかんするどんな問題の余地も残さないまでに規定された像ないし図式のたぐいを、含んでいるのでなければならないのではないか。しかし明らかに、この種の像や図式もまた、違ったしかたでも使われるに違いなく、また使われうる記号にすぎない。たとえば、わたしたちが「立方体」という単語の使用を一気に理解するとき、ある像が、たとえば、立方体の見取図、あるいはもっと厳密に言えば特定の投影法を伴った立方体の見取図が（cf. PU, §§ 139–141〔『全集』第八巻、一一二—一一六頁〕）、わたしたちの心に提示されているのだと想定はできる。しかし、たしかに、どんな見取図を選ぶかとどんな投影法を用意するかとからなる配備は、たとえそれがおのずと特定の使い方を示唆するのであっても、わたしたちの念頭に浮かぶのとは別の解決策を排除しないし、その配備の正しい使い方と呼ばれるとは思えないようなものですら排除しないのは明らかである。わたしたちが問題としているのが物質的な像であろうと、心的な像であろうと、あるいはフレーゲの意義のような物質的でも心的でもない像であろうと、問題は基本的に同じであると思われる。

実際、未来の使用が、すでになんらかのしかたで現在の像のうちに完全に含まれていなければならないと考える必要はない。わたしたちはこの像に対して次のことを要求するだけでよい。すなわち、使用のすべてを規定することになる規則の演繹を可能にしなければならず、さらに、この規則が理解されねばならないように実際に理解されていたことを保証しなければならない。しかし明らかに、それではただ困難を先送りするだけである。どうしてわたしたちが像を理解した瞬間に規則を理解していたということが、適用をめぐって提起されるかもしれない問題と、わたしたちが実際にその規則を適用するときにしか提起されえない問題のすべてを、ただちに解決しうるというのか。

それゆえ、フレーゲの理論でさえ主たる困難を免れてはいない。たしかに、主観的表象を客観的意味に置き換えることで、意義が複数の使用者に共有されうるという事実を説明することは可能となるが、それによって、いかにして意義が将来の使用を規定することが（もし可能であるとして、純粋に魔術的な方法によってではなく）できるのかという問題が解決するわけではない。わたしたちが理解するさいに念頭に浮かんだ像は、意義を完璧に規定する（それによって使用をも規定する）とされている。というのも、現実の使用は実践の不確実性、偶発性と偶然性に曝されており、それゆえに不純な実現でしかありえないが、この像は純粋な使用のようなものをみずからのうちにいわば凝縮しているからである。「ある像が呼び起こされ、それが一義的に意義を規定しているように見える。現実の使用は、この像がわれわれに描いてみせる使用に比べて汚れたものであるように見える。集合論において生じていることが、ここでも生じている。表現形式が神のために仕立てられているように見える。神はわれわれの知りえないことを知っており、無限系列の全体を見ており、人間の意識の中を見通している。われわれにとって、こうした表現形式はいわば祭服なのであって、われわれはそれを身に着けることはできるが、それによって大したことをおこなうことはできない。なぜなら、こうした服装に意義と目的を与えるであろうような真の力を欠いているからである」（PU, §426［『全集』第八巻、二五二―二五三頁］）。

ウィトゲンシュタインがここで確認しているのは、わたしたちは「法外な事実」〔PU, §192（『全集』第八巻、一五六頁）〕（わたしたちが理解している意味のうちに、将来の使用すべてが同時に存在していること）を表現するために、自分たちにとっての使用ではまったくないとみずから認めている像を用いているということである。おそらく、無限なる精神ならば、無限系列のすべての項を一度に検討することができるとされているくらいだから、これらの使用すべてを一瞬にして通覧することもできるだろう。しかし、わたしたちはまさにこのようなことができないのである。わたしたち自身に当てはめて考えてみると、こうした表現形式〔を用いること〕は結局のところそれが象徴する権力を所有せずに祭礼服を着ることであり、自分が実際にしていること（可能無限回の事例が与えられても、まったく同じように記号を使用したり、規則を適用したりすること）を、自分にはなしえないことによって説明することなのである。その意味では、Regelskörper という神話は、最初は意味に帰されていた魔力を規則に移したにすぎない。

規則が可能なかぎり厳密かつ明示的であるように見える数学においてさえ、規則の新たな事例への適用すべてがまさに新しい適用であるかぎり、いかなる予測も未検討の事例を前もって解決することはできないように思われる。「証明のどのステップにも新たな直観が必要だと言えるか？（数の個別性）。それはたとえばこんなぐあいである。ある一般的な（可変の）規則がわれわれに与えられたのであれば、そのときわれわれは、この規則がここでも適用されうる（規則がこの場合にもあてはまる）ということを、つねに新たに認識しなければならない。いかなる予見行為も、この直観（Einsicht）という行為を省くことはできない。なぜなら実際に、規則が適用される形式は、どのステップでも新しい形式なのだから。――だが問題なのは直観という行為ではなく、決定という行為なのだ」(PG, p. 301〔『全集』第四巻、九三頁〕)。

この問題は再帰的規則の場合にはとりわけ鋭く提示されるように思われる。〔再帰的規則の場合には〕規則の新たな適用事例はどれもその規則の先行する適用の産物なのであり、そのさい規則は、規則が次々に適用されていく事例を、予測不能と言いたくなるようなしかたで生み出していくからである。[訳注2] 最初のステップを別にすれば、規則の適用事例はけっして規則の使用に先立って存在しないように思われる。規則が同じしかたで取り扱うことを命じている諸事例のおのおのは違ったものでありうるにもかかわらず、それら諸事例のあいだに類似性を創造するのは規則であり、規則だけであると言うことができる。ここからウィトゲンシュタインの提起した疑問が出てくる。「ある日からその翌日にかけて「明日、君を訪問するよ」と約束する人は、毎日同じことを言っているのか、それとも毎日違うことを言っているのか」(PU, § 226〔『全集』第八巻、一七二頁〕)。

ボレルが別の文脈においてウィトゲンシュタインと似た問題に出会っていたことを確認しておこう。[訳注3] ボレルによれば、無際限(すなわち可算無限)の概念に到達するには、その各々が後続者をもつような対象の列という観念をもつだけでは十分ではない。それに加えて、任意の対象からそれに直接後続する対象への移行が、そのつど、同一操作の追加反復によって実行されたものと認められうるのでなければならない。しかし、1から2への移行において1に対しておこなったのと「同じこと」を、2から3への移行が2に対しておこなっていると見なされうるかは自明なことではない。

「無際限の概念を獲得するには、「全部のあとに、まだ他のものが残っている」という注意書きになにを付け加えねばならないのだろうか。思うに、それはこうである。どんな全体についても、そこに一単位を付け加えることで次の全体が形成されうるような、そうした操作が無際限に同一のものと見なされうること。たしかに、2を得るために1に1を加えることと、3を得るために2に1を加えることが、それ自体としては同じことではないのは明らかである。われわれは1から2に移行する操作と、2から3に移行する操作を同じものと見なすよう自然と導かれるのだと主張することもできない。そうしたことはすべて、それを見る観点に存しているのである。一方、ある所与の数から他の所与の数を導くような（可算）無限回の操作が与えられたならば、それらの操作すべてを与えるのに十分一般的な数学的定式を見つけることができること、すなわち、ある意味で、これらの操作すべてを同一と見なすことができること、を証明するのは容易である。しかし、この帰結は複雑な推論によってしか得られないのである。ある全体から次の全体へと移行させるこの操作が、ある観点からすれば同一であると無条件に見なされうることを、われわれの精神は直接に認めているにもかかわらず[3]」。

たとえば、こう指摘することもできる。1に1を加えるとは、（なかんずく）1を2倍することであるが、2に1を加えることは、2を3/2倍することに等しく、3に1を加えることは、3を4/3倍することに等しい、云々。それゆえ、わたしたちはある意味で毎回違うことをしているのである。あるいはまた、ボレル自身が指摘するように、「（…）弦が三本あり、一つめの弦が一回振動するあいだに二つめの弦は二回振動し、二つめの弦が二回振動するあいだに三つめの弦は三回振動するとする。このとき、三つめの弦は二つめの弦に対して五度であるのに、二つめの弦は一つめの弦に対して八度であることが分かる。それゆえ、一つめと二つめの音程が、二つめと三つめの音程と同じだというのは自然ではない」[4]。これらの考察から結論できるのは、ここで「同じことをする」と呼ばれていることに意味を与えるのは規則自身（あるいは、より正確に言うならば、わたしたちが正しい適用法と見なすもの）であるということである。他の点では可能なだけ相違しうるあらゆる事例が、それにもかかわらず同一視されうるような観点、すなわち、同一のしかたで取り扱われたと見なすことができるような観点、そうした観点を創造するのは規則なのである。

当然、規則の正しい理解とは、今後は似た事例すべてを似たしかた（規則によって一度にすべての事例について命じられたしかた）で取り扱う傾向性以外はなにも意味しないと反論する人もあろう。たとえば、表現*F*の使用を支配する規則を理解することとは、一定の条件φを満たすという共通点をもつものにしか*F*を適用してはならないと知ることにほかならないように思われる。新しい事例は、その場合に〔類似性を〕規定するある特定の観点からすれば、古い事例に似ていないことがありえないのは明らかだ。しかし、ウィトゲンシュタインがわたしたちの注意を引きたがっている論点は、クリスピン・ライトの指摘するように、「類似性についてのわたしの判断は、*F*の適用可能性にかんするわたしの判断の根拠ではなく帰結である」[5]ということにほかならない。わたしたちが新しい事例を前にして抱く「すでに知っている」という印象と、当該の表現を新たに適用する傾向性とは、実際には同一のものなのである。

原注

(1) G.P. Baker and P.M.S. Hacker, *Scepticism, Rules and Language*, B. Blackwell, Oxford, 1984, p. 17.

(2) Baker and Hacker, *ibid.*, p. 17.

(3) E. Borel, *Leçons sur la théorie des fonctions*, 3e édition, Gauthier-Villars, Paris, 1928, p. 145–146.〔4e édition, 1950, p. 145〕

(4) E. Borel, ibid., p. 146, note 1.〔4e édition, 1950, p. 145〕

(5) C. Wright, *Wittgenstein on the Foundation of Mathematics*, Duckworth, 1980, p. 36.

訳注

〔訳注1〕フレーゲは表現の「意義」(Sinn) と「意味」(Bedeutung) とを区別する。「$a=b$」のような同一性命題はなにを言おうとしているのか。「$a=a$」のような単なる同語反復とは違って、「$a=b$」はなんらかの付加的情報量をもつように思われる。しかし、$a=b$を対象間の関係として理解するならば、それを単なる同語反復から区別することはできなくなる。他方、そもそもaとbが対象に関係づけられていなければ、(ただ文字として見るならば「a」と「b」は明らかに同一ではないのだから) $a=b$という同一性関係は成立しない。フレーゲによれば、「$a=b$」の言おうとするのは、「a」と「b」は指示対象(意味)を同じくするが、その与えられ方(意義)が異なるということである。ここで、意義は表象あるいは内的な像のような主観的なものではなく、表象とは違って複数の者に共有されうる。意義は表象のように主観的ではないが、対象そのものでもなく、意識内容とも外的世界とも異なる「第三の領域」に属する(「意義と意味について」、土屋俊訳、『フレーゲ著作集4 哲学論集』(黒田亘・野本和幸編、勁草書房、一九九九年)、七一—一〇二頁、「思想」、野本和幸訳、同書、二〇三—二三五頁、野本和幸「編者解説」、同書、三三四—三四一頁を参照)。

〔訳注2〕たとえば、フィボナッチ数列(1, 1, 2, 3, 5, 8, 13, ...)——それぞれの数は前の二つの数を足してつくられる——を再帰的(帰納的)に形成する規則は、

$$f(0)=1$$
$$f(1)=1$$
$$f(x+2)=f(x+1)+f(x)$$

によって与えられる。この数列はまた、次のような代数的定義によって明示的にも定義できる。

$$x_n=\frac{1}{\sqrt{5}}\left[\left(1+\frac{\sqrt{5}}{2}\right)^n-\left(1-\frac{\sqrt{5}}{2}\right)^n\right]$$

フィボナッチ数列のように、明示的な定義を計算可能な式で与えうる場合であれば、たとえば一〇〇万個目の数がなんであるのかは、この式を計算すれば直ちに分かる。しかし、再帰的な規則を使って直ちにそのような計算をすることはできない。x が 999999 であるときと 999998 であるときの $f(x)$ がなんであるのか分からないからである。にもかかわらず、この規則が指示する単純な足し算を繰り返せば、やがては一〇〇万個目の数にたどりつくことが、われわれには分かる（バーリンスキ『史上最大の発明アルゴリズム』、林大訳、ハヤカワ文庫、二〇一二年、第六章などを参照）。

〔訳注3〕本文中でこのあと引用されるボレル［Félix Édouard Justin Émile Borel, 1871–1956］の『関数論講義』（初刊は一八九八年）は、数学思想におけるフランス経験主義の嚆矢となる著作である（ボレルはみずからの意図する解析学を「関数の病理学（pathologie des fonctions）」と呼んだ）。井関清志と近藤基吉は、カントールの集合論（結論訳注4、訳注5を参照）の体系をできるだけ保存して、そのパラドクスを排除しようとする保守的な数学思想と、カントールの集合論を再編成して、整合的な集合論を新しく展開しようとする進歩的な数学思想とを区別し、ラッセルの論理主義やヒルベルトの形式主義を保守思想に数えるいっぽう、フランス経験主義を、ブラウワー［Luitzen Egbertus Jan Brouwer, 1881–1966］の直観主義とともに進歩思想に類別している（井関・近藤『現代数学――成立と課題』、日本評論社、一九七七年、一七一頁を参照）。

第三章　規則はなにと「一致する」のか？

文法規則の自律性が意味しているのは、すでに見たように、いかなる現実も文法規則に一致するものではないということ、より正確に言うならば、文法規則と現実との一致について語るとき、わたしたちは実際にはなにか違ったことを言おうとしているのだということである。「「現実が『2＋2＝4』に一致している」と言うことは、「実在が『二』に対応している」と言うようなものである。このように言うことは「現実は規則に一致する」と言うようなものであり、それは結局のところ、「それはこの上なく役に立つ規則であって、この規則なしではやっていけない理由は一つどころか無数にあるのだ」と言っているに等しい」（WLFM, p. 249）。そう言いたいのであれば、ある意味では、現実が規則に「一致する」と言ってもよい。しかし、それは期待された現実（規則を真とする特定の事実）ではなく、数多くの別の事実からなるはるかに複雑なものである。たしかに、これらの事実はわたしたちが一般に〔対応する現実として〕考えているものではない。しかし、現実に意味と重要性を与えているのは、これらの事実なのである。たとえば、「マッチ棒を二回一八〇度回転させると元の位置に戻る」という命題には、どんな現実が対応しているのだろうか。ウィトゲンシュタインによれば、それは幾何学的事実ではなく、正しい分度器を使用するなら、ふつうは元の位置あるいは限りなくその付近に戻ることができるという事実である。「そう、たしかに現実は命題に一致している。しかし、その現実は当初に期待されていたようなものではない。最初、それは電灯のスイッチを入れたり切ったりする実験のようなものだと想像されていた。その後、命題に対応する現実が存在することは分かったが、そのような言い方はできるとしても、その現実がどのようなものかほとんど明らかではない。せいぜい、分度器にかんするあらゆることがらや、われわれはふつうはこのように回転させることができるという事実などが明らかであるにすぎない」(*ibid.*, p. 246)。

ウィトゲンシュタインの主張では、数学的命題は、経験的命題でないだけでなく、いかなる意味でも記述命題ではない。必然的なことと偶然的なことの対立を、二種類の真理の対立、あるいはたんに二種類の命題の対立として語ることで、その相違が実際よりもずっと些細なものに見えてしまう。この対立は、命題の二つのカテゴリーの対立、すなわち、経験的事実を記述する命題と別種の「事実」を記述する命題との対立ではなく、規範ないし規則にかんする命題と、本来の意味での命題との対立なのである。数学を規範として理解することは〔数学的〕プラトニズムとは真っ向から対立するが、なんら経験主義に対する譲歩を含まない。むしろ、ウィトゲンシュタインの考えでは、こうした理解こそが、本質的命題と経験的命題とのカテゴリーの違いを十分に説明する唯一の手段なのだ。「わたしの言っていることは、結局のところ数学とは規範的なものであるということである。ただし、「規範」は「理想《イデアル》」を意味するのではない」（BGM, p. 425〔『全集』第七巻、三七七頁〕）。数学がイデア〔的対象〕を取り扱うと考えるなら、ふたたび記述主義的誤謬に陥ることになる。〔訳注1〕

ウィトゲンシュタイン自身は、数学的命題に対して「真」や「偽」といった形容詞を使うのをやめてはいないし、また完全にやめるべきだなどと提案してもいない。数学的言明は肯定または否定されうるという平叙文の形式をもつのだから、わたしたちがふだんそうしているように、数学的言明に対して「真」や「偽」という名辞を適用するのはまったくふつうのことである。「2＋2＝4は真である」と主張することは、たんに「2＋2＝4」だと主張することに等しい〔cf. PU §136（『全集』第八巻、一〇九―一一〇頁）; BGM, I Anhang III §6（『全集』第七巻、一〇六―一〇七頁）, WLFM, pp. 68–70; UG, §200（『全集』第九巻、五五頁）〕。しかし間違いなく、ウィトゲンシュタインがあえて「…は真である」を言い落としているのは、数学的命題という観念そのものに関係している。かれから見れば、この観念がすでに、数学がある種の実在を記述しているのだという発想への危うい譲歩を含んでいる。『数学の基礎』の別の箇所では、直説法を用いた（擬似）記述命題が出現しない、指令や禁止など命令形だけで実践される数学の可能性が検討されている。もちろん、平叙文に同意を与えることと、数学の証明が終了したさいのように、実際に規則の表現を構成している命題に同意を与えることとのあいだには、表面的なアナロジーが存在する。しかし、このアナロジーは、実際になにかを明らかにはせず、むしろわたしたちを欺く。「われわれはふだん「二かける二は四である」と言う。この表現を命題たらしめるのは「ある」という動詞であり、われわれが「命題」と呼ぶものすべてとの緊密な親近性を見かけの上でつくり出しているのもこの動詞だ。しかし、ここで問題とされているのは非常に表面的な関係だけである」（BGM, p. 117〔『全集』第七巻、一〇六頁〕）。

ウィトゲンシュタイン的な必然性のとらえ方によれば、とにかく、ただ特定の規則や規約を採用すると決定するだけで、そこから必然性が導き出される。こうした必然性のとらえ方は、クリスピン・ライトが「認知的」と呼ぶとらえ方に対立する。「認知的」なとらえ方は、あらかじめ存在する必然性を発見ないし認知すること（わたしたちが、まだ知らない国や地域や、あまり知らない国や地域であっても、それとして「認知する」ことができるように）を可能にするような特殊能力を要請する。ウィトゲンシュタインからすれば、必然性を認知できると言うことは、規範や命令を同意に先立って「認知」できると言っているに等しい。

クリスピン・ライトの指摘するように、必然性を見ればすぐに認知できるような知的能力を要請してもなんにもならない。そうした能力をもつ人の行動が、ふつうの経験能力（とりわけ知覚能力）と限られた想像力としか所有しない人の行動と少しも区別がつかないことを、明らかにできるのであれば。すなわち、あるプロセスについて、それ以外の可能性があると自分には思いもよらないような帰結を、その経験を反復した人はだれもが必ず手に入れるに違いないものの典型例と見なす傾向がある人の行動と少しも区別がつかないことを、明らかにできるのであれば。実際、必然性の認知的なとらえ方の支持者たちと根元的規約主義者たちとのあいだに、必然的命題の候補であるような特定の言明にかんして、反応や性向の違いがなければならないと想定すべき理由はない。この両者が現実にはまったく同一の本質的連関、まったく同一の必然性を認めることになるかもしれない。しかし、必然性の認知的なとらえ方の支持者であれば、実在側の諸状況がこの命題の客観的身分を認知することを可能にしたのだと説明するであろうし、根元的規約主義者であれば、本質的命題という身分は、それに対する反例が現実には想像できないような仮説だからという理由で授けられたのではなく、ただその命題を今後は規則として採用すると決めることによって授けられたのだと説明するであろう。両者に入手できる所与をたんに知覚することに加えて、一方では、客観的必然性の存在を認知するのを可能ならしめるような補足的な知覚作用が付け加えられ、もう一方では、新たな規則や規範を導入するという決定が付け加えられる。根元的規約主義者にとって、命題の規範性とは、まさに必然性を作り上げているものであって、（客観的に認められている）必然性からの帰結でもなければ、それによって正当化されるものでもない。

フレーゲやフッサール〔訳注2〕の観点から見れば、論理的規範や数学的規範の妥当性は、対応する理論的命題の真理性から導き出される。これに対して、ウィトゲンシュタインの考えでは、論理的言明や数学的言明が必然的に真であることは、わたしたちがこれらの命題に規範という身分を与えたという事実のみから導き出される。規範の採用は真理にかんする先行する認知に基づくものではありえない。言い換えれば、クリスピン・ライトの言うように、「これらの問題にかんするウィトゲンシュタインの思想において、必然的言明の規範性という発想は、必然的言明を真理の一種と見なそうとするわれわれの傾向性を土台から掘り崩すと同時に、必然性とは本質的になんであるかの説明への寄与が意図されていた(1)」。

客観的で絶対的で、一目で認知できる必然性という観念に敵対する者たちが指摘してきたのは、ただそれに反することが想像できないというだけで誤って必然的と「認知」されてはきたが、その後知識が発展していく中でそれに反することがまったく思考可能なものとなっていき、場合によっては真となってさえいるものが歴史上数多く存在するという点であった。しかし、こうした論法の及ぶ範囲は限られたものだ。いずれにせよ、わたしたちは必然性に束縛されていない宇宙をみずからの知的能力を用いて徐々に探索していかねばならず、わたしたちの知的能力が非常に誤りやすいものであると考えるのを禁じるものがなにもないとすれば、こうしたことが起こるのも当然のことであろう。たしかに、こうしたことは人間精神の能力に信頼を置く哲学者たちの考えとはほとんど一致しない。なにしろかれらは、人間精神は一見しただけですぐに「理性の真理」〔訳注3〕を認知できると信じていたのだから。しかし、敵対者に譲歩して、少なくとも永遠真理でさえも実際にはしばしば歴史的であると認めないかぎり、認知主義的なとらえ方を維持できないのは明らかである（フレーゲならば、歴史を有するのは、〔真理ではなく〕真理にかんするわたしたちの認識だけだと言うのかもしれないが）。こうした譲歩の代償として深刻な問題が生じてくる。必然的真理に対する同意が、経験的な認識能力や想像的な能力（または無能力）の行使以外のものをけっして含んでいなかったということを、歴史におけるなにものも異論の余地なく証明してはくれないのである。

しかしながら、認知主義者はこう反論できるかもしれない。規約主義者が新たな必然言明の採用のうちに含まれているとする決定という要素は、どんな偶然言明を採用する場合にも同じように含まれているのではないか、と。主張可能性の諸条件が充足されており、合理的懐疑の余地がまったく残っていないような経験的言明に対しても、あえて懐疑的態度をとり、その命題が真だと断定するのを拒むことは、原理的にはいつでも可能である。したがって、どんな言明の採用も決定を含んでおり、その意味では、規約という要素を含んでいると思われる。状況がこのようなものだとすれば、いかにして規約主義者は、どんな主張にも含まれている決定という要素に訴えることで、必然的命題に対する同意を偶然的命題に対する同意から区別したり、必然的命題の認知が本来の意味での主張において表現されうることに異議を唱えたりできるというのか。

当然ながら、認知主義者にとっても規約主義者にとっても、次の二つの認知のあいだには明らかな相違がある。ある命題をただ真であると認知することは、それを真でないことはありえないと認知することと同じではない。不一致は、この違いを説明するしかたにある。規約主義者の主張では、わたしたちは、命題をどんな状況でも偽ではありえないものとして認知することはけっしてなく、その命題に規則という身分を授けることで偽となりうる可能性を排除すると取り決める。規約主義者が立証しようとしているのは、必然性の存在を感じ取ることができるような特殊能力はありえないとか、まったくありそうもないということではなく、ただ、そうした能力の行使と明らかに認められるものがなにひとつないのであれば、そんな仮説はまったく無意味だということだ。規約主義者の考え方の決定的な論点は、必然的事実という観念を拒絶する点である。とはいえ、規約主義者が次の問いに答えねばならないのは明らかだ。どんな種類のふつうの事実が、それまで多かれ少なかれ好き勝手に戯れていた諸要素のあいだに、堅固な概念的関係を制定する余地を与えうるのか。

認知主義者にあっては、こうした問題が生じないのは明らかである。かれにとって、必然的結びつきの認知は、その命題に対応する特殊な種類の事実の把握と結びついているのだから。たしかに、認知主義者もまた必然的真理の採用が決定から導き出されることは認めねばならないであろう。しかし、そこになんら特別な意味はないのであって、十分に決定的な検証データがある場合には、その命題を真だと断定することを選ぶというありふれた実践が、これに対応しているにすぎない。規約主義者の主張では、必然的真理を認知することは、ふつうの事実以外はなにも介入させないが、そこに特殊な決定、それに反する経験の可能性という脅威からその命題を断固として保護しようという決定が付け加えられる。ここで不可避的に生じてくるのが、たんなる経験的な相互関係ではなく内的関係を認知するのにふさわしい状況や文脈というものを、わたしたちはなにに対して認めるのかという問題である。

クリスピン・ライトは自著の終わりの数ページで、ウィトゲンシュタインの特徴的な一節を引用しつつこの難問に言及している。そこでウィトゲンシュタインが問うているのは、ある場合に、わたしたちはその状況が数学的問題を提起していることをすぐさま理解するのだが、それを可能にしているのはいったいなにかということである。

「この壁の継ぎ目に沿って、一筆がきで、かつ同じ道を何度も通ることなく進みうる道の数を見出だせという問題は、だれでも数学的問題として認める。

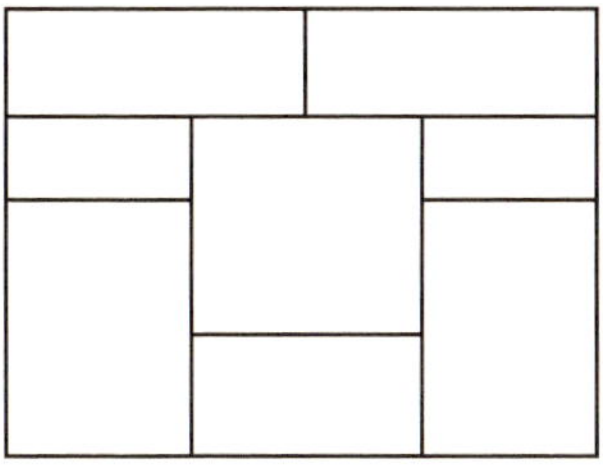

もし図面がもっと複雑で大きく、一目で見渡せなかったならば、図形は気づかないうちに変化してしまうと想定することもできただろう。その場合、(おそらく規則的に変化する)数を見つけろという問題はもはや数学的問題でなかろう。しかし、たとえ図形が変化しないのだとしても、これはもはや数学的問題ではない。——ところがまた、たとえ壁が一目で見渡せたとしても、だからといってこの問題が数学的問題になると言うことはできない。——この問題はいまや発生学の問題であるといわれるようには。むしろ、われわれはここでは数学的解答を必要としているのだと言わねばなら

ない（われわれがここで必要としているのがモデルであるのと同じように）。われわれがその問題を数学的問題として「認知」したのは、数学が図面上の線をなぞる過程を扱うからであろうか。

それでは、なぜわれわれはこの問題をすぐに「数学的」問題と呼んでしまうのだろうか。ここでは数学的問題に対する解答が、われわれの必要としているほとんどすべてだということをただちに見てとるからである。もっとも、この問題をたとえば心理学の問題と見なすことも容易であろうが」（BGM, p. 384〔『全集』第七巻、三四六—三四七頁〕）。

なぜわたしたちは、ケーニヒスベルクの橋の問題〔訳注4〕のような問題の定式化において、課せられた諸条件を満たすことが不可能であるとき、それは数学的な不可能性でなければならないと考えてしまうのだろうか。クリスピン・ライトの見解では、ウィトゲンシュタインがこの種の問題にかんして示唆した解答は満足のいくものではない。なぜなら、「われわれが実践において必要としているもの、つまり、実践的な目的に必要とされるものは、実践的な確実性である(2)」のだから。右の引用における「われわれの必要としているほとんどすべて」（*so gut wie* alles, was wir brauchen）は practically all we need と英訳されてきたが、これが「実践のためにわれわれが必要とするすべて」とまったく同じことを意味しているとはわたしは思わない。とはいえ、〔ここでウィトゲンシュタインの示唆している解答では〕やはり問題は未解決のままである。ウィトゲンシュタインが言わんとしていたのは、このような場合には数学的解答しか必要とされていない、（問題設定における物理的所与や心理的所与などの関係事項をすべて除外した）

形状の同一性を構成する内的特徴にのみ存するような解答しか必要とされていない、ということであったと思われる。しかしここでも、必要なのはまさに数学的解答なのであって、帰納的確実性に基づいた経験的な解答では不適切なのだと考えてしまうのはなぜなのか、という問題が生じてくる。

この点について、ウィトゲンシュタイン自身が問題を提起している。「なぜ数学的事実や物理的事実の概念をもたなければ計算を会得できないというのか。人びとはただ、注意して教えられたことを実行すれば、つねにこの結果が得られるということを知っているだけだ」(BGM, pp. 423–424〔『全集』第七巻、三七五頁〕)。事実、先ほどの壁の問題や、ケーニヒスベルクの橋の問題や、四色問題〔訳注5〕において、そこで問われているのが形状の内的特性であって偶然的特性ではないことを、わたしたちはただちに認める。問われている条件が必然性の存在にかんして述べねばならない条件の一部であることを、わたしたちはおのずと感じ取る。しかし特定の文脈を数学的文脈や論理的文脈、数学的必然性や論理的必然性の採用のような決定を要求するような文脈たらしめるのはなんなのか。この点について、規約主義者が満足のいく一般的説明を与えることができるかどうかはまったく確かではない。同じように、次の問題を提起してもよい。あるプロセスの結果を、初期条件が適切に再現され、適切な手続きにのっとっておこなわれるならば、つねに同一結果を導くような実験の結果として受け容れるのではなく、プロセスの同一性の基準であると決定するのはなぜか、また、どんな条件においてか。すなわち、認知主義者のように、計算や証明は〔実験とは違って〕だれもが把握できる可感的対象に加えて、ウィトゲンシュタインのいわゆる(BGM, p. 202〔『全集』第七巻、二〇〇頁〕)「触れることのできない、影のような対象」(英知的連関)を把握することに存するのだと考えるのをやめたとすれば、ウィトゲンシュタインが記述しているような数学的な計算や証明が、どうして存在しうるであろうか。

人類が数学や測定システムを有さねばならないことが自明なわけではない。ウィトゲンシュタインはなぜわたしたちが数学や測定システムを有するのかを説明しようはしない。これらを有することを前提として、わたしたちが数学について抱く観念やその地位を明らかにしようとするだけである。

「しかし、われわれとまったく同じ意味での計算も、まったく同じ意味での測定も存在しないような人間社会は想像できないだろうか。――いや、できる。――それでは、なぜわたしは数学とはなにかを明らかにしようとするのか。

なぜなら、われわれの社会には数学があり、数学についての特有のとらえ方、その地位と機能についての理想《イデアル》がある。――そして、これが明らかにされなければならない」(BGM, p. 383〔『全集』第七巻、三四五―三四六頁〕)。

なぜ証明手順と同じくらい特殊な手順に従うことをわたしたちは承知するのだろうか。これに対するウィトゲンシュタインの解答はじつにヒューム的な強調点をもつ。

「わたしは証明を読んだ。――いまやわたしは確信している。――もしわたしがこの確信をすぐに忘れてしまったとしたら、どうなってしまうのだろう。

というのも、証明をおしまいまで調べて、それから結果を受け容れるというのは特異な進み方だから。——しかしわたしが言いたいのは、われわれはまさにこうやっているということなのだ。それはわれわれの慣わしであり、われわれの自然誌の事実なのだ」（BGM, p. 61〔『全集』第七巻、五七頁〕）。

発見されるのを待っているような本質や本質的連関はなにも存在しないからといって、新たな本質や本質的連関を創造せねばならない、それも絶えず創造せねばならないと感じてしまうのはなぜだろうか。ウィトゲンシュタインの主張では、「本質について語る者は、ただ約定を確認しているにすぎない」（BGM, p. 65〔『全集』第七巻、六二頁〕）。本質の深さにかんする言明と、たんなる規約にかんする言明の違いほど大きな違いはないという反論に対しては、「本質の深さには、規約への深い必要が対応しているのだ」（*ibid.*〔同右〕）とかれは応える。おそらく、このような規約の根元的必要性を違ったしかたで説明しようとすることもできよう。[3]この必要性が最もはっきりと現われるのは、計算や証明のような技術の存在においてである。特定の実験を定義へと変容させることによって（cf. BGM, p. 383〔『全集』第七巻、三四五頁〕）、結果に対して規則のもつ特殊な尊厳を賦与せねばならないように思われるのはなぜだろうか。わたしたちがそれを証明できる状態にあるからだと言ったところで、証明とたんなる実験手順との本質的相違が、まさに前提から導かれた結果が新たな規則として受け容れられる点にあるのだとすれば、なにも明らかにはならない。認知主義者の応答は、証明が未知の必然性を認知するのに適した道具であると言うことによって、証明のような活動の存在を正当化しようとする。ウィトゲンシュタインはこの種の説明を受け容れないが、別の説明を提示しようとはしない。哲学的な観点からすればどんな補足説明も役に立たないような地点にまで、みずからが到達したと見ていたからである。

かれの考えでは、計算や証明はわたしたちの自然誌の所与の一部なのであり、哲学は計算や証明についてみずからに説明義務があるなどと自惚れてはならず、ただ自然誌を確認するにとどめねばならない。数える、加える、推論するといった規約に立脚する活動は、ある意味では、話す、歩く、食べるなどと同じくらい人間存在にとって自然なものであって、さらに「基礎づけ」を必要とはしない。このような〔基礎づけを必要としない〕制度を通して、したがって規約を通して声を響かせるのは、結局のところ自然そのもの（あるいは、わたしたちの本性）なのである。

原注

（1）C. Wright, *Wittgenstein on the Foundations of Mathematics*, Duckworth, 1980, p. 411.

（2）C. Wright, *ibid.*, p. 466.

（3）この点については C. Wright, *ibid.*, chap. VI を参照せよ。

訳注

〔訳注1〕ムーアは倫理学において、自然主義的誤謬を指摘し、「われわれが望んでいる」といった自然的事実によってではなく、直観によって正当化される認識を道徳的な認識だとする直観主義を唱えた。道徳的言明の真偽を評価可能と考える直観主義は、（自然主義と同じく）認知主義に分類される。それに対し、「道徳的な判断において、われわれはなんらかの感情を表わしている」とする情緒主義は非認知主義である。ここでの要点は、「感情を表わしている」は「感情を記述している」とは異なるということだ。情緒主義は、道徳的判断の機能が感情の表出であるという表出主義をとることにおいて、道徳的判断の機能が事実の記述であるとする記述主義に対立する（田村圭一「道徳の本性」（坂井昭宏・柏葉武秀編『現代倫理学』、ナカニシヤ出版、二〇〇七年、二六―五六頁所収）などを参照）。

道徳的言明についての情緒主義は、自然主義と直観主義に共通する記述主義の誤謬を指摘する。それと同様に、数学的言明が規範であるという主張は、数学的言明が経験的事実を記述するという記述主義に代えて、プラトン的対象についての事実を記述するといういまひとつの記述主義を採用すべしとの主張ではなく、記述主義そのものを拒否するものだ、というのが、ここでのブーヴレスの論点であろう。

〔訳注2〕フッサール［Edmund Husserl, 1859–1938］は現象学の創始者として知られる哲学者で、『論理学研究』、立松弘孝他訳、みすず書房（全四巻）など多数の邦訳書がある。ウィトゲンシュタインが「現象学」に言及するときには、通常むしろマッハを念頭に置いているのではないかと思われる（フッサール自身が、この用語をマッハから借りている）けれども、『ウィトゲンシュタインとウィーン学団』では、シュリックに促されて、フッサールについて若干のコメントをしている。そこでは、「一つの対象が赤でありかつ緑であることはない」というのが総合的でアプリオリな判断だというフッサールの見解が批判されている（WWK, pp. 67–68, 78f.『全集』第五巻、九五—九六頁、一一一頁以下）。ウィトゲンシュタインにとっては、そうした色彩命題は文法的であって、つまり、真であったり偽であったりするような判断ではない。

〔訳注3〕真理を「理性の真理」と「事実の真理」の二つに分けるのはライプニッツである。この区別は必然的なものと偶然的なものというアリストテレス以来の区別に対応する。すなわち、理性の真理とは必然的真理（その反対が不可能な真理）であり、事実の真理は偶然的真理（その反対が可能な真理）である。ライプニッツによれば、理性の真理は同一律や矛盾律のみによってその真理性を示すことができるが、事実の真理の場合には、それが無矛盾であるというだけではその真理性を示すことはできず、さらに充足理由律（そうであって別様ではないことの十分な理由があること）が必要となる。ライプニッツが理性の真理の事例として念頭に置いているのは算術や幾何学であるが、こうした数学的命題はそれがどれほど複雑なものであろうとも、より単純な観念や真理に分解してゆくことで原始的原理へと還元されうるとされ、この最終的に行き着いた原始的原理とは自同的命題であり、その反対が明白な矛盾を含むものであるとされる（『モナドロジー』第三三—三六節、第四六節、『人間知性新論』第四巻第二章参照）。ここでブーヴレスが言っている「一見しただけですぐに認知できる理性の真理」とは、こうした「理性の原始的真理」のことであろう。

〔訳注4〕ケーニヒスベルクの橋の問題は、代表的な「一筆がき問題」で、後出の四色問題とともに、位相幾何学およびグラフ理論において最もよく知られている問題であろう。ケーニヒスベルク（現在のカリーニングラード）は新旧二つのプレーゲル川が合流する地点にある。一八世紀には、合流地点にある二つの島に七つの橋が架けられていた。ケーニヒスベルクの橋の問題とは、「この七つの橋すべてを渡って、しかし二回渡ることなく出発点に戻ってくることはできるか」という問題である。オイラーはこれが不可能であることを示し、そこからさらに、オイラーの関係式として知られる一般式 $V+R-L=1$（V は平面上に描かれたグラフの頂点の数、R は面の数、L は辺の数）を導いた（シン『フェルマーの最終定理』、青木薫訳、新潮文庫、二〇〇六年の第三章などを参照）。

〔訳注5〕平面または球面に描かれた地図を色分けするには四色あれば十分である。これが「四色定理」であり、それを証明することが「四色問題」と呼ばれる。一八五二年に学生の質問からこの問題の重要性にいち早く気づいたのはド・モルガン［Augustus De Morgan, 1806–1871］で、かれは多くの数学者に注意を促したけれども、期待したような関心は得られなかった（強く興味をもった数少ない人物のひとりにパース［Charles Sanders Peirce, 1839–1910］がいる）。この定理に数学者が真剣に取り組むようになったのは、一八七八年の数学会でのケーリー［Arthur Cayley, 1821–1895］の質問以後であり、紆余曲折の末、一九七六年にアッペル［Kenneth Ira Appel, 1932–］とハーケン［Wolfgang Haken, 1928–］によって証明された。これがコンピューターの利用に依存するものであったため、数学における証明とはなにか、という議論に火がつくことになる（ウィルソン『四色問題』、茂木健一郎訳、新潮文庫、二〇一三年など参照）。

第四章　ほんものの必然性は規約による偶然の産物なのか

カヴェル〔訳注1〕が指摘するように、ウィトゲンシュタインの哲学は「必然性について文化人類学的な、あるいは擬人論的とさえ言えるとらえ方をしている。これは読者を失望させるかもしれない。なにしろ、かれが文化人類学的にとらえていたものが、じつは必然性ではなかったかのように思われてくるのだから」(1)。アプリオリなものを歴史的にとらえてしまうとアプリオリなものが消え去ってしまうように、必然性についての文化人類学的なとらえ方もまた、その対象である必然性そのものを消し去ってしまうような印象をたやすく与えてしまう。いずれにせよ、「理性の真理」にかんして伝統的に形成されてきた観念は、明らかに文化人類学的な要素の導入と相容れないように思われる。これに対するウィトゲンシュタインの解答とは、必然性が視界から消えてしまうのは、(人びと(あるいは、しかじかの人びと)が2＋2＝4を規則として採用したという) たんなる文化人類学的事実の確認にとどまるような完全に外部からの認識によって、必然性をとらえてしまう人たちにとってだけなのだ、というものである。内部からの認識という観点からすれば、つまり、規則を実際に採用した人にすれば、必然性はまるごと存在しているのであり、あらんかぎりの厳格さを保持している。

絵画のような領域においてさえ、「その試みは単なる規約の改竄なのだとか、いや模索なのだなどと考えることができるのは部外者だけである」[2]。ウィトゲンシュタインは、一見あまり都合のよくない事例にかんして、こうした状況を直視するよう促している。「概念を画法と比べてみよ。われわれの描き方さえも恣意的なのだろうか。われわれはどれか一つの描き方を(たとえばエジプト風の描き方を)好きに選ぶことができるのだろうか。それとも、ここではただ美しさと醜さだけが問題となっているのだろうか」(PU, p. 230〔『全集』第八巻、四五八—四五九頁〕)。必然性が「たんなる」規約として押しつけられているかのように見えてしまうのは、わたしたちが必然性を記述するために一時的に採用せねばならない外部の観点のせいである。

もちろん、みずからが必然性について特異な哲学的見解を提示していると、ウィトゲンシュタイン自身が認めていたわけではない。かれの課題はむしろ、必然性が実際にはもはや知覚されえないような観点を採用しようという誘惑に対して、わたしたちに警戒を促すことにあった。「肝心なことはただ、この必然性を認識できる観点を取り違えてはならないということである」[3]。プラトニズムが描くような、わたしたちの数学的実践から完全に独立した観点、わたしたちの承認する必然性が〔実際に、承認されているか否かにかかわりなく〕つねに存在するという意味で「実在的」であると認めるのを許すような観点、そのような観点に立つことがわたしたちにはできない。わたしたちに与えられている他の可能性はといえば、ウィトゲンシュタインのいう「自然誌」の様式を、すなわち、人間が計算や証明といった実践に没頭している際の行動や反応のさまざまなあり方を、調査し記述することだけであるように思われる。しかし、マクダウェル〔訳注2〕が指摘しているように、「もしわれわれがプラトニズムを拒否して、ただちにこの第二の立場に移るとすれば、われわれはまったく満足のゆく中間の立場を無視してしまうことになろう。この中間の立場では、論理的な「ねばならない」は実際に（われわれがこの観念に与えうるかぎりの意味において）堅固であり、その上、演繹的合理性に対する通常の理解もまた完璧に受け容れられるものである。要するに、われわれは論理的な「ねばならない」の要請を知覚できるような観点についての誤りを避けられればよい（この誤りが確実に避けられるならば、この中間の立場を一種のプラトニズムと呼ぶことも許されよう）」[4]。

しかしわたしの考えでは、ウィトゲンシュタインの立場を特徴づけるのに「プラトニズム」という用語を（いかなる意味においても）用いるべきではないもっと決定的な理由がある。実際、決定的なのはもっぱら次の点にある。「13×13は（現実に）169になる」という数学的言明と、「人間は13と13の掛け算をおこなうとき、169という結果を採用するよう制約されているように感じる」という文化人類学的言明のあいだに本質的相違があることに、ウィトゲンシュタインはまったく異議を唱えてはいないのである。かれが言わんとしているのは、この相違は算術の実践内部からしか知覚されえないのであって、プラトニズムが採用しようとしている完全に外部の観点から知覚されうるものではないということだ。「13×13は現実に169になる」という命題をプラトニズムの表現と見なすことは、マクダウェルの指摘するように、「「われわれがその計算が強制的であると気づくことができるのは……だからだ」という文脈において「13の自乗は169である」という言葉を発するとき、われわれはただ人間の数学的能力の内側においてのみそれを語るのではなく、プラトニズムが描くような独立した観点から語るのだと想定すること」にほかならない。[5]

「論理的な「ねばならない」の堅固さ」ないし「論理の容赦なさ」についてのウィトゲンシュタインの考察が立ち向かっているのは、このような堅固さや容赦なさが規則に特有のふるまいを特徴づけているという発想、あたかも論理規則が従うものに対してとりわけ拘束的に作用するかのように考えてしまうことである。規則が使用者に対してまったく特殊な強制力を行使するという考え方は、目に見える記号操作の背後で目に見えない運動を遂行する「論理的メカニズム」ないし「論理機械」という発想に体現される。ウィトゲンシュタインはこの不適切な描像を批判して、記号的な結びつきが有する途方もない硬直性という観念は、因果的な結びつきが有するようなそれなりの硬直性という観念と起源を同じくするものではないと指摘する。論理的メカニズムの途方もない硬直性とは、実在のメカニズムが有する硬直性ではない（たとえそれが「理想的に」硬直していたとしても）。「運動学は完璧に硬直したメカニズムを取り扱うのだとだれかが主張したとしよう。これとまったく同じしかたで、論理的なメカニズムは完璧に硬直していると言うことはできる。しかし、このことは、われわれが扱っているものが硬直したメカニズムだということを意味してはいない」（WLFM, p. 196）。同じように、法の完璧な容赦なさや限りない堅固さという観念もまた、法の硬直性という日常的観念を最高度に増大させたものではない。わたしたちは、殺人犯には必ず死刑を宣告するような（完全に一意に定まった）容赦ない法と、ある種の「分別」があって、例外を許容するだけでなく恩赦の可能性をも想定しておくような法とを対比することができる。また、法の適用において容赦ない裁判官の行動と、もっと温情のある裁判官の行動とを対比することもできる。二つの観念の混合が生み出す法の観念がいわば〈容赦ない裁判官〉なるものを作定する。この〈裁判官〉は、〔現実に存在する〕裁判官がだれも刑の宣告も執行もしていないのに、それをするのである。まるで刑の宣告と執行が法の適用からではなく、法律そのものからただちに導かれてくるかのようにである。

「人びとが赦すような場合でも、法はつねにかれを処刑する」と言うことで、「ただひとりの容赦ない裁判官と、多くの寛大な裁判官」の像が呼び起こされる（BGM, p. 82〔『全集』第七巻、八四頁〕）。この命題は「それゆえに法に対する畏敬の念を表現するのに役立つ」（*ibid.*〔同右〕）けれども、法がなにをどのようにやっているのかを記述するのに役立ちはしない。同じように、論理法則は容赦ないとか、自然法則よりも容赦ないなどとわたしたちは言う。たしかに、ある意味で論理法則は容赦ないものである。しかし、それは論理機械が自然よりも硬直した素材、完璧に微細であるとともに限りなく硬直した素材から作られているからではない。また、論理法則を承認し適用する人間の共同体よりも論理法則のほうが容赦ないからでもない。

だれにでも予想できたことだが、論理の容赦なさにかんするウィトゲンシュタインの見解は、脱構築の理論家たちに刺激を与えた。まさにかれら好みのことが書かれているとかれらは考えた。ヘンリー・ステーテン〔訳注3〕はウィトゲンシュタインとデリダ〔訳注4〕にかんする著書で次のように書いている。「たとえば、『哲学探究』の一九三—一九四節においてウィトゲンシュタインは、つねに「部品の歪み」が生じうる実在の機械と、このような歪みがまったく生じない機械の像ないしはシンボルとしての機械とを対比させている。機械の図面ないし理想的な機械のうちにある特定の運動可能性は、絶対的で不変的なものに見えるが、現実の機械は偶発事の影響を被りうる。ウィトゲンシュタインが望んでいるのは、規則の働きを図面としての機械をモデルにして考えるのをやめて、偶然性の影響を被りうる、偶発事が生じうる現実的なものに即して考えることである。偶然性の本質法則についてデリダのように考えることは、ある種の批判について、その原理を「文法規則」として一般化することと同じことである。そして、ウィトゲンシュタインがここで例示しているのは、まさにそのような批判なのである。「形而上学の文法」は偶有性を本質に、経験的なものを論理的なものに従属させるが、「脱構築の文法」はそんなことはしないのである」[6]。

論理的必然性や数学的必然性といった問題にかんするデリダの立場がどのようなものでありうるのか、脱構築論者とは一般に細かいことは考えすぎないようにする傾向があるのか、そうしたことはわたしには分からない。必然性のような多かれ少なかれ神話めいた抽象概念を脱構築することは、ウィトゲンシュタインがおこなったような、わたしたちと必然性との関係が推論、計算、論証といった実践の中で、どのように構成され、どのように現われるかを真剣に問い尋ねることに比べれば、つねに容易なことである。ただ確実に言えることは、ウィトゲンシュタインの真意に対するステーテンの誤解ほどひどい誤解をするのは容易でないということだ。ウィトゲンシュタインが提案しているのは、さまざまな偶発事が生じうるような、また実際生じているような経験的メカニズムをモデルにして規則のふるまいを理解すべきだということではない。実際、わたしたちが明らかにやるかもしれないことと、わたしたちがしばしばやっていることとが同じであることがある。たとえば、演繹、加算、数列の延長といった現実のプロセスを支配している心的メカニズムについて問い尋ねるときである。しかし、もしもわたしたちの目に見えるような規則の規範性を、つまり、規則が正しい適用のすべてを一気に規定しているように見えるという事実を、メカニズムによって説明したいならば、わたしたちが思い浮かべねばならないのは、たしかにそのふるまいのシンボルとしての機械である。というのも、シンボルとしての機械だけがここで要求される意味で未来の運動を「含むこと」ができるのだから。「その場合、それが経験的な意味であらかじめ規定されているというだけでは不十分であり、それらの運動が実際に――ある神秘的な意味において――すでに現存していなくてはならない。そして、それはそのとおりである。シンボルとしての機械の運動は、現実の機械の運動があらかじめ規定されるのとは違った意味において、あらかじめ規定されているのである」(PU, §193〔『全集』第八巻、一五七頁〕)。

ウィトゲンシュタインは、神秘的な発想を消し去りたいのであって、経験的でも因果的でもないがあらかじめ規定されているという発想を消し去りたいのではない。また、アプリオリな途方もなく硬直した結びつきを、より柔軟でいっそう偶発事を受け容れうる現実の結びつきに取り替えようなどと主張してもいない。かれが語ったことには、(文法のうちで定立された)論理的関係の観念を経験的関係の観念に接近させるようなことも、本質と偶有性、論理的と経験的、概念的と事実的といった、脱構築論者が攻撃対象にしている対立を危うくすることも、なんら含まれていない。かれらがなんとか先行者を探しうるとすれば、それはウィトゲンシュタインではなく、クワインであろう。たしかに、ウィトゲンシュタインが語っている「文法的な」必然性とは、ある意味では、まさに文法の自律性という発想において述べられていた根本的偶然性の影響を被りうるものではある。しかし、必然性の偶然性や歴史性や予測不可能性は、必然性を偶然性に変えてしまうわけではないし、デリダ主義者がそうするように、必然性が偶然性に対して必然的に開かれているとか、必然性が偶然性にぬきがたく「汚染」されているとか語ることによって説明しうるような特性でもない。

たしかに、規則はその本質的可能性として、いろいろな偶発事がその適用に影響を与えうることを含意しており、正常と解された適用は、いつでも逸脱した適用が生じうることを含意しているが、しかし、そんなことはなにも新しい発見ではない。ウィトゲンシュタインが考えていたように、規則という身分をもつ命題において表明されていることが必然性に固有のことだとすれば、明らかに、必然性が規則の適用という実践に影響を与えうる偶然性に曝されているのは、ただの偶然ではなく本性上のことである。しかし、だからといって、規則による活動の論理的規定が、予測された結果や望まれた結果をつねに生み出すとはかぎらない経験的規定になってしまうわけではない。活動は規則に規定されていると同時に、さまざまな「偶発事」を引き起こしうる他の要素にも規定されている。しかし、そのことが、規則と規則の正しい適用を構成するものとのあいだにアプリオリに定立された関係のうちに偶発的要素を導入するわけではない。ウィトゲンシュタインに批判された考え方が神話的であるのは、実践に含まれる不純物と偶発事とを忘却しているからではなく（この忘却は必然的なものではない）、そうした考え方が、規則がそれでもすべての適用事例に対して正しい解法を予測してきたのはどのようにしてなのかということにかかわって、哲学的神話をつむぎ上げるからである。

ウィトゲンシュタインは、規則と個別事例における正しい適用との結びつきが、とりわけ硬直した結びつきであると考えては間違いだと言っているのではない。かれが言わんとしているのは、わたしたちがこのように考えがちな結びつきは、文法のうちで定立された結びつきでしかありえない、ということだ。実在のうちでではない（経験的実在であろうと、文法的な結びつきがそこで帰結のすべてをすでに産出していたと想定される「イデア的」実在であろうと）。

原注

（1）S. Cavell, *The Claim of Reason: Wittgenstein, Skepticism, Morality and Tragedy*, Oxford University Press, Oxford, 1979, pp. 118–119.

（2）S. Cavell, *ibid.*, p. 119.

（3）J. McDowell, « Non-Cognitivism and Rule-Following », in S.H. Holtzman and C.M. Leich, *Wittgenstein : to Follow a Rule*, Routledge & Kegan Paul, London, 1981, p. 151.

（4）J. McDowell, *ibid.*, p. 156.

（5）J. McDowell, *ibid.*, p. 150.

（6）H. Staten, *Wittgenstein and Derrida*, B. Blackwell, Oxford, 1985, p. 18.〔ヘンリー・ステーテン『ウィトゲンシュタインとデリダ』、高橋哲哉訳、産業図書、一九八七年、三六頁〕

訳注

〔訳注1〕スタンリー・カヴェル［Stanley Cavell, 1926–］は米国の哲学者。ウィトゲンシュタインやオースティン［John Langshaw Austin, 1911–1960］を読み込んでいく点で分析哲学の伝統に属しつつも、ハイデガーなど大陸の哲学や、ソローやエマソンなど米国の超絶主義をも視野に入れた思索を展開している。論じる対象は狭義の哲学にとどまらず、シェークスピア劇やオペラ、古典的なハリウッド映画など多岐にわたる。邦訳書に『センス・オブ・ウォールデン』、齋藤直子訳、法政大学出版局、二〇〇五年、『哲学の〈声〉――デリダのオースティン批判論駁』、中川雄一訳、春秋社、二〇〇八年、『眼に映る世界――映画の存在論についての考察』、石原陽一郎訳、法政大学出版局、二〇一二年など。

〔訳注2〕ジョン・マクダウェル［John Henry McDowell, 1942–］は南アフリカ共和国出身で英国市民の哲学者。オックスフォード大学のフェローを経て、ピッツバーグ大学教授。邦訳論文に、「徳と理性」（荻原理訳、『思想』（岩波書店）、一〇一一号（二〇〇八年七月号）、七―三三頁掲載）、「規則に従うこと――ウィトゲンシュタインの見解」（永井均訳、『現代思想』（青土社）、一三巻一四号（一九八五年一二月臨時増刊号）、六四―一〇二頁）、「世界を経験する」（荒畑靖宏訳、『現代思想』（青土社）、三二巻八号（二〇〇四年七月号）、一七九―一九五頁）、「何の神話が問題なのか」（荻原理訳、『思想』（岩波書店）、前掲号、六〇―七九頁）、邦訳書に『心と世界』、神崎繁・河田健太郎・荒畑靖宏・村井忠康訳、勁草書房、二〇一二年がある。

マクダウェル哲学については、『心と世界』に付された神崎繁の解説を参照されたい。神崎によれば、それは、「「デイヴィドソン様式の新フレーゲ的意味論」を土台に、真理条件的意味論の枠組みのなかにアリストテレスの「倫理的価値」についての認知主義を位置づけ、さらにこれをウィトゲンシュタインの「規則に従うこと」の反実在論的解釈の批判と連動させるという、複雑でしかも大胆な試み」であり、マクダウェルは、「アリストテレスの倫理学的考察とウィトゲンシュタインの言語の意味をめぐる規則の考察という、通常は結びつきそうもない」二つに、悪しき意味でのプラトニズムへの拒絶という共通項を見出だすのである（『心と世界』、三六九―三七〇頁）。

〔訳注3〕ステーテン［Henry Staten, 1946–］は、ワシントン大学教授。哲学というよりも文学畑の人である。『ウィトゲンシュタインとデリダ』のほかの著書に、*Nietzsche's Voice*, Cornell University Press, 1990 ; *Eros in Mourning: Homer to Lacan*, Johns Hopkins University Press, 1995がある。

〔訳注4〕デリダ［Jacques Derrida, 1930–2003］はアルジェリア生まれのフランスの哲学者。あらゆる二項対立を無効化する「脱構築」のスローガンによって、米国などの文芸批評に多大な影響を与えた。『声と現象』、林好雄訳、ちくま学芸文庫、二〇〇五年、『グラマトロジーについて』、足立和浩訳、現代思潮新社、新装版二〇一二年など、邦訳書多数。

第五章　概念論と実在論

しばしば想定されているのとは違って、文法の自律性というテーゼは、オトワが[訳注1]「指示的言語の解任[1]」と呼んだことも、言語の自己言及性という発想も含まない。実際、『哲学探究』において、「実在の構造」として表象されるのは、ある意味では、ハッカーの表現を借りれば「文法のたんなる影」でしかない[2]。しかし、言語は外的実在を指示するのをやめたのだと結論づける理由はなにもなく、指示という枠組みが後方に退いたのだと結論づける理由さえなにもない。むしろ、あらゆる点から見て、こうした思考の枠組みは――『哲学探究』の冒頭で批判された『論考』の形式とは違った形式においてではあるが――依然として中心的な位置を占め続けているのだと考えざるをえない。『雑考』において、ウィトゲンシュタインは次のように書いている。

「命題に対応する事実（その命題の翻訳である事実）は、その命題を繰り返すのでなければ記述することはできない。ここに言語の限界は示される。(これは哲学的問題に対するカント的解決に関係している)」(CV, p. 10〔現行版では一三頁である。邦訳、三三頁〕)。

しかし、これが真理だとしても、それは超越論的な真理でしかありえず、言語は言語に依存しない事実を指示しているという考えを放棄するよう強いることはけっしてない。言語が実在によってどのように限界づけられているのか、あるいは、どのように制約されているのかは、たしかに『論考』の視点からも『探究』の視点からも記述できないとしても、だからといって、言語が実在に制約されているという考えが誤りだということにはならない。もしそのように想定するなら、わたしたちが好んで採用している外部の観点からは論理的制約の堅固さを知りえないという事実から、この堅固さはまやかしだという結論を引き出してしまうのと同じ誤りを犯すことになる。ウィトゲンシュタインは言語の表象機能を完全に無視すると決めたようなものだ、という残念ながら広く流布しているとらえ方を、ヒンティッカ〔訳注2〕はウィトゲンシュタイン思想に対する深刻な無理解と見なしている。わたしの考えでは、この指摘はまったく正しい。

「ウィトゲンシュタインの晩年の著作にかんしては、〔『論考』とまったく同じ〕意味論的禁欲が解釈上のひどい誤りを生じさせている。後期ウィトゲンシュタインにおいては、基本的な意味論的関係(言語と実在の結びつき)は言語ゲームによって確立され、また維持されていた。しかし、この種の結びつきは〔言語において〕表現できるものではないため、ウィトゲンシュタインは言語ゲームの意味論的役割についてはっきりと論じてはいない。このため、かれはこの種の表象的機能をまったく信じていなかったのだという印象が生じてしまった。しかし、これはまったく誤った理解である。むしろ、言語と実在の結びつきを語りえないものにしているのが、まさに言語ゲームに基本的な意味論的役割なのである。見かけの上ではウィトゲンシュタインは、言語と実在の表象関係ではなく、言語ゲームにおけるさまざまな指し手どうしの結びつきを強調しているが、それは言語が普遍的な表象媒体であるという確信の反映である(3)」。

ヒンティッカのようにウィトゲンシュタインの意味論的禁欲を批判して、言語と実在の関係を「指し示す」ことによって、(『論考』期のウィトゲンシュタインが主張したようにだけではなく、その後の別な形式においても)特定の〔外的〕事物について語ることはできると主張する人もいるかもしれない(おそらくいるに違いない)。しかし、いずれにせよ、この断固とした禁欲がウィトゲンシュタインにとってこの種の関係が存在しないことを意味していると考えてはならない。かれが言うように、思考と実在の調和は言語の文法において確立されるのであり、この点にかんして、わたしたちは文法的に自明に思われることしか語りえない。こうした事実が意味しているのは、「形而上学的な対応関係に見えたものが、実際には文法内部の分節化であった(4)」ということである。これは不穏なことに思われるかもしれない。言語と実在のあいだに生起すると想定されていたものが、いまや言語自身の内部に生起するにすぎないという印象を与えるのだから。しかし、思考(または命題)を実在と比較可能にしているものを文法的に確認したときに、実際に思考（または命題）と実在とを比較したわけではないと結論するのは明らかに馬鹿げているだろう。ウィトゲンシュタインが言っているように、「思考と実在との一致や調和は、わたしが誤ってなにかを赤いと言ったとしても、だからといって、それが赤いことになるわけではないという事実に存している。そして、もしもわたしがだれかに「それは赤くない」という文における「赤」という語を説明したいとすれば、わたしはそのために赤いなにかを指し示すのである」（PU, §429〔『全集』第八巻、二五四頁〕）。

文法の自律性を一種の無責任さによって特徴づけられるものに変容させてしまいたいという、わたしたちが容易に屈しがちな誘惑にかんしても、同様の指摘ができるに違いない。文法規則が恣意的な性格をもつとは、たとえば現実に四つの原色があると言うことによって、わたしたちの色彩体系の正当化を試みることはできないということだ（cf. Z, §331〔『全集』第九巻、二八三—二八四頁〕）。しかし、この言明は明らかに偽というわけではなく、たんに無意味なのである。たとえば、だれかがむなしく五番目の原色を探していることを示そうとしても、それがなにを探すことなのかがわたしたちには分からないからだ。わたしたちは、物事をどのように考え、どのように表現すべきかを考え出すことはできるが、考えるべきもの、表現すべきものを考え出すことはできない。ウィトゲンシュタインは『数学の基礎』において次のことを確認している。

「「この音がいくつの振動からなるのか知るのは興味深い」。しかし、算術があなたにはじめてこの問いを教えた。算術があなたにこの種類の事実を見ることを教えた。

数学は——わたしは言いたい——あなたに問いに対する答えを教えるだけなく、問いと答えにかんする言語ゲームの全体を教えるのだ」(BGM, p. 381〔『全集』第七巻、三四三頁〕)。

ここには、わたしたちが算術のおかげで問いを立て、答えを見つけることできるようになる以前には、この音はしかじかの数の振動からなってはいなかったのだ、という含意はまったくない。ウィトゲンシュタインは、「あなたが「事実」と呼ぶものの性格」を規定したり、「われわれが事実と呼ぶものの形式を創造する」のに数学が必要でありうると主張したりはしている(*ibid.*〔同右、三四三—三四四頁〕)。しかし、算術なしには存在できなかった事実を、数学が創造できるのだと言っているのではない。そして、思考(や言語)が経験とはまったく違ったしかたで経験の代わりになったり、経験を拡張したりできるのだという、じつに哲学的な想定に対して、かれは明らかに反対している〔cf. *Z*, § 256(『全集』第九巻、二五九頁〕, PB, § 66(『全集』第二巻、一一四—一一五頁〕)。「いかにして思考によって真理を学ぶことができるのか。それはちょうど顔を描くことによって、その顔を一層よく見る方法を学ぶのと同じである」(*Z*, § 255〔『全集』第九巻、二五九頁〕)。他のどんな文法も事実を正しく表象できないからといって、わたしたちの文法が正当化されていると言ってはならない。わたしたちが「事実」と呼んでいるものを見るようわたしたちに教えたのが、まさに文法なのだから。しかし、その「事実」を文法に依存しないものとして、文法をまたずに存在するものとして見るよう教えたのも文法である。おそらくいろいろなものの見方が可能である。しかしまた、わたしたちが見ているものと、わたしたちが見ていると想定されているものとのあいだにあまりに大きな不一致を生じさせるために、およそ可能とはいえない見方も数多くある。

重要なことは、わたしたちの概念が唯一可能なものだと考えるのを思いとどまらせるために、ウィトゲンシュタインが、自然のある一般的な諸事実が現実とは違っていたと考えてみるよう勧めていることである。ただし、「しかじかのタイプの事実は、しかじかの自然の概念を不可避なものとする」といった仮説を定式化することが問題なのではない。わたしたちの概念とは違った概念が、わたしたちの概念よりも自然なものに思われるような条件を想像するという思考実験をやってみるだけでよい。

「もしも自然の事実が違っていたら、われわれは違った概念をもっていたであろう、と言っているのではない。それは仮説にかんすることである。そんな仮説はわたしには使い道がないし関心もない。わたしはただこう言っているだけだ。われわれの概念が正しいもので、知性ある人間にふさわしいものであり、われわれと違った概念をもつ者はわれわれが理解していることを理解していないのだ。もし君がそんなふうに考えているなら、自然のある一般的な事実が現実のものとは違っている場合を想像してみるがいい。そうすれば、われわれと違った概念形成（Begriffsbildung）が君にも自然なものに思えることだろう」（RPP1, § 48〔『全集』補巻一、二六頁〕, cf. PU, p. 230〔『全集』第八巻、四五八頁〕）。

わたしたちと根本的に異なった色の概念をもつ人間を容易に想像できると考えられている。しかし、『色彩について』において、ウィトゲンシュタインは、これが実はそれほど容易なことではないと認めている。そのような色の概念は、それらが他のものの概念ではなく色の概念だと認めうるという意味では、わたしたちの色の概念に十分に近しいに違いないが、しかし同時に、その機能にはわたしたちには理解できないところが多少は残っているという意味では、わたしたちの色の概念から十分に遠いからである。赤緑の概念のように、わたしたちが現に有していないだけでなく、わたしたちの色彩体系では概念的にありえない色の概念を有する人びととの実践を記述することは、いかにして可能であろうか。とりわけ、こうした実践を教えることは、いかにして可能であろうか。ついにウィトゲンシュタインは、わたしたちが有していない概念を有している人びとについては、ただ語るということさえ、はたして可能なのかと自問することになる。

「それではわたしは「この人びとは、これ（たとえば茶色）を赤緑と呼んでいる」と言うだけでもできるだろうか。その場合、同じものについてわたしがもっている語とは別の語をかれらは用いているだけなのだろうか。もしかれらが実際にわたしとは別の概念をもっているなら、かれらの語の使い方がわたしにはまったく見当もつかないということから、そのことが明らかとなるに違いない。しかしわたしはこれまで、われわれの概念が現在のものとは違ったものであると考えてみることができると言い続けてきた。これはすべて無意味なことだったのか」（BF, III, §§ 123–124〔邦訳、一〇九頁〕）。

この点にかんするウィトゲンシュタインのためらいは、わたしたちの概念が現実のそれと違った概念でありうるというかれの考え方が、どの点において概念相対主義のテーゼにはっきりと同意することにならないのか、その相違を示すものとなっている（その必要があると考える人にとっては）。概念相対主義は、世界にかんする概念体系の自律性を尊重するという口実のもとに、その体系が概念化する世界の自律性を完全に否定してしまい、ついには、ある意味で異なった概念体系が存在する分だけ異なった世界が存在するのだから、概念体系どうしのあいだには根源的な通約不可能性が存在しうると主張することになる。通約不可能な概念体系をもつ人間が同じように通約不可能な世界に住んでいるのだとすれば、先に提起された問題に対しては、赤緑の概念を有する人間は、赤緑が存在する世界、あるいは存在しうる世界に生きているのだと答えることができるだろう。しかし残念ながら、そう答えたところで、かれらの世界にはそうした色がありうるのだと主張したときに、なにを言わんとしているのか、少しも明らかではない。それは明らかにわたしたちが「赤緑」と呼んでいる色ではありえず、かれらはその色をその名で呼んでいると、わたしたちが語りうるところの色でもない。なぜなら、わたしたちの色彩の文法がまさに排除している概念を、わたしたちは所有していないのだから。だとすれば、かれらがその色を指し示す方法を理解できたと主張することが、わたしたちにはできないからである。

とはいえ、同一の自然の諸事実と人間本性の同一の構成的特性とから、有意味な点で異なる概念構造が構築されうる、あるいは構築されることもありえたというのは事実である。「新たな事実を知って、それによって以前には重要であったものが重要ではなくなったり、その逆のことが生じたりしたとき（たとえば、以前には質的な差異と見なされていたものが、じつは程度の差異にすぎないことが発見されたとき）、人びとがある概念を改めたり、それらを別の概念と取り換えたりするということは経験的事実である」（Z, §352〔『全集』第九巻、二九〇頁〕）。

しかしながら、相対主義者が好んで用いる色彩概念の意味論の場合でさえ、ウィトゲンシュタインの関心を引いている差異は根本的な差異ではなく、それが含意する概念の相対性はまったく無害な相対性である。「そうすると、異なった人びとが異なった色の概念をもつことができるのか。——いくらか異なった、あれこれの特性において異なった色の概念ならばもつこともできるだろう。それが相互理解の妨げになることは、多少あったにしてもたいていの場合ないに等しいだろう」(BF, III, §32〔邦訳、七三—七四頁〕)。文法の自律性というテーゼが意味しているのは、どんな自然の事実も、人間本性にかんするどんな(生物学的、心理学的、知覚的、等々の)事実も、しかじかの文法構造の採用を不可避なこと(あるいは、それ自体として不可能なこと)とはしなかったのであり、せいぜいその文法構造を採用することをとくに自然なこと(あるいは逆に、ほとんど自然ではないか、まったく自然ではないこと)としているにすぎないということだ。なぜそうなるかといえば、どんな人間にとってもおそらく重要で無視できない事実もあるが、それが重要で注目に値することが、場合に応じて気づかれたり、あるいは気づかれなかったりするような事実もたくさんあるからである。しかしながら、ウィトゲンシュタインの結論は、わたしたちの注意を引きつける類似や差異が、しかじかの概念を採用するというわたしたちの決定から独立に存在しないということではない。また、克服できない意思疎通の問題を生じさせるほど根本的に相異なる概念体系に出会うことをいつでも予期しておかねばならないというのでもない。実際、徹底した相対主義は、概念選択において人間の「自由」な傾向性に委ねられている部分について、わたしたちが知りうる以上のことや、異文化に属する人間どうしの意志疎通の具体的経験が明らかにする以上のことを、語っているのである。

ウィトゲンシュタインが考察しているのは、たとえば以下のような事例である。

「ある部族はわれわれの「痛み」に近似した概念を二つ有している。その一つは観察可能な外傷に適用されるものであり、救護や同情などに結びついている。もう一つは、たとえば胃痛に適用されるものであり、苦痛を訴える者に対する嘲笑と結びついている。「しかし、かれらは実際に両者の類似性に気づいていないのだろうか」。それでは、類似性があるところではどこでも、われわれは一つの概念をもつのだろうか。ここでの問題はこうである。その類似性はかれらにとって重要なものなのか。それが重要ではないということはありえないのか。なぜかれらの概念がわれわれの「痛み」の概念を分割してはならないのか」（Z, § 380〔『全集』第九巻、二九七頁〕）。

この部族の人びとは、わたしたちがしていない区別をしているのかもしれない。そして、わたしたちとしては、かれらは明白な類似に気づいていないのだと言いたくなるかもしれない。かれらの概念はわたしたちとは根本的に異なっているということだろうか。ウィトゲンシュタインはそうではないと考えている。

「しかしその場合、この部族の人間は、現実に存在しているものを看過していることになりはしないか。――なるほどかれはそれに注意を払ってはいない。だが、そんな必要があるのか。――しかしこの場合、まさにかれの概念がわれわれの概念とは根本的に異なっているのだ。――根本的に異なっているのか。たしかに異なってはいる。だが、その場合にはやはり、かれの言葉はわれわれの言葉と同じものを指し示すことができない、あるいは、その一部しか指し示すことできないように思われる。——しかしもちろん、たとえ概念が異なっていても、世界は実際に類似しているのでなければならない。なぜなら、われわれの概念の不確定性は、われわれ自身のために、その言葉が指し示す対象に投射されるはずだから。〔そして、この不確定性がなくなってしまえば、「意味された同じもの」もまたなくなってしまう。[訳注3]〕われわれが使用している像とは、この不確定性をシンボル化したものなのだ」(Z, § 381〔『全集』第九巻、二九七―二九八頁〕)。

実際、同じ自然の諸事実から、まったく異なる教育が、まったく異なる概念を生み出すこともありうるであろう。「なぜなら、そこでは生活は違ったように営まれるであろうから。わたしたちに興味のあるものに、かれらは興味をもたないであろう。そこではもはや、別の概念は想像不可能なものではないだろう。実際、本質的に異なった概念とは、こんなふうにのみ想像可能なのだ」(Z, § 388〔『全集』第九巻、二九九頁〕)。しかしながら、あまねく人間の関心を引くもの、あるいは引かないものがなんであるのか、生活様式、教育システム、人びとが到達することになる諸概念がどの点で異なりうるのかをアプリオリに規定することはできない。ところが、これこそが全面的な相対主義が、していると称することなのである。しかも、わたしたちが経験を構造化したり秩序立てたりするのに利用している諸概念が、必ずしも普遍的ではない必要と関心の産物であって、したがって、経験を不可避的に構造化したり組織化したりする一つの決まったしかたが存在するわけではないと認めるとしても、わたしたちの必要や関心に応じて、わたしたちがおこなっている諸事物の同一視や区別もまた、なんであれ恣意的であってよいということにはならない[5]。ウィトゲンシュタインがその可能性に言及している、痛みの部分的ないし選択的な概念を使っても使わなくても恣意的なことだと、言いたければ言ってもかまわない。しかし、わたしたちがこうした概念を有していたとしても、わたしたちが相手どっているのが、その概念が当てはまる事例なのか、当てはまらない事例なのか、それともどちらとも決められない事例なのか、それを決定するのは、わたしたちの恣意ではなく実在なのである。

このように、ウィトゲンシュタインの概念論のうちに、ウィギンズが「穏健な（sober）実在論」と呼んでいる立場〔訳注4〕の要請に反する要素はなにもない。わたしたちが事物を区別したり、分節化したり、個体化するのに利用する概念が（ウィトゲンシュタインが主張するように）発明されたものなのか、あるいは反対に、（厳格な実在論者が主張するように）自然そのものによって命じられ押しつけられているという意味で発見されたものなのか、という問題にかんしては、答えに躊躇するかもしれない。しかしながら、「正しく理解された概念論は、概念の獲得に先立ってその概念の外延が自律的には――つまり、その概念が形づくられる運命であるかどうかとか、その概念に従属するものが発見される運命であるかどうかとかから独立には――存在しえないということを、含意してはならない。概念論が含意しているのは、ただ以下のことだけである。馬、木の葉、太陽、星は発明品でも人工物でもないけれども、それでも、これらの事物を選び出すのに、われわれは経験に基づき、概念図式を用いなければならず、この概念図式それ自体がこれらの事物を選び出すことを可能にするように形づくられ形成されたものなのだ[6]」。

すでに見たように、ウィトゲンシュタインの主張によれば、その他すべての表象方式を不適切なものとするほど特権的な実在の表象方式を、実在がわたしたちに押しつけてくることはありえない。虚構の民族学の領域へのたびかさなる領域侵犯のねらいは、特定の表象形式を採用することが、通常予想されている以上に偶然的要素に、たとえば関心や選好、個人的な思いつきや気まぐれにさえ左右されることを示すことにある（実際、その選択がいつも明確な理由から命じられるとは限らないし、その理由がいつも実利的とはかぎらない）。「われわれが実際にこれらの概念を有するのは、それらが実用的だからではない。あるいは、そうした理由によるのは、われわれの概念のごく少数だけである」（LWPP1, §878）。重要性を有用性へと還元する説明は魅力的ではあるが（cf. WLC 1932–35, p. 34〔邦訳、六四頁（文庫版一一一—一一二頁）〕）、わたしたちはまさにこの魅力に対して抵抗を試みねばならない。

概念体系はその採用者に対して、「みずからはなにも作り出していない、自然に忠実に従っているだけなのだ」という印象を与える。ウィトゲンシュタインが、わたしたちには自分たちの概念が「正しい」ことを立証するすべはないと主張するとき、かれはただ、こうした印象に対して抵抗しているにすぎない。わたしたちの自由が、どのように実在を表象するのかという選択にかんして、実在がわたしたちに認める許容範囲を超えていくことができるとかれは言っていない。わたしたちは（一定の制約のもとで、一定の限界内において）概念を発明し、文法を創造する。実在を記述することはできても発明することは明らかに不可能だ。わたしたちには、真理を知ることはできても創造することはできない。

実際、ウィトゲンシュタインの概念論に真っ向から対立するのは、わたしたちが事物の（de re）必然的ないし本質的属性のようなものを認めることができる、あるいは、有意味な命題において事物にそうした属性を帰属させることができるという発想である。ウィトゲンシュタインの反本質主義は、クワインとほぼ同じ立場、すなわち「必然性はわたしたちの事物の語り方にうちにあるのであって、わたしたちが語っている事物のうちにあるのではない(7)」という主張に帰着する立場に到達しているように思われる。このような属性が事物に押しつけられるしかたは、わたしたちがその属性をどのように表現し、どのように記述しかつその記述のうちに「示す」と選択したかに応じて変わる。ウィトゲンシュタインが言うには、「「本質的」とはけっして対象の属性ではなく、概念の特徴なのである」(BGM, p. 64〔『全集』第七巻、六一頁〕)。

この指摘は主として、本質を一種の対象にしてしまう、まさに本質的属性のみを有する本質の純粋事例のようなものにしてしまうわたしたちの傾向性に向けられている。本質の具体例となっている通常の対象は、ほかにもさまざまな自然の付帯的属性を有するというのに、この本質の純粋事例ときたらまさに本質的属性しか有さないのである。たとえば、「われわれが「この形はこれらのかたちから成り立つ」と言うとき――われわれは、この形を繊細な描写として、つまりこの形をした物がいわばその上に張られているところの、この形の繊細な骨組みとして、思い浮かべる(物の成分としての性質というプラトンの見方と比較せよ)」(BGM, p. 63〔『全集』第七巻、六〇頁〕)。このような意味での(数や形などの)本質について述べるのが数学だと心得る人は、わたしたちがこの種の事物に言及するときにほぼ否応なく押しつけられるイメージ、すなわち至高の職人――ほかの形を組み合わせてこの形をいわば構成した――のイメージに訴えるばかりである。「形とは、そうした形をしたエーテル的存在となる。まるで形が(事物のうちに本質的属性を置き入れた者によって)一度にそのように組み立てられたかのように。なぜなら、もし形が諸部分から成るものだとしたら、形をつくった職人は、光と闇、色と固さなどをも作ったことになるから。（だれかがこう尋ねたと想像してみよ。「形……は、これらの部分から組み立てられている。だれが組み立てたのか。きみか」）」（BGM, p. 64〔『全集』第七巻、六一頁〕）。

ウィトゲンシュタインは、「白は黒より明るい」のような文法規則の身分にある命題が、もろもろの本質のあいだのアプリオリな（実質的な）結びつきの存在を反映していると考えることを拒絶する。実際、この命題が書き留めているのは、「「白」、「黒」、「より明るい」などの語と実例との結びつき」である（BGM, p. 76〔『全集』第七巻、七六頁〕）。かれの著作に幾度も登場する定式に従うなら、「世界における必然性には、言語における恣意的な規則が対応している」のである（WLC 1930–32, p. 57〔邦訳、一〇八頁〕）。また、ウィトゲンシュタインはこうも言っている。「世界における必然性に対応するのは、言語において恣意的な規則に見えるものでなければならない」（WL 1930–1933, p. 318〔『全集』第一〇巻、一一〇―一一一頁〕）。こうした主張がまったく受け容れがたく思われるのは、（それを検証する相関的事実によって正当化されえないという意味で）「恣意的」である規則が、客観的必然性を少しも保持しないように見えるからである（cf. PU, § 372〔『全集』第八巻、二三一頁〕）。しかし、こうした勘違いはよくあることなのだが、必然性が規則においてしか表現できないからといって、あたかも必然性が正当な権利をもって要求できる他の表現手段――ほんとうに忠実で適切でありうる唯一の手段――があって、それが奪われてしまったかのように嘆き悲しむのが間違いなのである。ウィトゲンシュタインが言わんとしているのは、わたしたちが規則のために援用できるのは、みずからを真理になりうる本質の「事実」に関連づけることではけっしてなく、その規則を可能にし、有用にしている、おそらくは不可欠なものにさえしている多少は決定的な（しかし強制的ではない）理由を指し示すことだけだ、ということだ（もちろん、その理由は実在そのものになんらかかかわるものではない）。しかし、わたしたちが発見を願っているような規則の相関項が客観的実在のうちに存在しないということから、それならば相関項にあたるものは実在のうちにはなにもないのだ、と推論するのは明らかに行き過ぎであろう。

　規約主義が不合理な教説に見えてしまう最大の理由の一つは、「白は黒より明るい」のような言明がおおむね次のようなことを意味しているかのように解釈されがちであるということだ。「われわれ（人間、または、しかじかの文化に属する人間）は、「白」、「黒」、「より明るい」といった語を、（現在のところ）しかじかの規則に従って使用している」。ウィトゲンシュタイン自身が強調しているように、この文を使うことはこういうことでは全然ない。わたしたちはこの文を、まさに本質についての命題を定式化するために、つまり無時制的に、文脈や状況に言及せずに、利用する。

> 「原色について。他の人びとのあいだで、われわれが混合色と呼ぶ色が、われわれの原色の役割を果たしていたとすれば、かれらの原色はたとえばこの橙、この紫、この青緑なのだとわれわれは言うだろうか。したがってまた、「赤は原色である」という命題は、「赤はわれわれの間でしかじかの役割を果たしている」とか、「われわれは赤、黄、等々の色に対してしかじかの反応をする」といった命題と同じことを言わんとしているのだろうか。――たいていの場合、われわれはそうは考えない。すなわち、「赤は原色である」という命題は赤の「本質」にかんする命題であって、そこに時間が入る余地はない。この色が単純ではないかもしれないと想像することが、われわれにはで

きない」（RPP1, §622〔『全集』補巻一、二三二―二三三頁〕）。

原注

（1）G. Hottois, *Pour une métaphilosophie du langage*, Vrin, Paris, 1981, p. 60.

（2）P. M. S. Hacker, *Insight and Illusion: Wittgenstein on Philosophy and the Metaphysics of Experience*, The Clarendon Press, Oxford, 1972, p. 145.〔P・M・S・ハッカー『洞察と幻想』、八千代出版、一九八一年、一三五頁〕

（3）J. Hintikka, « Semantics : A Revolt against Frege », in G. Fløistad (ed.), *Contemporary Philosophy, A New Survey*, vol. 1, Martinus Nijhoff, La Haye, 1981, p. 60.

（4）G. P. Baker and P. M. S. Hacker, *Wittgenstein, Rules, Grammar and Necessity: An Analytical Commentary on the* Philosophical Investigations, vol. II, B. Blackwell, Oxford, 1985, p. 88.

（5）この点についてはD. Wiggins, *Sameness and Substance*, B. Blackwell, Oxford, 1980, pp. 133–134を参照のこと。〔二〇〇一年に出た改訂版 *Sameness and Substance Renewed*, Cambridge University Press では一四四頁。若干の改稿がある。〕

（6）D. Wiggins, *ibid.*, p. 139.〔*Sameness and Substance Renewed* では一四九―一五〇頁に相当するが、（ここは分かりにくいと考えたのか）ウィギンズは大幅に書き直している。「正しく理解された概念論は、われわれが概念を把握する以前にはその外延が存在しなかったということを含意してはならない。それは、自然物やその概念が、それらについてのわれわれの概念把握が形づくられる運命にあるかどうかとか、ものそのものがその概念に帰属することが発見される運命にあるかどうかとかからは、独立に存在した、と主張しなければならない。その最も際立った論点は、たとえ、馬や木の葉や太陽や星が発明品でも人工物でもないとしても、それでも、かりにも馬や木の葉や太陽や星のようなものを思考の対象となるべく経験において選び出すのであるならば、そのとき、なんらかの図式が、自然のうちに繰り返し現われる特徴とその特徴の認知的概念把握たらんとするものとのあいだを往還する過程において、形づくられ形成され、それによって馬や木の葉や太陽や星を選び出すことが可能になるであろう、ということである」。〕

（7）W. v. O. Quine, « Three Grades of Modal Involvement », in *The Ways of Paradox*, 1966, p. 174.〔1976, p. 176.〕

訳注

〔訳注1〕オトワ〔Gilbert Hottois, 1946–〕は、ベルギーの哲学者。ブリュッセル自由大学教授。生命倫理学や技術の哲学についての著作がある。

〔訳注2〕ヒンティッカ〔Kaarlo Jaakko Juhani Hintikka, 1929–〕は、フィンランドの哲学者・論理学者。米国やフィンランドの複数の大学で教鞭を執る。数理論理学、哲学的論理学、数学の哲学、認識論、言語哲学、哲学史など広範な分野で活動している。ウィトゲンシュタインについての研究も多数ある。邦訳論文に「コギト・エルゴ・スムは推論か行為遂行か」（小沢明也訳、デカルト研究会編『現代デカルト論集II　英米篇』、勁草書房、一九九六年、一一―五三頁所収）、邦訳書に『認識と信念』、永井成男・内田種臣訳、紀伊國屋書店、一九七五年がある。

〔訳注3〕〔　〕内は原著の引用で脱落している部分である。

〔訳注4〕（ブーヴレスはたんに sober な実在論と書いているが）ウィギンズは「a modest and sober realism」と言っている。ウィギンズ〔David Wiggins, 1933–〕は英国の哲学者。ロンドン大学教授を経て、一九九三年から二〇〇〇年までオックスフォード大学教授。同一性をめぐる形而上学やメタ倫理学の分野での業績で知られる。*Sameness and Substance* のほかの著書に *Needs, Values, Truth*, Oxford University Press, 1987, 1998 などがある。

第六章　数学的命題に内容はあるか

ウィトゲンシュタインの数学の哲学は、数学者や数学の哲学者たちに完全に無視されているわけではないが、全体としてはあまり好意的に受けとめられてはいない。ウィトゲンシュタインが予想していたように、数学的プラトニズムに対する批判が、数学者たちの最も自然で根ぶかい確信の一つを揺るがすものであったとすれば、数学者たちの反応は意外なものではない。数学の哲学者たちの反応は、一見したところ、さらに驚くべきものではない。その批判はおおむね二つに分けられる。一つめは、ウィトゲンシュタインがプラトニズムを拒絶しなければならなかった理由を実際に検討してみもしないで、ただプラトニズムの立場を述べ直しただけのものであり、ウィトゲンシュタインがプラトニズムに対して示している系統だった疑念を、形式主義や経験主義の前提や先入見のせいにしているだけの批判である。二つめは、プラトニズムではない数学的実在論を擁護しようとする批判だ。こちらの欠点は、その立場が最終的には概念論——ウィトゲンシュタインが提案している立場もここに含まれる——とさほど違わないものになってしまい、ウィトゲンシュタイン自身が使わないイメージやメタファーに訴えていることくらいしか違いがなくなってしまうことである。

ウィトゲンシュタインの考え方の中でも、数学の哲学者たちの大部分が受け容れがたく感じているのは、数学的命題（と、およそすべての概念的命題）はいわゆる認知内容をもたず、ただ実在を記述するための形式、規範、規則の表現にすぎないという考え方である。ウィトゲンシュタインが主張するには、わたしたちが数学的命題の真理性について合意に達したとしても、それはまだ時計を合わせただけであって、実際に時間を計ったことにはならない。「ある数学的命題を知っている人は、じつはまだなにも知ってはいない。つまり、数学的命題は記述の枠組み（Gerüst）を与えてくれるだけである」（BGM, p. 356〔『全集』第七巻、三一七頁〕）。一見したところ、数学的実在論を斥けたのは、それを典型的な道具主義のとらえ方に置き換えることで、数学的命題が独自の記述内容や認知内容を表現する可能性をすっかり奪い取ってしまうだけのためであったかに見える。

フランスの数学の哲学者《エピステモローグ》たちの多くがこの点に関して不満を表明していたのだが、かれらもまた、（とりわけ）ウィトゲンシュタインと同じように、数学がそのままでは「言語」（物理学の言語、おそらく、あらゆる科学の言語）とはなりえないと指摘している。もし「言語」を、数学外的な所与を表現するための任意の（おそらく実際には不可欠の）様式にすぎないと考えるならば、間違いなく数学は「言語」ではない。しかし、言語とは一般になんであるのかにかんするこれほど原始的で貧しい理解は、ウィトゲンシュタインがなにを言語と呼んだのかということとも、数学的概念や数学的命題は言語の道具であると言ったときにかれの念頭にあったこととも、まるで対極にある。

そもそも、かれの批判者たちにも、自分たちが考えている数学が、現実にはそれ自身では言語以下のものしか構成していないことに気づくことはできたはずである。ありうる適用からまったく独立に考えられたたんなる言語的規則の体系が、いまだ言語ではないのは明らかなのだから。ウィトゲンシュタインによれば、「2＋2＝4」のような文は、実際のところ言語のある特定の使い方への準備にすぎない。それゆえ、数学は言語とはまるで反対であって、なにも取り扱ってはいない（それゆえ、あらゆることに適用されうる）。数学が与える概念、命題、技術は、言語という装置の一部であり、そこでわたしたちは、通常の実在を取り扱う（cf. WLFM, pp. 250–251）。それらを適用することのみが、あるいはウィトゲンシュタインの言うように、「日常生活において」それらを使用することのみが、本来の意味での言語をつくり出す。

ウィトゲンシュタインは絶えず、数学の命題は数を取り扱うものではない（もちろん、これは、数学はその代わりに記号を扱っているのであり、記号は使用されるのではなく言及されるのだ、という意味ではない）という事実に立ち返っている。それに対して、「この部屋には三つ窓がある」という命題は、文句なしに3という数を取り扱ったものと見なしてよい。「ジャンは青いズボンをもっている」は青についての命題の例であるが、「青は黄色よりも紫色に似ている」はそうではない。「ジャンは青いズボンをもっている」が青にかかわるのと同じような意味で、「この部屋には三つ窓がある」が3にかかわると言うことはできる（cf. *ibid.*）。ウィトゲンシュタインは、このような命題に使われる「三」が、実在するなにかに対応することに異議を唱えてはいない。ただ「三」に対応するなにかを、適用そのものの外部に探したくなる誘惑に対して異議を唱えているのである。「ある命題がソファにかかわるのと同じ意味において2にかかわる命題、それはけっして数学的命題ではない」（WLFM, p. 251）。「このソファの上には二人の人間がいる」の「二」にいかなる実在も対応していないと言うのは、「このソファは青い」の「青」にいかなる実在も対応していないと言うのと同じくらい明らかに馬鹿げている。

ウィトゲンシュタインの厳格な反実在論的数学観にいかに異論の余地があろうとも、このような数学観には異論の余地のない利点が少なくとも一つ存在する。このように数学をとらえることで、純粋数学を経験的実在に適用しうるかという問題がきれいに消去されてしまうのである。この点で、（通俗的な）形式主義や（たとえば、ゲーデル流の）生粋のプラトニズム〔訳注1〕が深刻な困難に直面することになるのは間違いない。なぜなら、ある種の対象（形式主義の場合には記号、プラトニズムの場合にはイデア的対象）の諸特性を取り扱う学問が、いったいどうやって、まったく異なる本性をもつ対象（通常の経験的対象）の諸特性をも同じように取り扱いうるのかがよく分からないからである。ウィトゲンシュタインのように数学をとらえるなら、数学の実在への適用可能性にかんして、説明を要求されるような偶然的事象も驚くべき事象もなに一つ存在しないことになる。かれは数学的命題に文法言明の地位を授けることで、数学的命題のアプリオリな特性と、それをこの上なく多様な種類の経験的現象の記述に用いることを可能にするものとに、整合的で一様な説明を提案する。たとえば、（純粋）幾何学とその適用との関係は以下のようになる。

「他の科学が大まかな物理的直線や線や面などを取り扱い、それらの諸特性を挙げるのに対して、幾何学的平面、幾何学的直線、幾何学的点についての学問（自然科学）が幾何学だというわけではない。線、色の境界、辺、角などを取り扱う日常生活の諸命題と幾何学の関係は、幾何学が扱うのはイデア的な辺や角であるものの、それらは実生活の諸命題が扱っているものに類似しているということではない。そうではなく、これは命題と文法の関係なのである。すなわち、適用された幾何学とは、空間的対象にかんする言明の文法なのである。いわゆる幾何学的な直線と色の境界との関係は、微細なものと粗雑なものとの関係ではなく、可能性と実在との関係に等しい。(可能性を実在の影と見なすとらえ方を考えてみよ)」(PG, p. 319〔『全集』第四巻、二一六—二一七頁〕)。

言い換えると、ウィトゲンシュタインによれば、数学とは〔実在の〕可能性と不可能性を確定するものであって、この種のものによって構成される幽霊のごとき実在を取り扱うものではないのである。

ハオ・ワン〔訳注2〕によれば、ゲーデル——実証主義者と経験主義者は脳みその一部を切り取ったままで(つまり、異常なマゾヒストのようにどんな概念的認識をも排除したままで)哲学していると非難した数学者である——は、一九五五年頃の数年間を「数学は言語の論理的構文論か」という表題のついた文書の作成に捧げていた。この原稿は六つもの違ったバージョンが起草されたあげく、最終的に公刊が断念された。当初の意図は、ハーン、シュリック、カルナップといった著者たち〔訳注3〕に擁護されていた数学観を論駁することにあった。そして、すでに執筆されたものを公刊しないと決断するに至ったのは、数学とはまさになんであるのかという積極的な問いに対して十分な解答を与えることができなかったからである。(1)

わたしとしては、率直なプラトニスト的確信を公言していた数少ない現代の論理学者の一人であり、積極的に数学がなんであるのかについてまったく厳密かつ明確な考えをもっていたかに見えるゲーデルが、このような謙虚さを示さねばならないと考えたということ、そのことには極めて重要な意味があると考えている。遺憾ながら、こうした謙虚さに見習う例があまり見受けられないのは確かだ。もちろん、数学的言明がなにについて語っているのか、まさになにを述べているのかという問いに対して、ウィトゲンシュタインがまったく満足のいく解答を与えていると主張するつもりはない。しかし、最も典型的な敵対者たちが、まさにウィトゲンシュタインからすればそのことごとくが問題であるような解答で満足しているように見えることが、あまりにも多いのも事実である。

たとえば、数学の基本的真理については、あらゆる文化に属する数学者たちのあいだに驚くべき一致が成立している。また、最も才能に恵まれた数学者たちは、さまざまな数学的命題が真であると、まだ証明されていないうちから悟ってのける能力をもつ。数学的プラトニズムが、このようないくつかのとりわけ重要な事実について、より自然な説明を与えうるように見えるのは争えない。[2] しかしながら、ウィトゲンシュタインは、説明の必要性を感じるからには、それをなんとしても満たさねばならないという単純な理由で認められてきた説明を受け容れる哲学者ではおそらくない。しかも、プラトニズムの優位に見かけほど実質があるのかは怪しい。実際のところ、プラトニズムが勝利を収めてきたのは、プラトニズムにいわゆる説明力があるからというよりも、むしろかれらの論敵が伝統的に説明に失敗してきたからである。

「(…)数学理論の説明では、植物学が真なる理論であるのとまったく同じように、数学は真なる理論なのである。だから、実在論を支持したくない者は代わりの説明を与えなければならず、その説明は単純性や説明力といった基準を満たしていなければならない。この四〇年間、少数の人びとが果敢に挑戦に応じてみずから唯名論者を標榜し、現象を唯名論的に「再構成」しようと企て、そして敗北を喫してきた。(…)実在論は始める前から勝利しているのだ。これが昔から実在論者の戦略だったのであって、実在論者は、論敵が勝利するためになにをしなければならないかを説明するだけで、ただちに不戦勝をおさめてきたのである(3)」。

ウィーン学団の人びとが支持していた数学観に対して、ゲーデルが敵意を抱いていたことはよく知られている。ここでかれの敵意に言及したのは、ウィトゲンシュタインの数学の哲学が、いまだにカルナップの『言語の論理的構文論』に代表されるような形式主義的・実証主義的な数学観に結びつけられているからである。これはおそらくある程度までは許される誤りである。ウィーン学団の人びとからして、他のいくつかの問題と同じようにこの問題にかんしても、自分たちは本質的にはウィトゲンシュタインの着想を引き継いで発展させただけなのだと確信していたのだから。しかし、その後公刊されたウィトゲンシュタインのテキストを読んだとされる人びとが同じ誤りを犯しているとすれば、それは許しがたいことである。

ロトマン〔訳注4〕が以下のように述べたときに表明している見解は、残念ながら(よそではともかくフランスでは)いまなお広く流布していると思われる。「ウィトゲンシュタインとカルナップにとって、数学とはもはや表現内容に無関係な言語でしかない。ただ経験命題のみが客観的実在にかかわるのであって、数学とは、物理学のデータを互いに関係づけることを可能にする形式変換の体系にほかならない。数学的実在が徐々に消滅していく理由を理解しようとするならば、それは演繹的方法を採用した結果だという結論に導かれるかもしれない。少数の原始的な論理的概念および命題から、すべての数学的概念をつくり出そうとして、構成される理論の質的で統合的な特性を見失うのだ(4)」。

ロトマンは、数学的実在をめぐる問題を、ある種の事実を記述するとされる個々の数学的命題の次元ではなく、完成された理論の次元に置こうとしている。しかし、かれが信じていたらしいのとは反対に、算術の概念を論理学の原始的概念に還元し、算術法則を論理学の公理から演繹しようという論理主義のプログラムは、それ自体としては数学的実在の消滅を含意するものではけっしてない。すべては、ほかならぬ論理学について、その概念と真理をどのように考えるかしだいである。フレーゲは〔数学的命題はアプリオリな総合命題であるという〕カントの主張に反して算術の命題が分析的であることを証明したと称していたのであり、分析命題が「無意味」あるいは「無内容」であることをまったく含意しない分析性の概念をもっていた。フレーゲは、数学的言明がまさしく特殊な客観的実在を記述していると考えていただけでなく、数学がどのように実在に適用されるのかを説明したいのであれば、こうした解釈をとらざるをえないとも考えていたのである。

しかし、フレーゲの数学観がロトマンを説得するという幸運はほとんどありそうにない。なぜなら、この数学観が含意しているのは、「2＋2＝4」のような純粋数学の言明が、経験的前提から経験的結論への移行を可能にする演繹規則としてしか通常の実在に適用されえないということであり、したがって、算術はある意味で、ロトマンが言っていたように、表現内容と無関係な「論理」しか実在の記述に提供しないからである（しかし、フレーゲから見れば、このことが数学の普遍的な適用可能性と、幾何学から算術を区別する相違とを説明するものであった）。

「わたしは本書において、算術法則が分析判断であり、したがってアプリオリだということを確からしくしたものと期待している。このとおりだとすれば、算術は論理学のいっそう発展した姿にすぎず、各々の算術命題は派生的ではあるが論理法則であることになろう。自然の説明に対してなされる算術の適用とは、観察された事実の論理的な加工処理であり、計算するとは推論することであろう。数の法則は（…）外界において適用可能であるために実践による確証を必要としないだろう。そもそも、外界すなわち空間的な事物の総体の中には、概念も、概念の性質も、数もまったく存在しないのだから。したがって、数の法則は、そもそも外的な事物には適用不可能である。それは自然法則ではない。とはいえ、数の法則は外界の事物について成立する判断すなわち自然法則には適用可能である。数の法則が主張するのは自然現象間の結びつきではなく、判断間の結びつきであり、そして判断の中には自然法則も含まれる(5)」。

それゆえ明らかに、プラトニストが、算術的真理は純粋算術の事実を表現していると考えているだけでなく、通常の実在における諸事物そのものが数的特性を有していると考えてもいるとすれば、かれらの数学観がウィトゲンシュタインやカルナップよりもフレーゲの数学観に一致しているということはありえない。フレーゲにとって、数を帰属すべき真の主体は概念であり、算術的属性が、多くの哲学者が実在論の名のもとに要求するであろう意味で、物理的実在において直接に例化されることはありえないからである。

困ったことに、ウィトゲンシュタインの立場は、ある者にはポアンカレ〔訳注5〕の立場を想い出させる。かれもまたウィトゲンシュタインと同じくらい、数学が経験できない対象の特性を取り扱うのだという考えに敵意を抱いており、数学はただ実際的あるいは審美的な要求を満たすためだけに「言語」ないし「シンボル体系」を構築しているにすぎないと考えていた。ポアンカレの主張では、数学的連続とは「特定のシンボル体系」(6)にほかならず、その分析は「物理学者に便利な言語を与えうるだけである」(7)。もちろん、これは、数学的言語を、ただの（より）便利な表現様式であって、理論的には別の表現法で置き換え可能だと見なすべきだということを意味してはいない。ポアンカレが強調するように、数学は物理法則の定式化に適しており、物理学者が話すことができる唯一の言語なのである。またポアンカレは、この数学という言語が物理学に欠かせない発見の道具であって、これによって「眼には見えないが、神的理性だけが見抜くことができる真の深遠なアナロジー」(8)を認知することが、より厳密に言えば洞察することが可能となるという事実をとくに強調している。

しかし、チハラ〔訳注6〕が指摘するように、数学が物理学者に与えるのは言語だ
けであるという考えには満足のいかない点があるのも確かである。「数学理論が物理学者に与えるのは正しい情報である。それは検証可能な物理的出来事の予言に翻訳できる情報であり、もし間違っていたならば、機械が動かなかったり、橋が落ちたり、どんな優れた予想も的中しなくなるような情報なのである」(9)。言い換えれば、数学は物理学にただ言語を提供するだけではなく、数学的定理に含まれる真理をも提供するのでなければならない。しかしながら、この点を確認しただけでは、いまだ次の問題は手つかずのままである。すなわ

ち、チハラの語るような情報を数学が伝えるためには、物理学者が研究している実在には含まれない、特殊なカテゴリーの対象（まさに「数学的」対象）についての真理を語らなければならないのか。ウィトゲンシュタインはこのような見方をきっぱりと拒絶し、数学が物理学者に提供するのは、数学的概念と、その概念の使用規則を示した数学的定理であることを強調している。それゆえチハラの書いているように、「数学の概念を使用するとはすでにして数学の定理の使用を含んでいる。（…）これらの定理そのものが、物理学者が数学を用いるさいに使用している「概念機械」の一部となっているのである[10]」。

それでもやはり、特定の概念と（定理を介した）特定の概念規定との採用が、実在についてアプリオリに示しうるのは、ウィトゲンシュタインの見るところ誤る余地なく、正しいと呼ぶわけにも間違いだと呼ぶわけにもいかないことにほかならない。〔数学の〕規範的な側面を重視すると、予言的な側面が犠牲になってしまうように思われる。というのも、数学的命題を経験的実在に適用して、わたしたちはプロセスの帰結を予測するのだが、それはただ数学的命題がプロセスの記述法をわたしたちに押しつけるからであって、厳密に言えば、数学的命題が〔そのプロセスの〕帰結がなんであるかを予見するからではない。規範がわたしたちに提供するのは、ただ帰結を判定するための手段だけである。「三角形の内角の和は一八〇度であるという命題には、（…）間違った角度の測り方と正しい角度の測り方とを区別するという価値しかない。この命題は事態についてなんら語ることができないのである」（WWK, p. 62〔『全集』第五巻、八八頁〕）。

明らかに、蒸気機関のボイラーの炉壁の厚さを計算によって決定したとしても、それでもなお建造されたボイラーが爆発する可能性がなくなるわけではない。しかし、わたしたちは、一度火傷すると〔それを覚えていて〕火の中に手を入れることに同意しないように、〔もしボイラーが爆発したとすれば、その失敗を次に生かそうとするのであって〕炉壁の厚さを計算することを止めない。ウィトゲンシュタインが指摘するように、大事なのはここである。「もしもわたしが計算結果として15という数を手に入れて、炉壁の厚さが一五ミリのボイラーを作ったとすれば、このようにボイラーを建造することもまたその計算の新たな一歩なのであり、この計算とはまったく別のなにかというわけではない。〔計算の実行と技術的な建造とはひとまとまりのものであって、一つの計算の別個の部分なのである〕」(WWK. p. 172〔『全集』第五巻、二四八頁〕)。わたしたちが〔数学に対して〕このような態度をとるのは、わたしたちは数学によって事象の見方を修正し、それと同時に行動様式をも修正するからである。「わたしはものをこのように見ると決めることで、同じように、しかじかのしかたで行為することをも決めるのである」(BGM, p. 309)。計算の適用に結びついた予想、希望、確実性は計算そのものによって正当化されないし、その利用を正当化するものでもない。これらは計算そのものの一部を構成していると考えねばならない。

ウィトゲンシュタインはいつでも、計算と証明には数学外的な適用がなければならないという事実に特別の重要性を認めていた。「一定の適用があるから、われわれはそれを証明と呼ぶのである。もしも予言に使えなかったり、適用できなかったりするのであれば、そんなものを証明とは呼ばないだろう」(WLFM, p. 38)。計算や証明そのものが予言を作り上げているわけではない。計算や証明の帰結は経験から独立に産出されるものであって、もしも現実が計算や証明が要求するとおりにならなかったとしても、計算や証明が偽であったとか、間違っていたのだとはわたしたちは考えないであろう。しかし、計算や証明は予言をするために利用されうるのであり、それが本質的である。「計算はいかなる予言もすることはないが、きみは計算によって予言をすることができる」（WLFM, p. 150)。言い換えるなら、数学の規則がこのように〔予言に〕利用されるとき、それは世界がどのようなものであるかを絶対的な確実さをもって語るのではなく、どのようなものであらねばならないかを語るのである。とはいえ、もし規則を用いた予言がいつでも事実に反していたとすれば、その数学の規則はその利点を失うことであろう。

動物学の命題が動物学的情報を伝えるのと同じような意味で、論理学の命題は論理的情報を伝えており、数学の命題は数学的情報を伝えているという欺瞞的な考え方を考察するに際して、ウィトゲンシュタインが細心の注意を怠ることはけっしてなかった。しかしおそらく、論理学や数学の命題はいかなる情報も伝えないと主張することで、同じくらい大きな混乱が生じうるという点については過小評価していた。三〇年ものあいだ、かれは『論考』において数学的命題を単なるトートロジーの地位に追いやったのだと一般に理解されてきた。カルナップが説明しているように、ウィーン学団の人びとにとって、こうしたとらえ方の利点は、「それによってはじめて、経験主義という基本教義と、論理学や数学の本性にかんする満足のいく説明とを結びつけることが可能となった[11]」という点にあった。ウィトゲンシュタインが示したのは、「論理的真理はすべてトートロジーであって、ありうるどんな場合にも必然的に成立し、したがっていかなる場合をも排除せず、また世界の事実についてなにも語らない[12]」ということであった。しかし、カルナップは以下のように付け加えている。「ウィトゲンシュタインが、高階の変項、たとえばクラスの変項や、クラスのクラスの変項を含むような論理的に妥当な文もまた、同じくトートロジーという性格をもつと考えていたかどうか明らかではない。いずれにせよ、かれは算術や代数などの定理をトートロジーに数え入れてはいなかった」[13]。ウィーン学団の人びとにこのようなためらいはなく、かれらは「初等論理と数学を含む高階論理とのあいだに根本的な相違があるとは思われない[14]」と考えていた。カルナップ（と『論考』の読者の多く）が気づかなかった問題の本質的側面は、まさにウィトゲンシュタインが数学を高階論理とは見なしていなかったということである。

実際のところ、『論考』のどこにも数学的命題がトートロジーに回収されうるとは明言されておらず、むしろ明らかにそれとは違うことが述べられている。「論理学の命題がトートロジーにおいて示す世界の論理を、数学は等式において示す」（T, 6.22）。たとえ論理学の命題と数学の命題が、そもそも論理的であるようななにかを示すという点では共通しているのだとしても、論理主義的な考え方が『論考』において批判され放棄されているのはまったく明らかなのだから、数学的命題を論理的命題に還元するという発想は、『論考』で展開された数学の哲学——論理主義の哲学とはまったくの別物である——にはまったく無縁と見なされねばならない。しかしながら、このことはこの著作の読者たちをなによりもまず魅了したと思われる事実になんらの変化ももたらさない。すなわち、数学的命題は、この時期のウィトゲンシュタインの考えでは、ただなにかを示すだけであって、厳密にはなにも語っていない命題なのである。「数学的命題は等式であり、それゆえ擬似命題である」（T, 6.2）。あるいは、「数学の命題は思想を表現しない」（T, 6.21）。

『論考』の時期にこの点に関するかれの立場が厳密にどのようであったかはともかく、一九三〇年代初頭からウィトゲンシュタインが断固として闘っていた誤謬は、数学の等式とトートロジーとの同一視と、等式の実質的形式がトートロジーへの還元によって得られると信じようとする誘惑に由来していた。

「等式をトートロジーや矛盾の一形式と見なしたくなる誘惑がある。というのも、$x = x$ は明らかに真であり、$x = y$ は明らかに偽であると言えそうに思われるからである。どちらかと言えば、$x = y$ を矛盾になぞらえるよりは、$x = x$ をトートロジーになぞらえるほうが容易である。なぜなら、数学の正しい（かつ「有意味な」）等式はすべて $x = y$ という形式をしているのだから。われわれは $x = x$ を退化した等式と呼ぶこともできよう（ラムジーがトートロジーと矛盾とを退化した命題と呼んだのはまったく正しかった）。（…）正しい等式とは本当は同一性なのだなどと言うことはできない。正しい等式とはまさに同一性とは違うものなのである」（PG, pp. 317–318〔『全集』第四巻、一一四—一一五頁〕）。

「概念をいくら調べあげても $3 + 2 = 5$ を伝えることはできず、ただ数の計算のうちで生起するものに対する洞察（die Einsicht in den Zahlenkalkül）だけがそれを伝えることができる。これこそが、

「$(E\,3x).\phi x\,.\,(E\,2x)\,.\,\psi x\,.\,\mathrm{Ind.}:\rightarrow.\,(E\,5x)\,.\,\phi x \lor \psi x$」[15]

が $3 + 2 = 5$ という命題を意味しうるという考えに抵抗を感じさせるものなのである。この表現をトートロジーとして認識させるものは、概念を調べることで導き出せるものでなく、この計算がわれわれに指し示すものでなければならない」（PG, p. 347〔『全集』第四巻、一五六頁〕）。

このような論理的トートロジーに対する数計算の自律性ゆえに、論理主義者たちの想定に反して、

〔論理によって〕数の計算を支持することも正当化することもできない。またウィトゲンシュタインは、このゆえに、なぜカントが「7 + 5 = 12」は分析命題ではなく、アプリオリな総合命題であると主張しようと思ったかがよく分かると言っている（cf. PG. 404〔『全集』第四巻、二四二頁〕）。たしかに、ウィトゲンシュタインは、たとえば「一つの対象が同時に緑かつ赤であることはありえない」のような、色の本性のうちから帰結してくる実質的真理を述べているかのように見えるアプリオリな総合命題の存在をはっきり否定している（cf. WWK, pp. 67–68〔『全集』第五巻、九五―九六頁〕）。しかし、容易に気づくことだが、かれが用いた論証は、とくにアプリオリな総合命題だけではなく、アプリオリな「命題」すべてを標的としている。かれに従えば、ほんものの命題とは、それが真であるとはどのようなことかと、それが偽であるとはどのようなことかとを、同時にわたしたちに教えるのでなければならない。ところが、アプリオリな命題は、わたしたちが言語の中でまったく特殊な位置づけを与えたため、どのような事態ならその命題を偽にしうる余地があるかもしれないのか、なにも教えてくれない。もし p がアプリオリな命題だとすれば、その否定はただ偽なだけでなく無意味なのであり、それに対応する事態はただ実在しないだけでなく、考えることができないのである。

ウィトゲンシュタインから見て、アプリオリな総合命題という発想がとくに問題を生じさせる理由は十分はっきりしている。分析命題とは命題中に出現する用語にかんしてわたしたちが採用した規則や規約にほかならないと認めるのは比較的容易である。しかし、〔アプリオリな総合命題なるものを認めたとすれば、〕アプリオリな命題をただその意味によってのみ真である命題だと考えられなくなってしまう。そうすると、アプリオリな命題は言語外の事態を表現していることになる。そして、この言語外の事態とは、その反対を考えることのできない特異な事態であって、いわばアプリオリな事実というウィトゲンシュタインからすれば語義矛盾を含むものなのである。しかるに、自然についてなんらかの事実的内容をもった命題は、有意味なしかたで偽と見なされうるのでなければならない。

かれは、ただ命題中に含まれる概念の本性によって押しつけられており、その概念を分析するだけで発見できるような潜在的な概念的結びつき〔の存在〕を信じていない。それどころか、かれはすべてのアプリオリな命題を、ある意味で総合命題なのだと考えている。かれにとって、概念的結びつきとはすべて「構築物」でなければならない。ウィトゲンシュタインが実際そうなのだ。ウィトゲンシュタインが提案するようなとらえ方をするならば、カント的な意味での分析命題は、ある意味でアプリオリな総合命題よりはるかにいかがわしいものとなる。

じつを言えば、たとえ概念同士のあいだにあらかじめ内的関係が存在するとしても、その発見が論理法則と定義以外は使わずになされうるとしても（これがフレーゲにとって分析的真理の定義を構成するものであった）、それに要求される論証は精緻にして複雑であって、分析的真理をトリビアルな真理と同一視しようという誘惑を断ち切るに十分である。フレーゲにおける分析命題と総合命題の区別はもはや、カントの場合のように、所与の認識内容をただ明示化するだけの命題と、認識の真の増大を表現するものとの区別ではまったくない。しかし、ここでの問題にとって決定的なのは、むしろ、ウィトゲンシュタインは、「ただ出現する名辞の意味によって真である命題」というクワインが異議を唱えた意味での分析命題の考え方にも、アプリオリな総合命題という考え方にも共感を示していないということである。かれは明らかにどちらも斥けている。「言語は真もしくは偽な命題を構成する可能性を示しはするが、どの特定の命題の真偽をも示すことはない。かくして真なるアプリオリな命題などというものは存在しない（いわゆる数学的命題なるものはそもそも命題ではない）」（WLC 1930–1932, p. 13〔邦訳、三八頁〕）。それゆえ、言語によって真である命題、意味だけで真となる命題は存在しない。というのも、意味とは本質的に検証を促すものであり、検証の指針だからである。「アプリオリと経験的とは、命題の二つの種類ではない。われわれが、それらを『命題』と呼ぶべきどんな共通性が、両者のあいだにあるだろうか。アプリオリな命題なるものは、その意味がその真理を保証する命題でなければならないであろう。しかし、意味はわれわれに検証を要求する」（*ibid.*, p. 76〔邦訳、一三八—一三九頁〕）。

　ウィトゲンシュタインは、アプリオリな命題がなにものかによって、とりわけその命題が含んでいる語の意味によって、真や偽になりうるとは考えない。アプリオリな命題は、その語の意味内容を表現せず、それを規定ないし構成する。そして、この種の命題が言語のうちで特異な地位を占めていることは、それがじつに特殊な形式をしていることや、わたしたちの使用法がじつに特殊であるといったことは、なんの関係もない。これらの命題はもともと必然的なのではない。ありとあらゆる異議申し立てをはじめから免れているだけなのだ。それを必然的にしているのは、わたしたちが、ありとあらゆる異議申し立てを免除された命題として、それらを使用しているという事実だけなのである。

　ウィトゲンシュタインは、アプリオリな命題というものの本性に関して根本的に誤っていると思われたとらえ方を批判しているのであって、アプリオリな命題を分析命題とまるっきり同一視すると取り決めるならば、問題を解決できるのだと主張しているのではけっしてない。それゆえ、ウィーン学団の人びとが、もっぱらかれら自身の係争点であることに、すなわち、アプリオリな総合命題というカント的発想を取り除くという企てに、ウィトゲンシュタインを連座させることができると信じたのは明らかに誤りであった。ウィトゲンシュタインの考えは、アプリオリな命題はすべて分析的であるという主張によっても、もちろん、アプリオリな命題のいくつかは総合的であるという主張によっても、表現し切れない。

ウィトゲンシュタインは、アプリオリと見なされている命題の例として、一見したところ、まったく分析的ではない命題を数多く引いており、現象だけを対象とした論理実証主義者のように、もしある命題が実際にアプリオリであるなら分析的でなければならないことを示そうとしているわけではない。

> 「「$a = a$」、「$p \to p$」、「〈ビスマルク〉という語は五文字からなる」、「赤緑は存在しない」といった命題はまったく自明なものであり、本質に関する命題となっている。これらの命題に共通しているのはなんなのか。これらは明らかにおのおの違った本性をもち、違った使われ方をする。最後から二つめの命題は経験命題に最もよく似ており、それゆえ、これがアプリオリな総合命題と呼ばれうるのも頷ける」(BGM, p. 245〔『全集』第七巻、二五一頁〕)。

「「上」という語は一文字からなる」のような命題を「アプリオリな総合命題」と呼びたくなるのは、一つには、(カントが「7 + 5 = 12」について述べたように)実際に文字を数えてみるまで何文字かは知りえないからであり、また一つには、文字を数える人がしていることは、つねにたんなる経験でしかありえないのであって、その語に本質的属性を帰属するような無時間的言明にたどりつける操作ではないからである (cf. BGM, p. 338)。ウィトゲンシュタインが引いている命題のように多種多様な諸命題のあいだにも、一つだけ明らかな共通点が認められる。すなわち、これらの命題は、わたしたちがなんらかの理由から命題体系においてきっぱりと固定し、他のものはすべてその周囲を旋回せざるをえないような諸原理にほかならないということである (cf. BGM, p. 167〔『全集』第七巻、一六一頁〕)。これらの命題は、それがなにを表現しているかを考慮しただけでいつも真だと認められるという点で共通しているのではない。このような命題は意味のみによって真となる点でふつうの命題とは区別されると言っても、あるいは、どちらもそれが表現しているものとは違ったものを表現していないかぎり偽とはなりえないと言っても、両者の異同を説明したことにはならない。

しかし、ウィトゲンシュタインの立場をまるっきり歪曲させてしまったということで、ウィーン学団の人びとを責めることはできない。あらゆる種類の誤解を避けるためにはしかたがなかったとはいえ、かれがこの点についてみずからの考えを述べていないのは確かなのだから。文法的命題は「なにも語らない」が、それは『論考』のトートロジーにかんする主張とは同じではない。こんなことがどうしてありうるのかを理解することは、最善の読者や聴衆にとってさえ、たしかに容易ではなかった。解釈者たちの多くが、ウィトゲンシュタインが言いたがっているように実際に思われたことに気をとられて、かれがほんとうに言いたがっていたことを理解するのをあきらめたのももっともなことだったのである。

原注

(1) Cf. Hao Wang, *Beyond Analytic Philosophy: Doing Justice to What We Know*, The MIT Press, Cambridge, Mass., 1986, p. 19.

(2) この点に関しては、M. Steiner, *Mathematical Knowledge*, Cornell University Press, Ithaca & London, 1975, pp. 135–137. を参照せよ。

(3) B. C. Van Fraasen, «Platonism's Phyrrhic Victory», in A. R. Anderson, R. Barcan Marcus and R. M. Martin (eds.), *The Logical Enterprise*, Yale University Press, New Haven & London, 1975, p. 40.

(4) A. Lautman, *Essais sur unité des mathématiques et divers écrits*, Union Général d'Edition, Paris, 1977, pp. 23–24.

(5) G. Frege, *Die Grundlagen der Arithmetik* (1884), Wissenschaftiliche Buchgesellschaft, Darmstadt, 1961, p. 99.〔『算術の基礎』、三平正明ほか訳、『フレーゲ著作集』第二巻、勁草書房、二〇〇一年、一五〇頁〕

(6) H. Poincaré, *La science et l'hypothèse*, Flammarion, Paris, 1909, p. 40.〔ポアンカレ『科学と仮説』、河野伊三郎訳、岩波文庫、一九五九年、四九頁〕

(7) H. Poincaré, *La valeur de la science*, Flammarion, Paris, 1905, p. 6.〔ポアンカレ『科学の価値』、吉田洋一訳、岩波文庫、一九七七年、一五頁〕

(8) H. Poincaré, *ibid.*, p. 142.〔同書、一五三頁〕

(9) C. S. Chihara, *Ontology and the Vicious-Circle Principle*, Cornell University Press, Ithaca & London, 1973, pp. 205–206.

(10) C. S. Chihara, *ibid.*, p. 155.

(11) R. Carnap, « Intellectual Autobiography », in *The Philosophy of Rudolf Carnap*, edited by P. A. Schilpp, The Library of Living Philosophers, Open Court, La salle, Illinois, 1963, p. 47.

(12) R. Carnap, *ibid.*, p. 46.

(13) R. Carnap, *ibid.*, p. 47.

(14) R. Carnap, *ibid.*, p. 47.

(15) Ind. は $(x)(-\phi x \vee -\psi x)$ を略記したものである。〔『プリンキピア・マテマティカ』の記号法があちこち変えられているので、かえって読みにくいかもしれない。連言結合子と式の区切りをドットで示し、全称量化を「(x)」で表わすのは、『プリンキピア・マテマティカ』のまま。存在量化子が正置された「E」になっているのは、『哲学的文法』のタイプ原稿での表記を踏襲したもの。含意記号に「∪」ではなく矢印を使い、（原注中で）否定記号にマイナス記号を使っているのは、ブーヴレスによるものと思われる。注がついているこの式全体としては、「φが三つ、ψが二つあって、φでもψでもあるものは一つもないのだとすれば、φかψかであるものは五つあることになる」といった意味になる。〕

訳注

〔訳注1〕ゲーデル［Kurt Gödel, 1906–1978］は、オーストリア・ハンガリー帝国（ゲーデルの少年期に解体したが）に生まれ米国で活動した論理学者・数学者・哲学者。ウィーン大学で、後出のハンス・ハーンの指導で数学を学び、シュリックやカルナップの数学の哲学や数学基礎論のセミナーに出席している。数理論理学の分野で比類ない業績を残した。邦訳論文に『ゲーデル　不完全性定理』、林晋・八杉満利子訳・解説、岩波文庫、二〇〇六年、「カントールの連続体問題とは何か」（岡本賢吾訳、『リーディングス　数学の哲学』（序文原注11参照）、一七―五五頁所収）、「ラッセルの数理論理学」（戸田山和久訳、同書、五七―九五頁所収）、「数学基礎論における幾つかの基本的定理とその帰結」（高橋昌一郎訳、『現代思想』（青土社）、三五巻三号（二〇〇七年二月臨時増刊号）、八―二七頁掲載）、「数学は言語の構文論か」（飯田隆訳、『現代思想』（青土社）、同号、二八―五一頁掲載）がある。

かつては、数学の哲学において「ゲーデルのプラトニズム」といえば、イデア的対象を知覚する能力を単純に許容する、哲学の素人じみた立場という含みをもっていた。しかし、Kurt Gödel, *Collected Works: Volume III: Unpublished Essays and Lectures*, 1995, edited by Solomon Feferman *et al.* が出版されて以降は様相が変わり、真剣な検討の対象となってきている。こうした新しいゲーデル哲学像については、右の『現代思想』特集号に掲載された論文や記事のほか、戸田山和久「ゲーデルのプラトニズムと数学的直観」（田中一之編『ゲーデルと20世紀の論理学《ロジック》　4　集合論とプラトニズム』、東京大学出版会、二〇〇七年、二二七―二九三頁所収）や、ユアグロー『時間のない宇宙――ゲーデルとアインシュタイン最後の思索』、林一訳、白揚社、二〇〇六年などを参照されたい。

〔訳注2〕ハオ・ワン［Hao Wang, 1921–1995］は中国出身で、米国で活動した哲学者・論理学者。晩年のゲーデルの思索

の貴重な記録者としても知られる。邦訳書に『ゲーデル再考──人と哲学』、土屋俊・戸田山和久訳、産業図書、一九九五年がある。

ここで言及されているゲーデルの草稿は、"Is mathematics syntax of language?" という表題で、最も内容豊富な第三バージョンと最も新しいと見なされる第五バージョンとが、ゲーデルの著作集の第三巻に収められている（著作集の書誌情報は訳注1にある。飯田隆による邦訳は第三バージョンによる）。

〔訳注3〕ハーン、シュリック、カルナップは、ウィーン学団の中心メンバー。ウィーン学団については、序文訳注1を参照されたい。

ハーン〔Hans Hahn, 1879–1934〕はオーストリアの数学者。関数解析学、位相幾何学、集合論、変分法、実解析、順序理論などに多くの貢献をした。ウィーン学団の創設者のひとり。一九二二年にウィーンで『論理哲学論考』についてのセミナーをおこない、シュリックら学団のメンバーにウィトゲンシュタインへの強い関心を喚起した。

シュリックはドイツの哲学者。マックス・プランクのもとで物理学を学ぶが、その後哲学に転向し、ウィーン大学の帰納科学哲学講座の教授となる。ウィーン学団の創設者のひとり。一九二六年にウィトゲンシュタインとはじめて会談し、翌年ウィーン学団のメンバーにかれを引き合わせた。ウィトゲンシュタインが学団の他のメンバーと会わなくなって──一九二九年にノイラートらが「科学的世界把握──ウィーン学団」（クラーフト『ウィーン学団』、寺中平次訳、勁草書房、一九九〇年、二一七─二五二頁に付録として収録）を発表したのが契機だといわれる──以降も、かれとヴァイスマン〔Friedrich Waismann, 1896–1959〕だけは交流を続けていた。その時期のシュリックらとウィトゲンシュタインの対話の一部は、『ウィトゲンシュタインとウィーン学団』に記録されている。邦訳論文に「事実的アプリオリは存在するか」（竹尾治一郎訳、坂本百大編『現代哲学基本論文集Ⅰ』、勁草書房、一九八六年、一四三─一六三頁所収）、邦訳書に『一般認識論』、馬場和光訳、出版元不明、一九七三年がある。

カルナップはドイツの哲学者。ウィーン学団の主要メンバーのひとり。*Der Logische Aufbau der Welt*, 1928 や（本文中で言及されている）『言語の論理的構文論』（*Logische Syntax der Sprache*, 1934）で、論理実証主義の哲学を展開。一九三六年、クワインらの助力を受けて米国に亡命し、以後の合衆国の哲学界に大きな影響を与えた。邦訳書に、『カルナップ哲学論集』、永井成男・内田種臣編、内井惣七・内田種臣・竹尾治一郎・永井成男訳、紀伊國屋書店、一九七七年、『意味と必然性』、永井成男他訳、紀伊國屋書店、一九七四年、『物理学の哲学的基礎』、マーチン・ガードナー編、沢田允茂・中山浩二郎・持丸悦郎訳、岩波書店、一九六八年などがある。なお、『言語の論理的構文論』がもつウィトゲンシュタイン批判の含意について、飯田隆「ゲーデルと哲学――不完全性・分析性・機械論」（田中一之編『ゲーデルと20世紀の論理学《ロジック》　1　ゲーデルの20世紀』、東京大学出版会、二〇〇六年、一一一―一六九頁所収）を参照するべきであろう。

〔訳注4〕ロトマン［Albert Lautman, 1908–1944］はフランスの数学の哲学者であり、数学的プラトニズムの支持者である。第二次大戦中はレジスタンス活動に従事し、ナチスに捕えられ銃殺された。論文集に A. Lautman, *Les mathématiques, les idées et le réel physique*, J. Vrin, 2006 がある。

〔訳注5〕ポアンカレ［Jules Henri Poincaré, 1854–1912］はフランスの数学者・物理学者・天文学者・哲学者。数学の多様な分野で業績を残したほか、天体力学において三体問題を先導し、物理学基礎論においては相対性理論の実質的な発見者とも評される。数学の哲学では、ブラウワーに先だって一種の直観主義の立場をとり、数学的帰納法には論理に還元できない内容があるとして、フレーゲやラッセルの論理主義を批判した。原注6、7や序文原注9に注記したように、一般向けの哲学書が岩波文庫で訳出されているほか、数学の専門的論文を集めた次の翻訳書もある。『ポアンカレ　トポロジー』、斎藤利弥訳、朝倉書店、一九九六年。

〔訳注6〕チハラ［Charles S. Chihara］（生年不詳だが、ワシントン大学で博士号を取ったのは一九六〇年。兄の数学者テッド・チハラは一九二九年生、弟の音楽家ポール・チハラは一九三八年生）は米国の哲学者。ウィトゲンシュタインについての研究をはじめ、数学の哲学の分野において精力的に活動し、唯名論と構造主義を融合する立場を示している。一九六三年から二〇一〇年までカリフォルニア大学バークリー校に奉職（七五年以降教授）。*Ontology and the Vicious-Circle Principle* のほかの著書に、*Constructibility and Mathematical Existence*, Clarendon Press, 1991 など。邦訳論文に「数学的諸対象に関するゲーデルのテーゼ――それは存在するか？　そしてわれわれはそれを知覚することができるか？」、（黒川英徳訳、『リーディングス　数学の哲学』（序文原注11参照）、九七―一一九頁所収）がある。

第七章　トートロジー、数学的命題、構文規則

ウィトゲンシュタインは一九三〇—三三年の講義において、かつてトートロジーという特殊事例にかんして主張していたのと同じように、必然的命題を表現するあらゆる文もまた「無意味」であり「なにも言っていない」と繰り返し述べており、聴講していたムーアを悩ませている（cf. WL 1930–33, p. 268〔『全集』第一〇巻、二九—三〇頁〕）。ウィトゲンシュタインは『論考』において、トートロジー（と矛盾）は無意味（sinnlos）であると述べており（T, 4.461）、ムーアは（まことにもっともなことに）この講義でも「無意味」という表現が同じ意味で使われていると想定している。実際、当惑しないわけがない。ウィトゲンシュタインは「論理学の命題はすべて同じことを語っている、すなわち、なにも語っていない」（T, 5.43）とも言っていたからである。ウィトゲンシュタインは、「赤緑は存在しない」や「3＋3＝6」のようなたがいに異なった「文法的」命題もまた同じことを語っていると、すなわち、なにも語っていないと主張しようとしていたのだろうか。疑問を感じたのも当然である。ムーアが思いついた唯一の説明

ていると思われる「文法の規則」というものの存在に、たしかに異論の余地はないだろう。

は、ウィトゲンシュタインは「無意味」や「意味のない」といった表現を、独特で多義的な意味で用いているに違いないというものだった（cf. WL 1930–33, p. 273〔『全集』第一〇巻、三八頁〕）。

その命題はなにも記述していないと言おうとして、なにも「語って」いないと言ってしまったことで、ひどく残念なパラドクスが生じてしまったのは疑いない。というのも、ある箇所でウィトゲンシュタインが言っていたことを文字どおりに受け取るならば、そこから帰結してくるのは、文法の規則はそもそもなにも語りえないにもかかわらず、実際には厳密に言えば規範的な語り方においてなにごとかを語っているということだと思われるからである。規則が語っていることは、まさに命令や禁止が語りうることでなければならない。「規則とはある意味では「あなたはしかじかのことをしてもよい」という言明である。規則がある場合にはいつでも、その規則と同じ多様性をもった記述をすることができる。たとえばチェスの場合には、人びとがどんな風にチェスをしているのかを記述することで、チェスの規則と同じ多様性をもった記述をすることができるのである。それゆえ規則は、それに対応する言明が相互に矛盾するとき、相互に矛盾しうるのである」（WWK, p. 128〔『全集』第五巻、一八二―一八三頁〕）。文法規則がまさになににかんする規則なのかを知りたければ、それらが記号にかんする規則だと言えないこともない。しかし、そのように言ってしまうと、文法規則は必要以上に通常の命題と似てしまう。「たとえば、定義のような記号の規則を、記号にかかわる命題と見なすことはたしかに可能であるが、そうしなければならないということはけっしてない。記号の規則は言語の補助手段、言語の諸命題とは種類を異にする補助手段である」（PB, p. 143〔『全集』第二巻、一八四頁〕）。

実際にウィトゲンシュタインは文法命題についてこのように述べているのだけれども、このような表現をかれにさせているのが、内的性質や内的関係は表現できないという、かれの根本テーゼなのは明らかである。「わたしはたしかに、この着物はあの着物よりも暗いと言うことができる。しかし、わたしは、この色はあの色よりも暗いと言うことはできない。それは、このことが色の本質に属しているからである。このことなしには、色を考えることができないのである」(WWK, p. 55〔『全集』第五巻、七六頁〕)。わたしたちが実際にやっているように実在を記述できるためには、実在はどのようなものでなければならないのか。そのことをわたしたちは命題によって表現することはできない。わたしたちにできるのは、ただ記述——通常の意味での——において示すことだけである。「白は黒よりも明るい」のような文法命題がわたしたちに語っているのは、なにが有意味でなにが無意味なのかということ、つまりは、数学的命題が語っていることと同じことなのだ(cf. WWK, p. 197〔『全集』第五巻、二八四頁〕)。しかし、ある命題が実在の中でなにを参照できるのか明らかになったからといって、実在にかんするあらゆる言説に先立つ有意味と無意味という区別が正当化されるわけではない。文法命題がなにも語っていないということは、ウィトゲンシュタインの考えでは、なによりもまず次のことを語るための一つの語り方にほかならない。すなわち、文法命題という形式はほとんどいやも応もなくなにかを示唆しているのだが、文法命題はそれがなんであるかを語ってはいないので、世界のあり方を確認することによって記述の可能性(または不可能性)を正当化することはできない、ということである。

数学の場合にそうであるように、命題がなにごとかを定義へと変換された経験として表現している場合(cf. BGM, p. 383〔『全集』第七巻、三四五頁〕)、この二つの要素のあいだにある特別な結びつきを表現するために、この命題はアプリオリな総合命題なのだと言いたくなる。しかし、ウィトゲンシュタインが主張するには、ここで問題となっている経験は（十分に広い意味で解された）通常の経験なのであって、命題に含まれる概念を分析することで、その結びつきにのみ認められるような、必然的な結びつきの経験なのではない。多くの注釈家たちが数学的命題にかんするウィトゲンシュタインの理論に含まれているカント的要素を（当然のごとく）強調してきたし、ときにはかれの考察を厳密に規約主義的に解釈することに対する決定的な反論としてこのカント的要素を用いてきた。しかし、ウィトゲンシュタイン自身の考えでは、一方で、1：3の小数展開における循環性の発見は「じつは新しい記号と計算の構成なのだ」（PG, p. 404〔『全集』第四巻、二四一頁〕）とか、この発見はじつは新しい概念の創造なのであって、経験や既存の概念によって押しつけられたものではないのだと述べること、その一方で、循環性の発見は新しい規則や規約の導入に対応しているのだと述べること、こうした二つの述べ方のあいだには、なんの矛盾もないのである。また、「7＋5＝12」がアプリオリな総合命題だと言ったときにカントが言おうとしていたことに、ウィトゲンシュタインが納得しているかのように見えたとしても、カントが言っていたことすべてにウィトゲンシュタインが同意するかどうかは、さだかなことではない。

おそらく、『論考』における以下のような主張はカントを参照先としている。「数学の問題を解決するのに直観が必要なのか。この問いに、ひとはこう答えねばならない。言語こそがここで必要とされる直観を与える」（T. 6.233）。「計算という過程がまさにこの直観を仲立ちする」のだが、これは経験的ならざる直観である。なぜなら、「計算は実験ではない」からだ（T. 6.2331）。7と5の加算からどんな数が帰結してくるかを知るためには、直観において概念を構成する必要があると主張したときに、カントが言おうとしていたことは、ほかでもない。この計算結果を得るには、わたしたちは適切な記号体系と特殊な計算技術とを有していなければならず、これらから導出可能なものはたんなる概念分析から導出可能なものには還元できない、ということだ。しかし、カントは算術の等式をアプリオリな総合命題に分類したとき、特殊なタイプのアプリオリな真理をわたしたちに与えてくれる特殊な認識の源泉（純粋直観）に、こうした計算技術を関係づけることで、こうした計算技術の導入を正当化するつもりであった。「時間と空間とは（…）そこからアプリオリにいろいろな総合的認識がくみとられうるところの、二つの認識源泉である。とくに純粋数学が空間および空間関係にかんして輝かしい例証を示しているように」[1]。ウィトゲンシュタインが受け容れないのは、この引用の後半部分である。かれにとって、算術の等式を計算する技術は、わたしたちに必要な直観を促すものではあるが、計算の採用と実践に先立ってなんらかのしかたで存在している直観の形式において答えを与えるものではない。まさに算術の等式がトートロジーに回収されうることに異議を唱えている箇所において、「等式は必然的であり、文法規則であり、それゆえに恣意的である」（WLC 1930–32, p. 76〔邦訳、一三九頁〕）と主張している。数学におけるアプリオリな命題が含んでいると思われる経験をモデルとして理解するならば、「伝統的な哲学における用いられ方では、アプリオリな命題は、経験の先取りであるように見える」（*ibid.*〔同右〕）のだが、ウィトゲンシュタインの主張では、アプリオリな命題は、経験に先立って承認される真理というかたちでではなく、経験を記述するための規則というかたちでのみ経験を先取りしうるのである。

　それゆえ、幾何学の公理は、空間の構造について真または偽でありうるようなことがらを述べた命題ではなく、空間の中にある諸対象を記述するための規則なのである。「それゆえ幾何学の公理は、それによってわれわれが空間的対象について記述せんとするところの言語にかんする約定という性格を有している。それは構文の規則である。構文法の規則はなにものも取り扱わず、われわれが定立するのである」(WWK, p. 62.〔『全集』第五巻、八七—八八頁〕)。ウィトゲンシュタインはまた、「たとえば、ユークリッド幾何学の諸公理は構文論の偽装された規則である」(PB, p. 216〔『全集』第二巻、二九一頁〕)とも言っているが、そこで言わんとしていることは、おそらく、公理の表面上の言語形式は、公理が本当のところなんであるのかに対応するものではないということである。数学的命題をこのように取り扱う可能性を発見したとき、公理をめぐって生じてきた一連の典型的な哲学的問題がこれで一気に解決できると、ウィトゲンシュタインが感じたのは明らかである。

「等式は構文論の規則である。
このことは、数学には原理的に解決できない問題など存在しえないということを説明するのではないか。というのも構文論の規則が理解されえないものであるとすれば、それはなんの役にも立たないからである。そして同じくこのことが、わたしたちの理解力を超えている無限がこれらの規則の中にははいりえないことの説明となる。そしてこのことはまた、数学を記号によるゲームと見なす形式主義者の試みをも理解可能なものにする」(PB, p. 143〔『全集』第二巻、一八三—一八四頁〕)。

先に述べた理由により、算術の等式の計算は論理法則の計算に還元できないと言うことによって、二つの技術——その一方は特定の直観の形式に基づいており、そのことがその認識価値を説明してくれるが、もう一方は直観への訴えを免除されており、それゆえに、厳密に言えば認識価値をまったくもたない――を対比しているのではなく、二つの独立の計算技術と、それらの技術によってわたしたちが手に入れる異なった直観にかんして、どちらかをどちらかへと還元することはできないと主張しているだけである。「数学が直観すなわち記号の直観に基づいているというのは、ある程度まで真である。そして、それと同じ直観が論理学ではトートロジーの使用に際して用いられる」(WWK, p. 219〔『全集』第五巻、三一七頁〕)。論理と算術は、記号についてなされる操作によってなにかを示すだけであるという点では共通している。しかし、同じことを示すのではない。前者は命題についてなにごとかを示すが、後者は数についてなにごとかを示すからである。「与えられた命題の意味から新しい意味を生み出すという〔論理学における〕操作は、数学における与えられた数から新しい数を生み出すという操作に対応している。すなわち、数は真理関数に対応しているのである」(WWK, p. 218〔『全集』第五巻、三一四頁〕)。

ウィトゲンシュタインから見れば、どちらの場合にもわたしたちが直観しているのは、その計算過程が、ひとり計算過程のみがわたしたちに見せることのできるもの以外ではない。わたしたちはどうしても、計算の背後に、その計算の採用を正当化してくれる「事実」を探そうとしてしまうが、わたしたちが見つけるのは、せいぜい他の計算だけなのであって、その計算についても同じたぐいの問題が新たに生じてくる。わたしたちが7＋5＝12を認識するためには概念の外部に出て、直観の助けを借りなければならないとカントが言ったとき、そこで言わんとしていたことは、たとえば、IIIIIIIとIIIIIを結合させると、帰結としてIIIIIIIIIIIIが得られるということを、わたしたちはいわば「見る」ことができる、ということであったように思われる。しかし、かんじんな点は、わたしたちがこれを見たか(あるいは、見なかったか)ということではない。実際、帰結としてIIIIIIIIIIIIが得られねばならないと主張する人は、事実を認めているのではなく、すでに計算のうちにある規則を述べているのだ。実際、十分小さな数についてさえ、「IIIIIII + IIIII = IIIIIIIIIIII」が（アプリオリに）真であることは、むしろ「7 + 5 = 12」という規則の適用から導き出されると考えることは、まったくもって可能である。そして、ウィトゲンシュタインから見れば、「$((E\,7x)\,Px \,\&\, (E\,5x)\,Qx \,\&\, (x) - (Px \,\&\, Qx)) \rightarrow (E\,12x)\,(Px \vee Qx)$」のような論理的命題の適用についても、それは同じである。「トートロジーは計算の適用であって、計算の表現ではない」（WWK, p. 106〔『全集』第五巻、一四九頁〕）。135,664 + 37,863 がいくらになるかという問題に答えるのに、どうすれば 135,664 の直観や、37,863 の指や点という直観の助けを借りることができるのか、とフレーゲは問うている[2]。カントが言うには、算術の命題がもつ総合的という特徴は、より大きな数について考察している場合にいっそう明らかである〔訳注1〕。しかし、わたしたちとしては、こう答えたくなる。より大きな数について考察しているときにいっそうはっきりと浮かび上がってくるのは、とりわけ、わたしたちが必要としている直観はもっぱら加法規則の適用によって与えられる直観なのだということである、と。

ウィトゲンシュタインは算術の等式をトートロジーと同一視しようとしていたのか、という問題にかんして長らく続いてきた混乱は、その大部分は、『論考』の精神にまるで反する錯覚に関連している。それは、論理が定式化しようとするのはなによりもまず命題であって、しかも命題といっても、トートロジーすなわち内容（と価値）のない命題しか定式化しない、という錯覚である。ウィトゲンシュタインはまさに、トートロジーは（擬似）命題としてはまったく重要ではなく、ただ方法としてのみ重要なのだと考えている。「トートロジーはただ二つの言明の真理関数の一致をより容易に知るための方法にすぎない。そのトートロジーにおいて示されていることが本質的なのである」(WWK, p. 219〔『全集』第五巻、三一五頁〕)。それゆえ、数学と論理のアナロジーは、二種類の命題のアナロジーとして理解されてはならない。示し方〔＝証明〕((dé-) monstration) の二つの方法のアナロジーとして理解されねばならない。「トートロジーにおいて働いている契機――すなわち、二つの構造の一致を目に見えるようにすること――と同じ契機が、等式の証明においてもまた働いているのである。わたしたちは数計算を証明するとき、その両辺が互いに等しいことが示されるまで、その両辺を変形してゆくのである」(*ibid.*〔『全集』第五巻、三一六頁〕)。しかし、こうした証明は、どちらの場合にもその帰結を規則として受け容れるように、わたしたちを説得することになると思われる。「$(p \to q) \leftrightarrow (\neg q \to \neg p)$」がトートロジーであると示したということは、同値記号の両側に出現する二つの表現のあいだの置換規則を受け容れるようわたしを説得するのであるし、「$7 + 5 = 9 + 3$」が等式であると示したということは、等号の両側に出現する二つの表現のあいだの置換規則を受け容れるようわたしを説得する。そして、ひとたびその帰結が、そこへと導かれたところの過程から切り離されると、二つの規則のどちらも、それ自体としては、他方より「総合的」に見えるわけではない。

ウィトゲンシュタインが三〇年代のはじめ頃、トートロジーと算術の等式とのあいだにある相違の正しい表現法にかんして迷っていたのは、かなりはっきりしている。一方では、トートロジーは、たしかになにごとかを語ろうとしているけれども、しかし(もはや)なにも語りえないように――単純な諸命題から――つくられた命題である。これに対して、算術の等式は構文論の規則であって、それゆえに命題ではない。いずれにせよ、算術の命題が真であることは、諸要素から命題を構成する方法から同じように導き出されてくるとはいえない。しかし、その一方で、ウィトゲンシュタインは、「ある意味で、算術の等式〔数学の等式〕がトートロジーよりもむしろ経験命題に似ている」(WWK, pp. 106–107〔『全集』第五巻、一五〇頁〕)ということも認めている。算術の命題は、トートロジーよりも、ほんものの「有意味な」命題(すなわち、経験命題)に近いものなのだ。

ウィトゲンシュタインはある機会に、算術の等式において等号は主張価値を保持しているが、命題的トートロジーにおける主結合子が主張価値をまったく保持していないことを、この相違の理由として挙げている。

「数学の等式はもっぱら有意味な命題に似ているのであって、トートロジーに似ているのではない、とわたしには思われる。というのも等式はなにかを示すべく定められているわけではなく、まさしく言明をおこなう(aussagende)要素——等号——を含んでおり、そして、示されることは等号なしにも示されるからである。等号は「$p \,.\, (p \rightarrow q) \,.\, \rightarrow \,.\, q$」の「$. \rightarrow .$」に対応するのではない。というのも、「$. \rightarrow .$」はこのトートロジーの構成に必要な他の要素とならぶ一つの構成要素にすぎないからである。それは連関の外に出ることがなく、「.」や「→」と同じく命題に属するのである。しかし、「=」はもっぱらそれだけで等式を命題の類とする繋辞なのである。トートロジーはなにかを示す。等式はなにも示さずにその両項がなにかを示すことを指摘する」(PB, pp. 142–143〔『全集』第二巻、一八三頁〕)。

トートロジーの主結合子が同値記号のとき、そのトートロジーは、両辺に出てくる二つの言明が同一のことを語っていると考えられるかもしれない。しかし、本当はそうではない。「そのトートロジーはただ、そのトートロジーがなくても示されること、すなわち二つの真理関数の構造が一致しているということを他のしかたで示すだけなのである」（WWK, pp. 218–219〔『全集』第五巻、三一五頁〕）。しかし、トートロジーにおける同値関係もまた、その二つの項がなにごとかを示していることを指摘しているのだと――ウィトゲンシュタインが算術の等式にかんして述べているように――言ってはならないというのは、たしかにやや恣意的かもしれない。

ポアンカレは、数学のうちに、一見したところ解決できない矛盾の存在を感じ取っていた。それはすなわち、その手続きの純粋に演繹的という性格から導き出される厳密性と、数学を特徴づけている驚くべき多産性とのあいだの矛盾である。「もし数学が演繹的なのはただ見かけにすぎないならば、だれも夢にも疑おうとしないこの完全な厳密性はどこから来るのか。もし反対に数学で述べられている命題すべてが形式論理学の規則によって互いに導出できるとすれば、どうして数学は巨大なトートロジーになってしまわないのだろうか[3]」。この困難に対するウィトゲンシュタイン流の解決法は、文法の自律性というテーゼと、数学が絶えず経験を記述するために新たな文法規則を創造し続けるという発想のうちにある。数学の命題の必然性の説明もそこに求められねばならない。

「数学のねばならないは、数学が概念を構成することの別表現にすぎない。
そして概念は把握することに役立つ。概念は事態の一定の処理法に対応している」（BGM, pp. 430–431〔『全集』第七巻、三八四頁〕）。

『数学の基礎』においてウィトゲンシュタインが評しているように、「素数の分布は、アプリオリで総合的と呼びうるであろうものの理想的な例であろう。というのは、それは、いずれにしろ素数という概念の分析によって見出だされえないといえるからである」(BGM, pp. 246–247〔『全集』第七巻、二五二頁〕)。この「いずれにしろ」は、ウィトゲンシュタインにとって重要である。数学の命題がいずれにしろ分析的ではないが、アプリオリであるならば、それをアプリオリな総合命題であると言うことはできる。「数学的命題は、わたしに言わせれば、数学的諸概念からある種の分析によって得られるのではなく、たとえばプリズムの透過によって物体を規定できるように、総合によって概念を規定するのだ、といってもよいであろう」(BGM, p. 246〔『全集』第七巻、二五二頁〕)。

ここでウィトゲンシュタインは、ほとんどそのままカントの用語法を受け継いでいる。しかし、かれのいくつかの考察はおそらく、一九三〇年代はじめに開始されたかれの努力が行き着いた先でしかなく、その努力の目的は、数学的命題はいずれにしろウィーン学団の人びとが考えていたようなものではないということを明らかにすることであった。ウィトゲンシュタインは、カントの主張の否定的側面を保持しているとしても、いつだってカント的解決の積極的部分を受け容れようとはしていないように思われる。ウィトゲンシュタインにとって直観は数学的認識の源泉ではありえないという事実の前で、かれのカント主義は頓挫するのである。

「数学においては直観について語ることは実際にありえないのだろうか。たしかに、数学的真理を直観的にとらえる方法については語りえないが、物理学的真理や心理学的真理のとらえ方については語りうる。こうしてわたしは、一〇回ばかり25に25を掛けたときに、そのたびごとに625という計算結果が得られるであろうことを大きな確信をもって知っている。つまりわたしは、この計算がそのたびごとに正しく見えるであろう、という心理学的事実を知っている。それはちょうど、わたしが1から20までの数列を暗記して一〇回書いたときに、それを突き合わせると同じ数列であることが立証されるであろうと私が知っているのと同じである。——ところで、これは経験的事実なのだろうか。もちろん——とはいえ、それをわたしに納得させるような実験を述べることは困難であろう。こうしたものは、直観的に認識された経験的事実と呼ぶことができよう」(BGM, p. 247〔『全集』第七巻、二五二—二五三頁〕)。

だれもが予想できたことだが、この点にかんしてカントの発想を受け継いでいる(あるいは、少なくとも受け継いでいると信じていた)直観主義者たちが「直観」と呼んでいるものが、数学にとって必要であるという確信を、もはやウィトゲンシュタインはもっていなかった。「直観主義者たちが「基本的直観」(Grundintuition)について語るとき——それは心理学的な過程なのか。そうだとすれば、この過程がどのように数学にはいりこむのか。それともかれらは(フレーゲの意味における)原始記号(Urzeichen)、計算の構成要素のことだけを念頭に置いているのか」(PG, p. 322〔『全集』第四巻、一二〇頁〕)。

ウィトゲンシュタインの立場とウィーン学団の人びとの立場の隔たりは、実際には、しばしば考えられているほど大きなものではないと見つもっている注釈者たちもいる。コッファ〔訳注2〕によれば、ウィトゲンシュタインとカルナップはほぼ同時に、「わたしたちのアプリオリな認識は意味の本性に従わねばならない」という発想を放棄して、むしろ「意味がアプリオリな主張の構成に従わねばならない[4]」と考えることを提案しており、それによって意味論の分野における一種のコペルニクス的転回を遂行した。『言語の論理的構文論』の序文において、カルナップはこう嘆いている。「いままで、言語を構築するさいの手続きは、まずは意味を基本的な数理・論理的シンボルに割り当てて、次に、この意味に従ってどんな文や推論が論理的に正しいかを考察するというのがふつうであった」。かれによれば、これは逆向きにやった方がよい。「まずは任意の公準と任意の推論規則を好きに選び、次に、この選択――これはどんなものでも構わない――が、どんな意味が基礎的な論理シンボルに割り当てられねばならないかを決めるのである[5]」。

わたしとしては、これらの考察が、Bedeutungskörper という発想に対するウィトゲンシュタインの批判とある意味で同じものとなっている、という絶対的な確信はない。というのも、カルナップが前者の方法を放棄したのは、基本的には、それがもたらす曖昧さと不確かさのせいであると思われるからである。「意味の割り当てが言葉で表現されており、それゆえに不正確であるため、こうして到達されるどんな結論も不正確で多義的なものにしかなりえない[6]」。論理学と数学のために形式言語を構築する場合には、体系外から意味の残骸を密輸入すること――つまり明確な規則を採用してシンボルに意味を与えるということだが――はまったくないのが望ましいのは明らかである。

コッファによれば、「カルナップもウィトゲンシュタインも、三〇年代のはじめにはそうした表現を用いてはいなかったとはいえ、かれらにとってアプリオリな真理が意味によって真であるものであったのは疑いない」[7]。かれらがどちらも意味という観念にかんして、まったく顕著な不信感を示していたとすれば（ウィトゲンシュタインは「意味という観念は時代遅れである」（WLC 1932–35, p. 30〔邦訳、五八頁（文庫版一〇五頁）〕）と認めている）、それは、この観念が、かれらが異議を唱えていたタイプの意味論的説明と一般に結びついていたからである。しかし、かれらのどちらもが弁護していた論点はまさに、その後、クワインによって批判されることになる論点であった。

「経験主義のふたつのドグマ」におけるクワインの攻撃が第一の標的としているのは、真なる命題には、言語外的な所与によって真である命題と、もっぱら言語そのものによって真である命題という、根本的に異なる二種類のものがありうるという発想である。すでに見たように、ウィトゲンシュタインとしても、こうした考え方はきっぱりと否定しているのであって、その意味では、クワインの批判がただちにかれに及ぶことはない。しかし正確なところ、あるタイプの諸真理は意味そのものからただちに生じるという、より古典的な考え方に対してよりも、意味はあるタイプの諸真理を仮定することから帰結しうるという発想に対して、クワインがより好意的であるというわけではない。しかもかれの疑いは、規約による真理という概念だけでなく、（暗黙の）言語的規約という発想そのものに、そして、この同じくらいいかがわしい概念から始めてなにごとかを説明する可能性にまで及んでいるのである。じつのところ、言語の規約という観念に実益があるのは、この観念のおかげで、言語の規則性が、（規約を守ることによって）言語の規則性を存在させ維持しようという、わたしたちの意図から結果するように見えるからでしかない。そしてクワインが問うているのはまさに、「けっして発話者に由来するものではなく、その大部分が発話者には知られていないところの規約から、どうして規則性が生じうるのか」ということである。ある意味で、言語の規約という観念がまったくの神話に見えてしまうのだけれども、それはこの観念が言語の規則性のたんなる確認になにかを付加していると確信できないからなのだ。それゆえ、規約主義が説明をまったく不可能にしてしまう恐れがあるのは、言語にかんする約定からの帰結としてのアプリオリな真理だけではない。言語行動すべてもまたそうなのである。

「規約による真理」においてクワインは、論理学と数学の真理を「規約的」なものとして特徴づけることも、それによって「これらの言明は世界についてのわたしたちの観察から独立に主張されうることになっている」[8]と言いたいだけならば、認めるとしている。しかし、かれは、規約主義者がこれ以上のことが言えると主張するならば、かれらを以下のようなジレンマに追い込もうとしている。一方で、わたしたちが準拠している言語的規約が、まったく意図的なものでも明示的なものでもなかったとすれば、どんな説明力も規約に帰属しがたくなってしまう。「論理学と数学の真理が、そういった意味で規約による真理として特徴づけられたとしても、「論理学や数学の真理がアプリオリである」という端的な言明、「論理と数学の真理は揺るぎないものとして受け容れられている」というよりいっそう端的な行動主義的言明に、いったいなにが付け加えられるのだろうかと思われるかもしれない」[9]。その一方で、意味は明示的な約定を通して実際に規定され通用しているとする。この場合、次のことが理解しがたいものとなる。すなわち、「ならば」「または」「すべての」のような原始的な論理名辞の意味を教えるために使用される諸規則は、それら名辞を用いることもなく、またその意味を知っていることを前提ともせずに、どうやってうまく約定することができるというのか[10]。

『規約――その哲学的研究』において、D・K・ルイス〔訳注3〕はクワインの挑戦に応えようとした。クワインがその序文で述べているように、規約の概念が「合意という事実にも虚構にも依存しない（independent of any fact or fiction of convening）[11]」とすることで、ルイスは規約の概念を復権させようとしている。このように理解された言語的規約の概念と、意味、同義性、分析性、意味論規則などの概念とのあいだにある関係を完全に明らかにするには、これよりはるかに多くのことが要求されるのは確かである。しかし、いずれにせよ明らかなことは、ウィトゲンシュタインにおいて、「規則」や「規約」といった概念への訴えは、必然性やアプリオリ性の源泉に関する問題に答えることが目的ではなく、そもそもその訴えに理論的ないし説明的な野心などないということだ。実際、この訴えは根本的な相違――それは二種類の命題の相違というより、むしろ同一の命題にかんして実際にありうる二種類の使用法のあいだの相違である――に注意を引くのに役立つだけである。意味について暗黙の認識があれば、発話者はある命題を真理しか表現できないものとして認めうるような（しかも、命題がこのように考察されたり取り扱われたりする事例すべてを説明できるような）、意味の体系的理論が存在しないと危惧する人もいるかもしれない。たしかに、そうした理論が存在しないとすれば、このような理論から始めて必然性やアプリオリなものの概念を説明するという発想に対する反論となりえよう。しかし、ウィトゲンシュタインからすれば、いま問題となっている区別に対する反論になっていないのは確かである。

問題のこの側面に対してクワインが新たに注意を向けさせるより以前に、規約性なる属性が、あるいは、さほど魅力的ではない概念を使うならば、分析性なる属性が、命題そのものの恒常的で内在的な特徴ではないことを、ウィトゲンシュタインは完璧に説明していた。同一の命題を、ある場合には規則ないし規約として使い、ある場合には多かれ少なかれ確証された仮説として使いうる。諸命題は交互に規則として使われたり経験的仮説として使われたりする。「ある命題は視覚的空間においてはアプリオリであるが、物理的空間においては経験的である。同じ命題がどちらでもありうるのである」(WLC 1930–32, p. 77〔邦訳、一四〇頁〕)。しかし、この使われ方の相違は、本性的な相違であって、程度の相違ではない(クワインにおいては最終的にそうなってしまうことになるのだが)。

クワインの見立てでは、どちらもまったく同じような理由によって導入され、受け容れられたり、あるいは斥けられたりするのだから[12]、規約によって真である仮説と、他のしかたによって真である仮説とのあいだに理論的断絶を生じさせる手段はまったくない。規約は――もしこう言ってよければ――規約や命令によって規約となるが、だからといって、規約や命令のみによって真となるわけではない。理論が経験に直面したときに、さまざまな理論的仮説が実際に検証されたと言う権限をなにが与えるのか、わたしたちには分からない。その理論が用いている論理や数学の「規約」もまた、非常に迂遠なしかたにおいてさえ、実際に検証されたわけではないのである[13]。

クワインが最終的にたどりついた考えはこうである。一方に、本来の意味での真理があり、もう一方に、ウィトゲンシュタインならそもそも真でもなければ偽でもないと言うような規則や規約があるわけではない。命題のカテゴリーはただ一つしかないのであって、不都合な経験に対する耐久性の程度によってたがいに区別されるにすぎない。規約主義者は、論理学や数学における真理のような特殊な真理を説明するのに、規則や規約を援用できると考えているが、規則や規約は、それ自体としては、この耐久性の序列においてとりわけ高い順位を占めている仮説でしかない。まさに問題はここにある。というのも、クリスピン・ライトの指摘するように、「不都合さによる裁定は、いまは係争点にはなっていない判断や原理を背景としなければ理解できない」[14]からである。

言い換えるなら、問題はこうである。少なくとも理論の根底にある論理を表現する言明に対しては規範的原理という役割が割り振られており、それが、クワインが認めようとする唯一のしかた〔すなわち、耐久性の程度〕とは違ったしかたで理論における諸仮説から区別されるのでなければ、わたしたちは、どうやって不都合さという概念の把握を望みうるというのか。「どんな手を指すべきなのか、どうやって理論を適用したり改訂したりすればよいのか。こうしたことについて、わたしたちは指示を受けていなければならない。そして、こうした指示をコード化した言明——おそらく、これらは原理的には改訂可能なものである——が仮説という役割において経験に直面すると考えることは、この上なく強く擁護されている仮説としてでさえ整合的にできることではない。そんなふうに考えるならば、これらの言明を特定の推論的文脈に適用することを受け容れるのが、どうして理にかなっているのかが理解できなくなってしまう」[15]。こんなありさまなのに、どうしてクワインが推進しようとしている「ドグマなき」経験主義は、ウィトゲンシュタインが提案しているような区別をなんらかのかたちで認めずに済ますことができるのだろうか。もしクワインがあえてドグマを不整合に置き換えたいのではないとすれば、そこがよく分からないのである。

ウィトゲンシュタインとクワインの観点の相違を生じさせているものが、次の一節にはっきりと現われている。「惑星の運動が、惑星の運動に関するわれわれの言明の真偽を支配しているのと同じしかたで、言語が実在ないしは実在との結びつきによって限界のうちに縛られているという考えを、われわれはもっている」（WLC 1930–32, p 103〔邦訳、一七九頁〕）。ウィトゲンシュタインはこのような考えを受け容れてはおらず、実在の圧力はこれら二つの場合において、まったく同じしかたでかけられているのではないと考えている。厳密な意味における理論への依存性であろうと、実在の支配に理論を服従させる可能性であろうと、どちらも文法の自律性を前提とするのであって、それゆえ、文法は理論のうちに吸収されうるものではないのである。

原注

（1）E. Kant, *Kritik der reinen Vernunft*, in *Werke in Zehn Bänden*, herausgegeben von W. Weischedel, Wissenschaftliche Buchgesellschaft, Darmstadt, 1968, vol. 3, p. 84.〔カント『純粋理性批判』、A38-9 = B55-6〕

（2）G. Frege, *Die Grundlagen der Arithmetik*, §5.〔フレーゲ『算術の基礎』、第五節〕

（3）H. Poincaré, *La science et l'hypothèse*, p. 9–10.〔ポアンカレ『科学と仮説』、河野伊三郎訳、岩波文庫、一九五九年、二〇頁〕

（4）A. Coffa, « Le Positivisme logique, la tradition sémantique et l'*a priori* », in *Le Cercle de Vienne: Doctorines et controverses*, textes réunis et présentés par J. Sebestik et A. Soulez, Klincksieck, Paris, 1968, p. 97.

（5）R. Carnap, *The Logical Syntax of Language*, Routledge & Kegan Paul, London, 1937, p. XV.

（6）R. Carnap, *ibid.*

（7）A. Coffa, *ibid.*

（8）W. v. O. Quine, «Truth by Convention», in *The Ways of Paradox*, 1966, p. 95.〔1976, p. 102. 邦訳（第一章原注3に注記）、二〇一〇年、一〇九—一一〇頁〕

（9）W. v. O. Quine, *ibid.* p. 99.〔1976, p. 106. 邦訳、二〇一〇年、一一五頁〕

（10）Cf. W. v. O. Quine, *ibid.* p. 97.〔1976, p. 104. 邦訳、二〇一〇年、一一二—一一三頁〕

(11) D.K. Lewis, *Convention: A Philosophical Study*, Harvard University Press, Cambridge, Mass., 1969, p. XII.

(12) Cf. W.v.O. Quine, « Carnap and Logical Truth », in *The Ways of Paradox*, 1966, p. 114.〔1976, p. 121.〕

(13) Cf. W. v. O. Quine, *ibid.*

(14) C. Wright, *Wittgenstein on the Foundations of Mathematics*, p. 330.

(15) C. Wright, *ibid.*, p. 359.

訳注

〔訳注1〕『純粋理性批判』緒言（B16）を参照。なお、カントは以下のように続けている。「大きな数の場合には、いかに概念をひねくり廻そうとも、直観の助けを借りないでは、たんに概念を分析するだけでは、けっして和を見出だすことはできないであろうから」。

〔訳注2〕コッファ［Jose Alberto Coffa, 1935–1984］は、アルゼンチンの哲学者。米国および南米の複数の大学で教鞭を執った。科学哲学の研究、論理実証主義の歴史的研究で知られる。著書に *The Semantic Tradition From Carnap to Kant: To the Vienna Station*, Cambridge University Press, 1991 がある。

〔訳注3〕デイヴィド・ルイス［David Kellog Lewis, 1941–2001］は米国の哲学者。一九七〇年からプリンストン大学教授。言語哲学、心の哲学、哲学的論理学、形而上学、認識論、倫理学など、広範な分野で活動し、哲学界に大きな影響を与えた。邦訳論文に「言表についての態度と自己についての態度」（野矢茂樹訳、『現代思想』（青土社）、一七巻七号（一九八九年六月号）、一三四—一六三頁掲載）、「フィクションの真理」（樋口えり子訳、『現代思想』（青土社）、二三巻四号（一九九五年四月号）、一六三—一七九頁掲載）、「たくさん、だけど、ほとんど一つ」（柏端達也・青山拓央・谷川卓編訳『現代形而上学論文集』、勁草書房、二〇〇六年、一—三六頁所収）、「普遍者の理論のための新しい仕事」（同書、一四一—二二八頁所収）、邦訳書に『反事実的条件法』、吉満昭宏訳、勁草書房、二〇〇七年がある。

第八章　アプリオリな命題は言語的規約なのか

古典的な規約主義によれば、論理学や数学の命題のような必然的命題の真理性は、言語的規約――個々の語の意味にかんする規約と、構成語彙の意味から文の意味を決めるさいに果たしている構文論の寄与に関する規約――から導き出される帰結とされている。ウィトゲンシュタインは、必然的命題にかんしてこうした古典的な規約主義の解釈をまったく受け容れていないので、かれの採用している立場が本当に「規約主義」なのか疑問視されるのも当然かもしれない。しかし、クレイグ〔訳注1〕が指摘しているように、規約主義をとったとしても、文の意味における語彙的要素と構文論的要素とが、完成した文の使用にかんする規約からまったく独立に決まるとする必要はない。厳格な規約主義の観点からも、ある語が実際にそのような意味をもつのは、それが出現するさまざまな文が――その文そのものに直接にかかわる特別な規約によって――必然的命題と見なされているからでしかない、と考えることはまったく可能である。

それゆえ、必然的命題の真理性は、語の意味と、語と語を結合する方法である構文論とから帰結すると述べるよりも、その語が出現する命題を必然的に真なものとして受け容れるという決定によって部分的に規定されると述べるほうが、より正確であろう。この場合、クレイグが注記するように、「構成要素の意味だけで文全体が真になるのは、まさに文全体の真理値がその構成要素に意味を与えている要素の一つだからである」[1]。

クレイグの考えでは、規約主義者の主張に必要なのは、ただ以下の二点を認めることだけだ。〔一〕語とその構文論的配列とに意味を付与している規約の中には、「(所与の語を含み、所与の構文論的構造に従って形成された)文Sは、どんな経験が生じたとしても、真理を表現している文として扱われねばならない」のような形式の規約がなければならない。〔二〕この種の規約は、それに関係している(たとえば色にかんする用語の使い方をある種の感覚経験に結びつけるような)他の規約からは演繹されえない[2]。そうだとすれば、必然的命題の真理性が語の意味に由来するとは言わずに、むしろウィトゲンシュタインのように、ある命題を必然的に真だと認めるのは、結局のところ、命題中に出現する名辞の意味にかんして追加規定を導入すること、あるいは、その意味を変えることにほかならないと言ったとしても、それはただ、規約主義者の解決策を、より明示的に、より実質的に、より脆弱に提示しているにすぎないことになる。

言い換えるならば、クレイグの見立てによれば、ウィトゲンシュタイン流の規約主義は、その見かけに反して、意味によってのみ決まる真理という、クワインによる批判がまったく疑わしいものにしてしまった発想に固執しているのであって、それと同時に、どうやって必然性が意味によって生み出されるのかという難問を解消するために、そんな難問はじつはなかったことを示したということになる。このような描き方は、一見したところ、まったく驚くべきものである。古典的な規約主義によれば、必然性の起源は意味のうちに求められるべきであり、この起源を見つけるには、意味調査という手続きを踏むことによって意味から〔必然的真理という〕特殊な真理を抽出すればよいとされる。これはBedeutungskörperという神話のまったく典型的な一つの形態であって、ウィトゲンシュタインはこうした考え方をきっぱりと拒絶しているからである。規則に従うとはどのようなことかについての考察の結果として、通常の規約主義において「必然性とは規約から、そして規約のみから生じる」と主張するために必要とされてきた意味の概念が、まったくの役立たずになってしまったように思われる。明らかに、ウィトゲンシュタインは、必然性といういかがわしい概念を、意味というもっといかがわしい概念から説明しようとしてはいない。むしろかれが述べているのは、ある命題がどんなことが起ころうとも真でありつづけねばならないと認めることは、結局のところ、本性的に意味規定にかかわる操作をすることなのだ、ということである。いずれにせよ、必然的命題とは構成要素の意味によって真となるような特殊な命題であるというのは奇妙な発想である。そもそも構成要素の意味が、その命題を必然的に真であると認めるというわたしたちの決定によって、部分的に規定されているからだ。この種の決定によって真──この語の日常的な意味において──となる命題がありうるとすれば、それは必然的命題ではなく、むしろ、その構成要素の意味がある規約の採用によってしかじかのしかたで規定されていると述べる、通常の事実命題であろう。

この点にかんして、ウィトゲンシュタインの批判とクワインの批判とのあいだには驚くべき一致があるように思われる。どちらも必然性の起源という発想を、そして、どのように必然性が認められるようになるかにかんして、こうした発想が含意している発想を、神秘主義的だと批判している。ウィトゲンシュタインにとって、意味には十分に規定された内容などないのであり、それだけでは、ある言明が経験的実在と対立しうるか否かを決定することはできない。それはまさに、わたしたちが決定せねばならないことであり、わたしたちは、その言明に対して、事実によって斥けうるような通常の記述の地位ではなく、意味を規定する地位を与えることを認めるか拒否するかによって、この決定をおこなうのである。

クリスピン・ライトが指摘するように、ウィトゲンシュタインとクワインの相違は以下の点にある。(3) クワインにおいては、意味だけで決まる真理性によっては必然性を説明できないということが、最終的には必然性の概念そのものの放棄へと行き着くことになるが、ウィトゲンシュタインにとっては、必然性と偶然性の相違は、ゲームの規則と、ゲーム中に規則に従って実行された指し手との相違と同じように、現実にあるであって、放棄できないという点である。つまり、クワインの批判によって固有の弱点を露わにしたような必然性の説明を拒否したからといって、「意味規定」をしている命題（概念的命題）と、「意味使用」の命題（これは、すでに特徴と内的関係が規定されている概念を、経験的実在に適用した命題である）との相違を放棄する必要はないのである（cf. BGM, p. 168〔『全集』第七巻、一六二頁〕）。

規約主義が必然的真理の本性に対して与えている説明を、一見したところ魅力のないものにしている主な理由が少なくとも二つある。第一に、必然的真理とは、まさに選択の余地なしに、否応なしにわたしたちに押しつけられる特殊な真理であるのに、規約主義では必然的真理がまるで選択の問題であるかのように見えてしまう。第二に、規約主義者の解釈では、どのような意味で必然的真理が実際に真理と見なされうるのかが、かなり分かりにくくなる傾向がある。第一の点については、こう答えうる。規約主義は、現行の規約がどのように導入されたのかを歴史的に説明してはいないのであり、同時に提供された複数の可能性の中から、どれかを選ばなければならないような状況に、わたしたちがかつて置かれていたことを含意しているわけではない、と。

第二の点は、もっとデリケートな問題である。本性上は真でも偽でもない規約が、どうして必然的真理にかんする理論が説明しようとしていることと同値たりうるのか。必然性についてのウィトゲンシュタインの理解は、必然的命題がとりわけ深遠な真理を表現しているという考え方に真っ向から対立している。わたしたちが本質命題に対して（しかるべき理由があって）認めている格別の威厳は、本質命題がこの種の真理を表現しているという点に存するのではなく、それが通常の命題とはまったく異なる例外的な地位にある表現規則ないし表現規範だという点に存している。だからといって、節制は徳であるといった倫理的真理について語るのと同じように2＋2＝4という算術の真理について語るのを、なにかが禁止するわけではない。ウィトゲンシュタインはこうした表現のしかたに異議を申し立てているのではなく、次のことに注意を喚起しているだけである。それは、わたしたちが、ある命題が真であるとか、それが真であることを確信しているとか言うとき、じつはまったく違ったことを言おうとしていたり、あるいは、しばしばその命題についてごくわずかなことしか言っていなかったりする、ということだ。「それゆえ、証明はこの命題が真であることをわたしたちに納得させるという言明は、わたしたちを冷ややかにする。――というのも、この表現はあらゆる異なった解釈を許容するからである」（BGM,

p. 161〔『全集』第七巻、一五四頁〕)。

それゆえ、記述の規範を受け容れることと、検証された記述命題を受け容れることが、まったく異なる二つのことであるという点を除けば、わたしたちがこれまで記述の規範として受け容れてきたものを「真理」と呼ぶことをなにも妨げはしない。とはいえ、自分が主張しようとする断定的な形式をもった命題すべてに「真である」という述語を一律に適用するならば、それらの命題のあいだにありうる機能や用法の重大な相違が覆い隠されてしまう。

ウィトゲンシュタインは「$p \to p$」について、こう述べている。「わたしはその中に真理の側に立った、ある退化した命題を見る」(BGM, p. 167〔『全集』第七巻、一六一頁〕)。わたしが先に指摘しておいたように、ここでかれが示唆していることは、わたしたちが実際に「7+5=12」のような算術の等式(あるいは、「赤緑は存在しない」のような命題)を、この種の退化した命題のようだと見なしているということではない。「7+5=12」と「$p \to p$」はどちらも経験命題とは違うけれども、ある意味、それと同じくらいこの両者はたがいに違う。とはいえ、どちらも同じ種類の真理を表現しており、それは経験命題が表現している真理とは種類が異なる。

トートロジーは、より基礎的な命題から命題結合子を用いて複雑な命題をつくる方法から生じてくる、退化した副産物と見なされうる。トートロジーにおいて、それを構成している諸命題は、得られる帰結が無意味になるようなしかたで結合されている。厳密な意味での表現規則は、この意味での退化した命題ではない。というのも、表現規則ははっきりとなにごとかを語っているが、トートロジーは、なにも語らないようにつくられているからである。この点では、「$a = a$」は「$p \to p$」とよく似た立場にある。

ウィトゲンシュタインの指摘するように、「子供たちは学校でたしかに2×2＝4を学ぶが、2＝2を学びはしない」(PG, p. 347〔『全集』第四巻、一五七頁〕)。「2＝2」は退化した規則のようなものであって、わたしたちは子どもに算術の諸規則を教えるとき、こうした規則に明示的に言及する必要があると感じることはない。言い換えれば、アプリオリな諸命題が、経験命題のカテゴリーとは根本的に区別される例外的カテゴリーに分類されねばならないからといって、アプリオリな諸命題の内容と関心にどのような相違があるのか予断を許さないし、アプリオリな諸命題すべてがまったく同じことを述べているということが確かなわけではない。

言語的規約主義は、ある時期には、典型的に還元主義的な教説の形態をとっていたのであって、必然的命題は実際には純粋に言語的な事実しか表現していない、あるいは、必然性とは結局のところ言葉についてのものでしかないと主張していた。たしかに、ウィトゲンシュタインは一九三〇―三三年の講義において、文法規則は「もっぱらシンボル体系だけを扱う」ものであり、「赤は原色である」のような命題は「色」という語にかかわる命題であると明言していた(cf. WL 1930–33, p. 287〔『全集』第一〇巻、六〇頁〕)。しかし、このように理解された言語的規約主義は、論理や数学の命題は規則ないし文法的規約の身分をもつと言ったときに、ウィトゲンシュタインが言おうとしていたことと同じではない。

ラッセルの数学の哲学は、最初はウィトゲンシュタインと正反対のものであったのだが、『西洋哲学史』のラッセルはためらうことなく次のように書いている。「数学的知識は(…)経験的な知識ではない。しかし数学的知識は、世界に関するアプリオリな知識でもない。実際のところそれは、たんに言葉についての知識にすぎない。「3」は「2＋1」を意味し、「4」は「3＋1」を意味する。したがって

(その証明は長いものになるけれども)「4」は「2＋2」と同じものを意味する、ということが証明されるのである。このように、数学的知識は神秘的なものではなくなり、一ヤードは三フィートである、という「偉大な真理」とまったく同じ性質のものであることになる」[4]。ラッセルはここで、ウィトゲンシュタインと同じように、規約主義者お気に入りのアナロジーに訴えている。しかし、ここでラッセルが言っていることは、ウィトゲンシュタインから見れば、算術の命題にも、「一ヤードは三フィートである」という命題にも当てはまらないのは疑う余地がない。どちらも実際には、たんに言葉についての知識の内容を表現したメタ言語の言明とは別物である。「2＋2＝4」のような命題を必然的に真だと認めることは規約の問題だという主張は、これを認めることが「「2＋2」は「4」と同じことを意味している」のような明示的な言語的規約を認めることに等しいということを、必ずしも意味しない。

ラッセルの主張には、算術の命題の必然性にかんする、厳密に言えば認知主義的かつ還元主義的であるようなとらえ方が含まれている。これはただちに古典的な批判に直面する。その批判が指摘するのは、「必然的に p である」のような形式をもつ命題は、実際には、明らかに偶然的な命題、すなわち言語にかんする事実を述べただけのメタ言語的命題に等しくなってしまうということだ。しかし、このように批判的に解釈された言語的規約主義であっても、「2＋2＝4」のような数学の命題が実際になんらかの知識を表現していることに異議を唱えるわけではない。ラッセルと同じように、ここで問題となっている知識は、なんら高尚なものではなくて、だれもが一目見ればすぐに信じようと思うような、ごくありふれたものなのだと主張するだけだ。しかし、ウィトゲンシュタインが提案するのは、非認知主義的で非還元主義的な必然性の理論である。かれによれば、「2＋2＝4」や「一ヤードは三フィートである」

といった命題が、それぞれ数や長さについての超経験的な事実を表現していると考えるのは誤りだが、しかし、これらの命題が表現やその意味についての経験的事実を表現していると考えるのはもっと大きな誤りなのだ。

したがって、「7 + 5 = 12」のようなアプリオリな真理を認めることは、言語表現のあいだに、あるいはシンボル体系のあいだに同義関係を認めることでしかないと主張するような規約主義[5]を復権させようとしている、という嫌疑をウィトゲンシュタインにかけることはできない（たしかに、ある時期にはそうした主張がなされていたのだけれども）。かれによれば、算術の等式において同定される二つの記述のあいだには、わたしたちが計算技術を固定する方法から独立した、根底に隠された同義関係など存在しない。「2 + 2 = 4」や「一分は六〇秒である」と言う人は、言語についての知識のある側面を表現しているのだと、言いたければ言ってもかまわない。しかし、それは、本質的には、技術の制御に対応する側面であって、言語のたんなる事実についての知識とはなんの関係もない側面である。すでに見たように、「7 + 5 = 12」という規則を受け容れることは、実際のところ、わたしたちが記号をどのように理解しているかということから導き出されるものではない。むしろ、こう言わなければならない。わたしたちがある規則を受け容れるということは、わたしたちがどのように記号を理解しているかを示している、あるいは、わたしたちの記号の使い方についての決定を表現している、と。それゆえ、明らかに、「雨が降っている」という命題が現在の天候にかかわっており、それにかんしてなにごとかを述べているというのと似たような意味で、「7 + 5 = 12」という命題がその表現の意味にかかわっており、それにかんしてなにごとかを述べていると言うことはできない。

文法規則が恣意的だということが意味しているのは、ウィトゲンシュタインの考えでは、文法規則がめざすのは、たとえば否定の本質や色の本質などではなく、否定の概念や色の概念が果たすと想定される機能だということである。文法規則に後者の種類のような一致や合致が要求されるとすれば、数学というゲームの規則を「恣意的」と呼ぶことは、結果として、「たしかに誤解を招くし、ある意味ではとても危険である」(WLFM, p. 143) ことになる。実際のところ、規則の選択のうちにある、まさに恣意的ならざるものの感銘をじかに受けているのでなければ、ウィトゲンシュタインのような観点を採用することはありえない。こうした点を考慮に入れると、かれ自身が手書き草稿において言っているように、次のように言いたくなるかもしれない。文法規則の中にコード化されている言語使用にかんするわたしたちの技術は、結局のところ、なにごとかを、しかも、規則が適用される世界の基礎にかんするなにごとかを語っているのであって、それは、この技術が指し示す事実を、その技術が記述もしていないし、ほのめかしてさえもいなかったとしても、そうなのである。

> 「ある意味では(…)単位の選択は恣意的なものだと言うことはできる。しかし、この上なく重要な意味において、それは恣意的なものではない。われわれは部屋の寸法をミクロンでは測らないし、ミリメートルでも測らない。このことの主要な理由は、部屋の大きさや、形の不規則性や、使用法のうちにある。つまり、測定結果を示す命題だけでなく、測定方法や測定単位の記述もまた、この測定がなされた世界についてのなにごとかを、われわれに語っているのである。

このように、語の使用にかんする技術は、それが使用される世界にかんする非常に一般的な真理の観念をわれわれに与えてくれているのだが、あまりに一般的すぎるために、人びとに（残念なことに、哲学者たちにも）感銘を与えることはない(6)」。

要するに、規則それ自身が世界にかんしてアプリオリになにかを語っているというのが正しくないとしても、その規則をいままで通り適用できるし、また実際に適用しているということは、やはり実在についてなにごとかを――アプリオリなことのように、ほぼ完璧に忘れてしまうくらい一般的で自明なことを――語っているのである。

エイヤー〔訳注2〕が『言語・真理・論理』で、またラッセルが先に引用した一節で示唆するには、論理学や数学の命題がもつ必当然的な確実性は神秘的な印象を与えるけれども、一見したところそれらが語っているかのように見えることがらについて、これらの命題はじつはなにも（つまりは、偽でありうるようなことはなにも）語っていないということを理解したなら、そうした印象は完璧に払拭されうる。必然的命題が記号や記号の意味にかんする明示的規約と同じ種類の事実的主張を述べているという考え方は、疑いもなくウィトゲンシュタインに起源をもつ。こうした考え方は、おおまかに言えば『論考』に、少なくとも一時期の『論考』の読まれ方に由来するものであって、この問題にかんする三〇年代はじめのウィトゲンシュタイン自身の表現によってさまざまに示唆されるところである。しかし、その後のテキストは、まったく同じくらい明らかに、規約主義の立場をまるで違ったしかたで理解できることを示している。そして、そのような違ったしかたで理解するならば、同じくらい効果的に神秘的なものを排除しつつ、しかも、数学的命題が実際になにを語り、なににかかわるのかについては、わたしたちの通常の考え方を根本的に考え直さずにすむ。数学は、それを作った人間にかかわるものではないが、数学をつくり上げている記号にかかわるものでもない。「わたしたちは数学的命題を、記号を扱う命題とは見ない。したがってそれは、そういう命題ではないのである」（BGM, p. 243〔『全集』第七巻、二四九頁〕）。

計算や証明のような活動において決定的役割を果たすとおぼしき知覚や想像力にかんする事実を含むいかなる自然的事実にも準拠せず、また、約定に思いいたらせてくれるかもしれないすべての経験から独立に採用された約定こそが、数学的真理にほかならないと主張するのであれば、規約主義は確実にまったく維持しえない教説である。これが意味しているのは、ウィトゲンシュタインのような考え方では、「実際のところ、発明が必然性の母であるように思われる」[7]としても、ここで問題となっている発明とは、その重要な部分を発見という要素が支えた発明なのだということである。ウィトゲンシュタイン自身が、この点をはっきりと認めている。「数学的命題とはある発見に続く概念規定である。きみは新しい相貌を発見する。たとえばきみはそれを記憶または模写することができる」（BGM, p. 248〔『全集』第七巻、二五四頁〕）。わたしたちが「2＋2＝4」の事例のうちに発見するのは、たとえば、まず二つのものを手に入れ、さらにもう二つのものを手に入れ、その合計を計算するならば、観察される結果は、規則どおりにいけば、あるいは通常であれば、四つのものになるということである。しかし、四つのものという結果が得られねばならないことは発見できない。還元できない決定（と、それゆえに発明）という要素がはいり込んでくるのは、まさにこの地点である。わたしたちは、二つのものを数えてそこに別の二つのものを付け加えるとはどういうことかについての概念を修正して、今後はこれをしたら、そのたびごとに、この操作から逸脱したものとされねばならないとするのだ。

それゆえ、わたしたちは、13が自然数列において12の直後にくる数であることを、一般に言われているように「直観」によって発見するのではない。「12の次は13であるという発見などない。それは、わたしたちの技術なのである——こんなふうに、わたしたちはみずからの技術を定め、教える。発見があるとしても——実際、それはやる価値のあることである」(WLFM, p. 83)。しかしながら、いったん数える、あるいは、二つの数を加えるという技術をそのように定めてしまったならば、その結果をわたしたちが発明したと言うのは不合理であろう。ここでウィトゲンシュタインが発見というメタファーよりも発明というメタファーを好ましいとするのは、たんにどんな結果になるかを調べるため(それがどんなものであろうと、計算結果を「発見する」ため)だけに計算をおこなうことと、その正しい計算結果にたどりつくために計算をおこなうこととのあいだにある根本的差異を強調するためである。「われわれが136×51＝6,936を発明すると言うのは不合理である。われわれは、6,936が計算結果であることを発見するのである。(…)規則に従うことには、たくさんのやり方がある。実験(experiment)は正しい結果を示すものではない。なにかが正しい結果だと示すことは、それがわたしの得た結果だと示すことと同じではない。なにかそれ以上のことなのである」(WLFM, p. 101)。

明らかに、ワンが特殊な「概念的経験」ないし「概念的直観」[8]と呼ぶものの存在を無視していると非難するだけでは、規約主義を斥けることはできない。論争において問題となっているのは、まさにこのようなものが存在するかどうかということであり、こんな批判ではただの論点先取も同じである。認知主義者が敵対者である規約主義者が困難に陥ることを望みうるのは、概念の本性にかんする諸事実をじかに認知する能力のようなものを要請しなければ、数学的実践のある決定的な側面が説明できないと、認知主義者が説得的なしかたで立証できた場合でしかない。しかし一方、この種の事実への言及を完全に排除する規約主義者が、考慮に値する別の解決策を提示できないというのもありうることだ。というのも、規約主義者はさらに、通常の種類の事実や、通常の経験の諸側面を無視するという誤りをも犯しているからである。これらの誤りに気がつけば、少なくとも〔数学的真理の必然性を説明するという〕仕事ははるかに容易になり、規約主義者の企ての成功が保証されるとまではいかないまでも、一見したところその仕事は明らかに合理的かつ信用できるものになるはずなのだが。わたしたちがいま、もう少し子細に検討しなければならないのはこの問題である。

原注

（1）E. J. Craig, «The Problem of Necessary Truth», in S. Blackburn (ed.), *Meaning, Reference and Necessity*, Cambridge University Press, Cambridge, 1975, p. 7.

（2）Cf. E. J. Craig, *ibid.*, p. 8.

（3）C. Wright, *Wittgenstein on the Foundations of Mathematics*, pp. 361–363.

（4）B. Russell, *History of Western Philosophy*, Allen & Unwin, London, Second edition, 1945/1961, p. 786.〔バートランド・ラッセル『西洋哲学史』、市井三郎訳、みすず書房、一九六九年、八二四頁〕おそらく一九五〇年から一九五二年までのあいだに書かれたであろう論文において、ラッセルは次のように結論づけている。「論理学と数学の命題は純粋に言語的なものであり、構文論に関係している」（« Is Mathematics Purely Linguistic ? », in *Essays in Analysis*, edited by D. Lackey, George Braziller, New York, 1973, p. 306）。ラッセルは最終的に次のような考え方に行き着いている。「数学と論理学の命題はすべて、わずかばかりの言葉の正しい使い方にかんする主張である。もしもこの結論が妥当だとすれば、これはピタゴラスの墓碑銘と見なされうる」（*ibid.*）。しかし、論理学や数学の命題がある意味で「真である」という考えをラッセルがあきらめたわけではない。これらの命題は意味にかんする事実――このような場合に関連がありうる唯一の事実――によって真とされる。「(…)「アン女王は死んでいるか、または死んでいないか、そのどちらかである」の真理をどんな事実が確証してくれるのか。アン女王にかんするいかなる事実も確証してはくれない。このような排中律の事例を受け容れるようわたしを説得するのは、彼女の治世にかんする歴史研究ではない。しかし、これに関係する事実は存在する。すなわち、「または」や「ない」といった語の意味にかんする事実である」(*ibid.*, p. 304)。つまり、論理数学的な命題はなにか意味にかんする事実のようなことを主張しているのであり、もっぱらこの種の事実によって検証される。しかし、ウィトゲンシュタインにとっての論理数学的な命題は、語の意味やその正しい使用にかんしてなにごとも主張せず、むしろこれらを規定する。

(5)たとえば、J. Ayer, *Language, Truth and Logic*, Victor Gollancz, London, 2nd edition, 1936/1946, p. 85.〔A・J・エイヤー『言語・真理・論理』、吉田夏彦訳、岩波書店、一九五五年、九二頁〕を参照せよ。

(6)Baker and Hacker, *Wittgenstein, Rules, Grammar and Necessity*, p. 333.〔これはフォン・ウリクトがMS 166として整理したウィトゲンシュタインの手稿"Notes for the 'Philosophical Lecture'"からの引用である。この草稿は、Wittgenstein, *Philosophical Occasions*, Hackett, 1993の四四七―四五八頁に収録されている。引用箇所はその四四九頁にある。〕

(7)C. Wright, *op. cit.*, p. 392.

(8)H. Wang, *Beyond Analytic Philosophy*, The MIT Press, 1986, p. 12.

訳注

〔訳注1〕エドワード・クレイグ〔Edward John Craig, 1942–〕は英国の哲学者で、クリケット選手としても著名。一九九八年から二〇〇六年までケンブリッジ大学教授。*Routledge Encyclopedia of Philosophy*の主席編集者である。哲学の広範な分野で著作活動をしている。ウィトゲンシュタイン関連論文には、"Privacy and Rule-Following", in Jeremy Butterfield (ed.), *Language, Mind and Logic*, Cambridge University Press, 1986, pp. 169–186や"Meaning and Privacy", in Bob Hale and Crispin Wright (eds.), *A Companion to the Philosophy of Language*, Blackwell, 1997, pp. 127–145などがある。

〔訳注2〕エイヤー〔Alfred Jules Ayer, 1910–1989〕は英国の哲学者。ロンドン大学教授、オックスフォード大学教授を歴任。

英国への論理実証主義の紹介者として知られる。『言語・真理・論理』以外の邦訳書に、『経験的知識の基礎』、神野慧一郎・中才敏郎・中谷隆雄訳、勁草書房、一九九一年、『哲学の中心問題』、竹尾治一郎訳、法政大学出版局、一九七六年、『ウィトゲンシュタイン』、信原幸弘訳、みすず書房、新装版二〇〇五年などがある。

第九章　必然性の「経験」としての計算と証明

クレイグは、規約主義の誤りを証明するために、規約主義がかんじんなことを十分評価していないことに注意を引いている。そのかんじんなこととは、ある種の知覚可能性あるいは不可能性であり、また、ある種の想像可能性ないし不可能性にほかならない。それがあってはじめて、わたしたちは、算術の命題に帰される種類の必然性に、真の解明を与えられるようになる。「対象の集まりを知覚する経験について考察することが、われわれの思考において算術が占める地位を解明するには、決定的に重要である。規約主義はそれなしで済まそうとしているのであり、つまるところ、それが規約主義が失敗する理由である」[1]。「規約主義」ということで、クレイグがここで意味しているのは、ダメットがウィトゲンシュタインの数学の哲学についての論文で、次のようなしかたで述べる種類の教説にほかならない。

「ある種類のものが n 個存在すると言うとき、われわれがまず採用する規準は、数えるという手続きを描写することによって説明されるべきそれである。だが、ある部屋に五人の少年と七人の少女がいることを見出したとき、われわれはかれらをまとめて数えあげることをしなくても、全部で一二人の子供がいる、と言う。こうすることが正当であるという事実は、数える手続きの中に、いわば伏在しているのではない。むしろわれわれは、一二人の子供がいると言うための、すべての子供を一緒にして数えあげるという規準とは違った、別の新しい規準を採用することを選んだのである。もしわれわれが同一の言明にかんしてまったく相異なる規準をもつならば、それらの規準はたがいに衝突することもある、と思われるかもしれない。だが「5＋7＝12」の必然性は、まさにわれわれがいかなるものをも衝突とは見なさないということ、に存する。もし子供たちを全部一緒にして数え、一一人となるならば、われわれは「数え違えたに違いない」と言うのである[2]」。

クレイグの評価に従えば、こうした考え方の欠点は、だれかについて、かれが正しく数えた、と述べるためにわたしたちが利用する二つの規準――知覚的規準と算術的規準――のあいだに存在する関係を、純粋に偶然的な関係としてしまうところにある。そのため、手続きが正しく実行されたと述べるのを可能にする知覚的規準がすべて満たされ、しかも、それにもかかわらず、結果は算術的に間違っている、と考えうることになってしまう。さて、この種の衝突が生まれるような具体的状況を想像しようとすれば納得できることだが、算術的規準は実際には、規約主義者がそれに帰する種類の論理的独立性を（したがって「新しさ」も）もっていないし、もちえもしない。

たとえば、以下のような一連の知覚経験を有する観察者を想像してみよう。（一）部屋にひとりの少年がいるように見える。(二) 部屋にひとりの少女がいるように見える。(三) 部屋に三人の子供がいるように見える。(四) この期間に部屋に子供が入ってきたということはけっしてないように見える。さて、クレイグの主張に従えば、はじめの三つの文を同時に真とするような、(最良の状況で可能なのと同等の高い信頼性を知覚に与えてくれる条件のもとで得られる) 一連の知覚を記述することは、その部屋に子供がひとりはいってきたことを観察者が見ることにほかならない経験を記述することに、いわば事実上なるのであり、そしてそれは、かれの算術的確信でもありうることからは、完全に独立したしかたでそうなるのである。そこから出てくる結論はこうだ。「初等算術の文についていえば、それを全体として受け容れることは文の構成要素を知覚状況のタイプに結びつける規約から独立ではないし、それが独立した文であることを要求する規約主義は誤りである[3]」。

もしも命題(一)—(四)の連言が記述するのと同じ種類の状況が想像しえないとすれば(クレイグは、少なくともほんとうに知覚できるくらい少数の対象にかんするかぎりは、そんな状況は想像できないと考えている)、そのとき、この四つの命題が同時に真であるのはどんな場合にもありえないことを——知覚の所与から独立に、またタイプ(一)—(四)の知覚命題をそれぞれ検証するのに使うそれぞれの規準からも独立に——約定しようとして、とりわけ算術的な規約を設けたところで、その規約は、せいぜい余分なものでしかない。「1+1=2」を規則として採用することは、ウィトゲンシュタインに従えば、たとえば、ひとりの少年を数え、それからひとりの少女を数え、そして合計したとき、結果として三人の子供がいることになるようには、どんな状況も、今後は記述されないと決定することにほかならない。しかし、この種の状況を完全に排除するために、どんな特別な規約も必要とは思われない。

絶えず現われたり消えたりしていて、しかもそれらの出現や消滅がわたしたちに知覚できないような、いくつかの対象があると想定するのでもないかぎり、わたしたちがしたのとは別の選択が、たとえ原理上にすぎなくとも、ありうるとは思えないし、また、規約によって規制する必要のあるものがなにかしら残っているとも思えない。

クレイグは、自分が擁護する考え方が、カントを支持することになると指摘している。つまり、「必然的真理には複数の種類があるのであり、ある種類の必然性は、擬似知覚的な「純粋直観」の本性に言及することなしには理解しえない(4)」。もちろん、わたしたちが実際になにを知覚するかが決まれば、算術命題の必然性がただひとつに決まるなどというのは論外だ。それればかりではない。可能な知覚状況一般はわたしたちの表象に条件や限界を設けているわけだけれども、そうした条件や限界に関与するなんらかの本質的な所与がわたしたちの知覚的想像力にはあり、そうした本質的所与は、明らかに算術命題の必然性が生み出している。「カントの洞察は、算術を知覚に基づけることだったけれども、それはじつは、「純粋」知覚に基づけることだった。われわれがなにを現実に知覚しているかにではない。われわれの知覚的想像力が、なにに及びなにに及ばないかにだ。臆測が許されるなら、他の一群の必然性にも同種の基礎を見つけてやれたはずだ。命題論理や述語論理の諸定理にも(5)」。算術が現にそうであるのとは違うものでありうるという意見に対して、ひとが言いたくなる素朴な答え(「そうでないような算術なんて想像できないよ」)は、「たんに真であるばかりでなく、そう述べてしかるべきことにまったくほかならない(6)」とクレイグは考える。それは決定的な答えだ。なぜなら、別の算術を想像するというのはつまり、わたしたちのうちのだれひとりとしてほんとうに可能なものとして想像しえない知覚的状況を想像することに、必然的になるからである。

クレイグが提出した考え方が、かれが言うように「カントと平行的な議論」を実際に述べているとしても、それはこの論点に関しては、ウィトゲンシュタイン自身の考え方が別のしかたでしている以上のことにはあまりなっていないとわたしには思われる。実際、十分に初等的な算術の等式を正しく解明しようとすれば、反例となりうる状況を整合的で満足のゆくしかたで検討したり記述したりするのが不可能であることに依拠せざるをえない、と論証することこそが、クレイグが主にやろうとしていることである。同様のことを、クリスピン・ライトは次のように記している。「クレイグの論文の中心的な議論は、初等的な算術の等式を必然的なものとして受け容れるためにわれわれが有している最も典型的な基礎について繰り返す以上のものではない(7)」。

さて、ここで指摘されているのは、規約主義者ならおそらくそれに訴えるだろう理由と、そしてまた、ウィトゲンシュタインが実際に訴えている理由と、おおむね同じ理由である。ウィトゲンシュタイン自身が何度も強調しているのは、最も単純な種類の(本来の意味での証明が対象にはふつうしない)算術の等式のような命題にわたしたちが与えうる種類の「証明」は、ある一群の対象をひとまとめにしたり、分けたり、まとめなおしたり、プレグナンツをもつように構造化したりするようなことからなる一連の経験と直接結びついている、ということだった。そのような証明がわたしたちに見せるのは、そのような一群の対象でもってつくれるものである。そうした証明は、次のようなことをするたびごとに結果として得られるものの「プレグナンツをもつ像」(einprägsames Bild)〔訳注1〕として採用される。「四個の球を二個と二個に分け、それらをふたたび寄せ集め、ふたたび分け、等する人は、われわれになにを見せているのか。かれはある相貌を、またこの相貌の典型的な変化を、見せているのだ（prägt uns ein Gesicht ein）」（BGM, p. 67〔『全集』第七巻、六五頁〕）。その点についてウィトゲンシュタインは次のように自問している。「……この相貌がこの変化によってあの相貌になることを、経験的事実と呼ぶべきだろうか（……のために「この相貌」「この変化」はどう説明されなければならないか）」（BGM, p. 70〔『全集』第七巻、六八頁〕）。

クレイグが示唆するのが、それによってわたしたちが次のようなことをするように導かれる決定的な動因であるのは疑いない。わたしたちは、その動因に導かれて、いやおうなく見える像からパラダイムをつくり出し、また、眼前で展開する過程からある道をつくり出す。そして最終的にその道を通じて、必ずやある目的地に到達する。それはすなわち、そうした変形（あるいは一連の変形）がその種の対象に適用されたとき、他の結果がどうしたら生まれうるのか、わたしたちには実際に想像はできない、ということにほかならない。しかし、規約主義者の主張に従えば、当の形状の内的性質という身分においては潜在している特徴を認めてそれを表に引き出すかどうかは、そしてまた、言明に規則のもつ非時間的性格を与えるかどうかは、わたしたちが決定しなければならないことであり、知覚的経験がどのようであろうと、それを決定しなくてもすむようにはならない。「「箱の中の一〇〇個のりんごは、五〇個と五〇個から成る」――ここで重要なのは、「成る」の非時間的性格である。というのは、その意味するところは、一〇〇個のりんごが、いまあるいはしばらくのあいだ、五〇個と五〇個から成る、ということではないのだから」（BGM, p. 74〔『全集』第七巻、七四頁〕）。反対のことが想像不可能だというのは、たしかに規則を採用する最良の理由である。しかし、規則はたんに不可能性を再確認しているわけではない。規則は明らかにそれ以上のことをする。「25 × 25 = 625」という命題は「はじめは経験を理由に導入された。しかし、いまやそれは経験から独立のものとなった。それは、われわれの経験について語るための表現の規則である。われわれは「その物体は重くなったに違いない」とか「それは計算した重さとは違う」とか言う」（WLFM, p. 44）。

ウィトゲンシュタインは、わたしがだれかに「わたしがそれからなにをつくれるか見たまえ」と言うとき、いろいろ違うこと――たとえば、わたしが十分に器用だということとか、材料がそれにふさわしいこととか――にかれの注意を引きうると指摘している。「過程をたんにプレグナンツをもつ像として眺めることによって、その実験的性格（das Experimenthafte）は消え去る」（BGM, p. 68〔『全集』第七巻、六六頁〕）とウィトゲンシュタインは書く。わたしたちにみずからを印象づける像は、それだけではまだ証明にならない。証明が手にはいるのは、わたしたちがその過程から、プレグナンツをもつ像しかとらえないとき、つまり、過程が具体的に現実化する中で時間に沿ってもたらされうる因果連関をことごとく取り除き、像そのものについて知覚されうる連関しかとらえないときである。すなわち、「計算においては因果連関は存在せず、像の連関だけが存在する。このことは、計算を承認するため証明図（Beweisfigur）を再検討しても、全然変わらない。したがって、われわれが、心理学的実験によって証明を生じさせた、と言いたくなっても、少しも変化を受けない。というのは、計算の場合には、心的経過が心理学的に探求されるのではないからだ」（BGM, p. 382〔『全集』第七巻、三四四頁〕）。

だから、規約主義者が異議を唱えるのは、上で述べたことが「われわれの想像力の限界をふくらませて、形而上学的発見にいたらしめる」[8]のを許すことに対してである。想像力の限界があるからこそ、わたしたちはある決定をなすように動機づけられる。しかし、そうした限界があることは、わたしたちが認めている不可能性の根拠となる特殊なタイプの真理を、認知することと同じではありえない。証明の過程を理屈の上できちんと追い、他の結論が想像不可能であるのに得心し、しかしそれでもなお、規則を採用して問題となる可能性（反例の可能性）を排除することに歩を踏み出すのは拒む人もあるかもしれない。そういう人は、つまるところ、一般に証明をつくり出すことへの関与さえ拒むことになろう。ウィトゲンシュタインは次のように述べる。「……証明であるのは、それを証明として承認する人にとってである。それを承認しない人、証明としてそれに従わない人は、このことが言葉にのぼせられる以前からわれわれと袂を分かっているのだ」（BGM, p. 60〔『全集』第七巻、五六頁〕）。明白なことだけれども、わたしたちが算術的概念や算術的規則をある一つのしかたで決定するのは、それらが別のしかたで決定されるのを想像するのが実際問題として不可能なときだけである。しかし、規約主義者の主張が正しいなら、概念や規則を別のしかたではなくこのように決定する根拠はもとから存在していたのであり、別のしかたで決定することが絶対に不可能なのを認知せずとも、わたしたちはその根拠に訴えうることになる。

クレイグは、自分が「5＋7＝13」のような算術的に偽である命題を例化している知覚的状況が想像不可能だということを証明したわけではない、と認めている。(9) クレイグの考えでは、だから、それを想像するのが実際上不可能であることは認めながら、それでもなお、それはそういうことでよいではないかと問題を宙吊りにして、そうした状況もいつかは想像可能になるかもしれないし、現実に起こるかもしれないではないか、と言う人もありうることになる。しかし、わたしたちはそのようには言わない。それは、わたしたちが「5＋7＝12」をたんに確立されているだけでなく動かしがたい真理として承認するという事実からして明確である。わたしたちは疑いに目を閉ざし、実際上の不確実性は断然なかったことにして、ひとつの規則を創設する。そして、この「文法的な」解決の結果、想像不可能なことは、たんにいまわたしたちに想い描けないのではなく、むしろ今後ともそれを想い描こうとすること自体に意味がないようなことになる。

ウィトゲンシュタインにとって、あるものが可能であると述べることは、それに弱い意味での実在性を付与することでしかない。それは、体系のうちに場所（そのものがないなら、空所になるような場所）が設けられている、と述べることでしかない。「「H_2O_4は可能である」と述べるときに意味しているのは、H_2O_4が体系のなかの記号であるということでしかない。原子価の体系はでたらめに選ばれたのではなく、事実によく合うという理由による。しかし、いったん選ばれたなら、可能なものは原子価言語のうちにその像があるものとなる。――「H_2O_4は……」と述べることが意味をなすような言語を採用したのだ――「H_2O_4……」は真ではないけれども意味をなす」（WLFM, p. 146）。逆に、「なにかを論理的な意味で「不可能」と呼ぶとき、それの記述と呼ばれるものはなにもない。われわれは記述を除去する」（WLFM, p. 148）。わたしたちが数学的証明によってそこへと導かれるのは、まさにこの種のこと、すなわち、記述のなにがしかの可能性を、計画的に除去することにほかならない。

論理経験主義の数学の哲学に反対してゲーデルが表明する批判は二面的だ。ゲーデルは一方では、論理経験主義を、知識を可能にする唯一の源泉は経験だとしてそれを偏重する経験論に伝統的な先入見にとらわれている、と非難する。その一方でかれは、経験そのものの内容について、あまりにも限定された概念しかもちあわせていない、と論理経験主義を非難する。ゲーデルの考えでは、経験は感覚に還元されるようなものでは全然ないのだ。「この感覚以外のなにかが現実に直接的に与えられるということは、次のような事実から（数学からは独立に）導き出される。すなわちその事実とは、物理的対象にかんするわれわれの観念でさえも、感覚や感覚の単なる複合とは質的に異なった構成要素を、つまりたとえば対象それ自身の観念を含んでいる……ということである」[10]。ゲーデルによれば、数学的対象についての観念を形成することもまた、「われわれの経験的観念のうちに含まれる抽象的な諸要素と密接に関係している」[11]直接的な「所与」を基礎としてはじめて可能となる。ゲーデルの考え方とカントの考え方とのあいだに一種の平行関係があることは、ゲーデル自身も示唆している。しかしかれは、カントの考え方では、このもう一つの種類の所与が過剰に主観的なものになってしまい、数学的対象の客観性を精神の特性や活動に過剰に依存させてしまうことになる、と非難する。ゲーデルが言いたいのは、抽象的な対象――たとえば（なんらかの種類の対象の）集合――の場合にも物理的な対象の場合にも、同じ一つのカント的な着想にかかわることになる、ということだ。すなわち、「一つの対象の観念をその多様な諸側面から生成させる」[12]という着想である。ワンの報告によれば、「会話の中では、ゲーデルは集合について、「擬似空間的な」対象について語るのと同様に語っていた」[13]。

実際には、たとえ数学や論理学についてプラトニズム的な解釈をとったとしても、ゲーデル流の直観が存在するのを要請しなければならなくなるわけではない。「どちらの場合にも――物理学の場合にも論理学の場合にも――知覚されざるものについてのわれわれの仮説は、その仮説が知覚されるものの性格を説明するのに成功するかどうかによって判定される。この相似性を読み誤ると、論理学で非感覚的知覚の能力（これを「直観」と呼ぶことにしよう）が果たす役割が、物理学において感覚が果たす役割と平行的でなければならない、と安易に結論してしまう。この結論は根拠を欠く。われわれは、日常の感覚を昔から同じように知覚してきたし、その知覚の現場で長いことうまいぐあいに対処してきた。そのことによって全体論的には、逆自乗の法則を満たす力があるという信念が確証されるだけではなく、より回りくどいしかたでではあるが、その力を計算するのに使う導関数があるという信念も確証される。[訳注2]その計算を説明するためには、究極的にはクラスに訴えて導関数を分析することになるわけで、つまりそうしたクラスがあるという信念も確証される」[14]。ウィトゲンシュタインに特徴的なのは、物理学との平行論ははじめから原理的にすでに誤っている、という立場である。数学的対象が存在すると言うためにたとえどんな直接的な理由や間接的な理由が引き合いに出されようとも、ウィトゲンシュタインにとっては、その種の対象という考え方そのものが疑わしく見える。「幾何学的線、点、等々は、あたかも物理的なものよりも完全であるかのごとく、いわばほんものの鉛筆でなぞられるかのごとく語られることがある。この種のことはどれ一つとして成り立たない。われわれが知っている唯一の円はほんもののそれであって、「幾何学的な」円ではない」(WLC 1930–32, p. 99〔邦訳、一七三頁〕)。ウィトゲンシュタインにとって、いわゆる数学的理念が通常の実在性を有するものに対してもつ関係は、別の種類の二つの対象のあいだの関係ではなく、むしろ範例や規則がその適用に対してもつ関係に近い。古典的な議論が指摘するのは、数学的対象が物理的対象と同じくらい実在的でありうる(異なる種類の実在性であるのは明らかであるとしても)ということであり、また、数学的対象が存在することに味方する理由が物理的対象を認めるための理由と同じ種類の理由であって、同じくらい決定的な理由だということにほかならない。しかし、右で述べたことから分かるように、ウィトゲンシュタインはそうした議論にまったく冷淡である。問いそのものが取り違えから生じているときには、答えを受け容れることはできない。

ウィトゲンシュタインはゲシュタルト心理学の影響を受けていたので、感覚そのものや感覚の組み合わせに還元不可能なしかたで感覚が知覚において構造化され体制化されているという考え方を棄てることはなかった。〔訳注3〕知覚内容がこのように全体的で構造的な特徴を有すること（特徴的なひとつの形態ないし顔容ないし相貌を、そして形態ないし顔容ないし相貌のやはり特徴的な変化をとらえること）こそがまさに、証明手続きがわたしたちに覚知させるものにおいて決定的な要因となるのであり、また、証明構成の「幾何学的」説得力とウィトゲンシュタインが呼ぶものの基礎にあるのだ。この点についてはまた、クレイグが「知覚の現象学」と呼ぶものに属する、ある重要なことがらが、証明手続きにおいて本質的な役割を果たす。証明手続きについてウィトゲンシュタインは、そこでAnschaulichkeit〔直観性〕（ここでは、「はっきり見えること」といった意味である）が果たす役割は本質的なものであり、二次的で付随的なものではない、と述べている。「証明は、はっきり見える（anschaulich）手続きでなければならない。あるいはまた、証明とは、はっきり見える手続きである」（BGM, p. 173〔『全集』第七巻、一六八頁〕）。

しかし、たとえ感覚内容に還元できない要素が経験から供給されていなければ物理的対象の観念にいたることができないとしても、そのことは、わたしたちが同じ「抽象的」要素ないし同じ種類の別の要素から出発して抽象的対象の観念にいたるということとは違う。抽象的対象はそれ自体が知覚されるのであり、その知覚において抽象的な所与――抽象的な所与の「われわれのうちにおける現前は、〔感覚器官への作用とは異なる〕われわれ自身と実在とのあいだの、ある他の種類の関係によるものであろう(15)」――が果たす役割は、物理的対象の知覚において感覚的な所与が果たす役割と類比的である。ウィトゲンシュタインがこうした考え方を受け容れないのは明白だ。そして、ウィトゲンシュタインがそれを容認しないのが、経験（それがとても狭い意味で考えられているにせよ、そうでないにせよ）を優位におく疑わしい前提によるのでないのは確かである。むしろウィトゲンシュタインにとって、そうした考え方はぬきがたく混乱しているのだ。抽象的対象は、右の類比を正当化できるほどには通常の対象に似ていない。あるいは、反対の言い方をすれば、抽象的対象は、あまりに通常の対象と似すぎているため、それに期待される役割を果たせない。

こうした範疇の対象が存在するのに味方して引っぱり出される議論はたいてい認識論的である。すると自然な考え方として、そうした対象を認めようとしない人たちの理由もやはり、認識論的でありそうなものである。ところが意味深長なことに、この問題についてウィトゲンシュタインが提示する議論には、まともな認識論に属する考察はまったく出てこない。この種の対象が存在するとしてそれをどのようにわたしたちは認識しうるのかとか、この種の対象が存在すると主張するためにはどんな間接的証拠に訴えればよいのかとか、そうした問いをみずからに問うことは、ウィトゲンシュタインには一瞬たりともなかった。すべての哲学的問題がそうであるように、ウィトゲンシュタインから見れば、ここで生じている問題も純粋に概念的な問題である。そして、この問題を生じさせている混乱は、可能性を実在性の特定の形式と同一視することにほかならない。

幾何学的な形態は、通常の対象には不正確で近似的なしかたでしか備わっていないその形態を、いわば純粋な形態で有しているようなエーテル的対象ではない。そして数は、数についての命題において数に帰される数的性質のエーテル的基体ではない。算術の命題は可能性を示し、算術の命題の証明はその可能性のありようを示す。証明がわたしたちに提供するのは、あるものをそれに沿ってつくることができる方法の像であり、また、そのものをそれに似せてつくるようなものの像である。証明は、特殊な種類の対象についての像そのものをつくらない。ウィトゲンシュタインが述べるように（BGM, p. 230〔『全集』第七巻、二三四頁〕）、合成の像は合成でなく、分解の像は分解でない。数がもつ性質は可能性でしかなく、それをわたしたちは、範例の助けを借りて表現する。

「数とは形態（Gestalten）であり（わたしは数字のことを言っているのではない）、算術はこれらの形態の諸性質を知らせてくれる。しかしここで困難なのは、形態のこれらの性質は可能性であって、そのような形態をもったものの形態的（gestaltlichen）性質ではない、ということである。そしてこれらの可能性は、ふたたび物理学的あるいは心理学的な（分解、合成その他の）可能性として、その姿を現わす。だがそれらの形態は、われわれがしかじかのしかたで使用する像（Bilder）の役割しか果たさない。われわれが与えるものは、形態の性質ではなくて、なんらかの範例として立てられる形態変換である。

われわれは像を判断するのではなく、像を介して判断するのだ。われわれは像を研究するのではなく、像を介してなにか別のものを研究するのだ」（BGM, pp. 229–230〔『全集』第七巻、二三三頁〕）。

ハートリー・フィールド〔訳注4〕が唱えている種類の唯名論に反対する人は、つまり数学的命題は（数や関数や集合などのような抽象的存在者についての）真理を表わすという考え方に賛成することになる。

フィールドの考えによれば、そのような人が拠り所としうる議論で、しかも論点先取の誤謬を犯していない議論といえば、それは「みな、物理的世界への数学の適用可能性に基礎づけられている」[16]。これまで見てきたように、ウィトゲンシュタインならばすかさず、それこそ数学的命題の本性を根本から誤解することにほかならないと断じるだろう。その誤解によって生み出される問題は、ほんとうはまったく単純明快なやり方で解決できる問題であり、むしろ正確に言えば、もともと存在しない問題なのだ。「数学には「適用の問題」は存在しない」(WWK, p. 225〔『全集』第五巻、三二四頁〕)。

だから、そんな問題を解くために、「数学の神話と物理学の神話」[17]とのあいだにクワインが示唆した類比を受け容れるなど論外だ。集合のような存在者は、認識論的な観点からすると「物理的対象や神々と同じ身分をもつ神話であって、感覚的経験を扱うのにどれだけ有効であるかの違いを除けば、それらのあいだに優劣はない」[18]、という考え方も問題外である。ふつうはその反対だと思われているのだけれども、じつはクワインは、集合が存在することは「かのように」の様式[19]においてしか自分は認めない、などとはけっして言おうとしない。それどころかクワインは、こうした虚構主義的な態度を、容認しがたいしかたで二股をかけるものだとはっきり非難している。この存在論的問題に対するクワイン自身の立場は明晰でかつ肯定的である。物理的対象もクラスも存在するのだ。したがって、そうした対象をただ「ことばのあや」としてしか認めていないのではないか、という嫌疑はクワインに掛けられない。しかしそれでも、かれの数学的プラトニズムは本気かどうか疑わしい。そう思わせるのがクワインの「全体論的プラグマティズム」であるのは明らかだ。実在論的な信条を披瀝しているにもかかわらず、クワインの議論は一般に、典型的な道具主義者のそれなのである。つまり、物理的対象に加えてクラスの存在を認めることは、自然現象についての満足のゆく一般理論に到達するために不可欠だ、というわけだ。したがって、クワインがプラトニスト的である第一の理由はプラグマティストたるクワインがほかにどうしようもないと思ったからだ、と考えてもまったくのでたらめにはならないだろう。

ウィトゲンシュタインにとっては、数学をある種の「数の世界の自然誌」（BGM, p. 230〔『全集』第七巻、二三四頁〕）と見なすのは、説明のための神話（よい神話だろうと悪い神話だろうと）ではないし、むしろそのような見立てに対応する哲学的な誘惑に抵抗することこそが重要なのである。たとえそのように見立てて考えることが、数学がわたしたちにどう見えるかというそのしかたに一致していることに異論の余地がないとしても、問題になっているのはまさに、どう見えるかということでしかない。そして、そのように見える原因は、数学がその適用から分離されると、現にある対象に加えてある種の数学的対象を実在化するかのように、どうしても見えてしまうことなのだ。数学がわたしたちに示すのは、日常的な対象を素材としてどのようなものがつくられうるかという可能性である。そのようなつくられうるものが、実在するかのように見えてしまうのだ。そういうわけであるから、数学が自然科学との直接的な結びつきを取り戻せば、数学を（非自然的な対象の）自然科学と見なす誘惑は生じない、とウィトゲンシュタインは述べている。「この種の事物における混乱はすべて、数学を一種の自然科学としてあつかうことに由来する。そしてそれはふたたび、数学が自然科学から派生し、自然科学から引き剝がされてきたことと関係する。なぜなら、数学が物理学との直接的な結合のうちに遂行されるかぎり、それが自然科学でないことははっきりしているのだから」（PG, p. 375〔『全集』第四巻、一九八頁〕）。だからウィトゲンシュタインの観点は、数学的対象があるという信念は神話だということであるけれども、その意味あいは、物理的な対象の実在性への日常的な信頼も同様に神話だと言われうるような意味あいとはまったく違う。前者の場合には哲学的な神話が問題なのであり、それはこの種の神話がみなそうであるように、魅惑的だが欺瞞的な類推以外のなにものにも依拠していない。そしてまさにゲーデルのようなプラトニストは、そうした類推を物理的実在と数学的実在とされるものとのあいだに働かせるのだ。

原注

(1) E. J. Craig, «The Problem of Necessary Truth», in S. Blackburn (ed.), *Meaning, Reference and Necessity*, Cambridge University Press, Cambridge, 1975, p. 28.
(2) M. Dummett, «Wittgenstein's Philosophy of Mathematics», in P. Benacerraf and H. Putnam (eds.), *Philosophy of Mathematics, Selected Readings*, B. Blackwell, Oxford, 1964, p. 495.〔一九八三年版にはない。Dummett, *Truth and Other Enigmas*, Harvard University Press, 1978, p. 170.『真理という謎』、藤田晋吾訳、一三五―一三六頁〕
(3) E. J. Craig, *op. cit.*, p. 27.
(4) E. J. Craig, *ibid.*, p. 30.
(5) E. J. Craig, *ibid.*, p. 31.
(6) E. J. Craig, *ibid.*, p. 28.
(7) C. Wright, *Wittgenstein on the Foundations of Mathematics*, Duckworth, 1980, pp. 438–439.
(8) C. Wright, *ibid.*, p. 440.
(9) Cf. E. J. Craig, *op. cit.*, p. 27.
(10) K. Gödel, «What is Cantor's Continuum Problem?», in Benacerraf and Putnam (eds.), *Philosophy of Mathematics*, p. 271.〔一九八三年版（第一章原注2を参照）では四八四頁。クルト・ゲーデル「カントールの連続体問題とは何か」、岡本賢吾訳、飯田隆編『リーディングス　数学の哲学』所収、勁草書房、一九九五年、三六―三七頁〕

(11) K. Gödel, *ibid.*, p 272. 〔一九八三年版では四八四頁。邦訳、三七頁〕
(12) K. Gödel, *ibid.*, p. 272, note 40. 〔一九八三年版では四八四頁。邦訳、四四頁〕
(13) H. Wang, *Beyond Analytic Philosophy*, The MIT Press, 1986, p. 21.
(14) G. Berry «Logic and Platonism», in *Words and Objections: Essays on the Works of W. V. Quine*, edited by D. Davidson and J. Hintikka, D Reidel Publishing Company, Dordrecht, 1969, p. 261.
(15) K. Gödel, *op. cit.*, p. 272. 〔一九八三年版では四八四頁。邦訳、三七頁〕
(16) H. Field, *Science without Numbers: A Defence of Nominalism*, B. Blackwell, Oxford, 1980, p. 4.
(17) W. v. O. Quine, «On What there is?», in *From a Logical Point of View*, Harper & Row, New York, 1963, p. 18. 〔『論理的観点から』、飯田隆訳、勁草書房、二七頁〕
(18) W. v. O. Quine, «Two Dogmas of Empiricism », in *ibid.*, p. 45. 〔邦訳、六七頁〕
(19) この点については、Chihara, *Ontology and the Vicious-Circle Principle*, Cornell University Press, 1973, pp. 86–87 を参照のこと。

訳注

〔訳注1〕「プレグナンツをもつ像」は、『数学の基礎』、第一部八〇節、付論二の一六節にある語。邦訳では「印象深い図」と訳されている。ブーヴレスはウィトゲンシュタインがゲシュタルト心理学から影響を受けていると指摘しているので、ここはゲシュタルト心理学の用語を採用して訳した（訳注3を参照）。

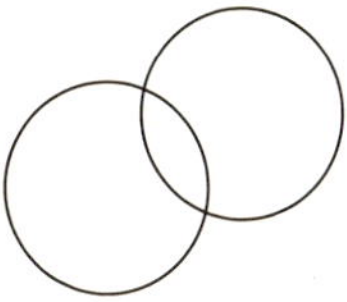

たとえば、このような図形を見たとき、わたしたちには欠けた部分のある二つの円が接合しているようには見えず、

るという。

二つの完全な円が重なり合っているように見える。それを、わたしたちにはそのようなプレグナンツへの傾向性があ

〔訳注2〕逆自乗の法則は、二つの物体のあいだに働く引力は物体間の距離の自乗に反比例する、という法則。導関数は、関数を微分して得られる関数。ここは要するに、ニュートンが万有引力の法則等から微分を使ってケプラーの法則を導いた、という科学史上の事実に言及しているのだと思われる。ケプラーの法則は、わたしたちに見える天体の運動を説明するが、それはつまり、わたしたちの日常の知覚がケプラーの法則を確証することでもある。ところで引力の逆自乗の法則はケプラーの法則を説明するのだから、わたしたちの日常の知覚は逆自乗の法則をも確証するといえる。この論法を拡張すれば、微分法が正しいことをもまた、知覚が確証することになる。

〔訳注3〕メロディーは要素的な音から構成されるものであるけれども、まったく同じメロディーをまったく異なる音要素で再現することもできる（移調ができる）。このように要素に還元できない、知覚の有機的統一としてのゲシュタルトを研究するのがゲシュタルト心理学である。エーレンフェルス［Christian von Ehrenfels, 1859–1932］やマイノング［Alexius Meinong, 1853–1920］を先行者と見なすこともあるけれども、ヴェルトハイマー［Max Wertheimer, 1880–1943］、コフカ［Kurt Koffka, 1886–1941］、ケーラー［Wolfgang Köhler, 1887–1967］の三人が創始したとするのがふつうであろう。ウィトゲンシュタインは『論理哲学論考』においてすでに、（ゲシュタルト心理学を強く想起させる）ネッカーの立方体を議論に使っている（T, 5.5423）。

〔訳注4〕ハートリー・フィールド［Hartry Field, 1946–］は米国の哲学者。米国の複数の大学で教鞭を執ってきた。真理論や数学の哲学での業績で知られる。邦訳論文に「数学についての実在論と反実在論」（戸田山和久訳、『現代思想』（青土社）、一八巻一〇号（一九九〇年一〇月号）、六四―九八頁掲載）がある。その訳者解説に従えば、*Science without Numbers* でのフィールドの主張は、（1）数学は物理学にとって理論的に不可欠ではなく、（2）数学は唯名論化された物理学内部での推論を簡略化するための道具として有用であるにすぎない、という二つの論点からなる。なお、プラトニズムと数学的言明の必然性との関係について、フィールドとの対質を通じて論じたボブ・ヘイル［Bob Hale, 1945–］の論文「プラトニズムは認識論的に破綻しているか？」（長谷川吉昌訳、岡本賢吾・金子洋之編『フレーゲ哲学の最新像』、勁草書房、二〇〇七年、二二一―二六四頁所収）が参考になる。

第一〇章　算術、想像力、事実

もっと最近の論文では、クレイグは二つの説を区別すべきだと提案している。[1] 一方の説はとてももっともらしく受け容れやすいもので、クレイグはそれを、最小規約主義とか最小非認知主義という名で呼んでいる。もう一方は、ウィトゲンシュタイン的な説であり、先の説とは違って、クレイグには受け容れがたく感じられる。この説は、クリスピン・ライトの言い回しに従えば、論理学や数学が真理に先行する (antecedence to truth) と見なす。さて、最小規約主義は次のことを認めている。必然性は、特殊な能力に仲立ちされて発見されるのではなく、むしろある種の命題に対してある特定の態度や方針を採ろうとわたしたちが決意することによって、そうした命題に与えられるのだ。しかしながら、このように考えること——つまり、必然性は、ある特殊なカテゴリーの命題に対してわたしたちがそれを採用しようと決意するある方針に由来する、と考えること——は、決定的な点ではない。ある命題が必然的に真だとわたしたちが信じるとはどういうことかについての非認知主義説を支持しながら、しかもなお、信念をどんな決意にも依拠させずにおくことができる。わたしたちはいろいろな価値のうちのいずれかの価値に賛同している。しかし、価値についての非認知主義説を採るからといって、その賛同が熟慮したうえでの選択——原理上まったく異なるものでありえたような選択——に由来するという見解に与することには、必ずしもならない。必然性を信じることは、たとえそれが特殊な種類の事実を認識することに基づくのでないとしても、「別のタイプの事実をわたしたちが認識することからの、心理的に規定される帰結[2]」であってまったく支障がない。クレイグは次のように注意を促している。「ヒュームは非認知主義的な因果理論を提唱するために、「AはBの原因である」は信念の表現というよりむしろ方針を採用するという合図だ、と述べなければならなかったわけではない[3]」。

わたしたちが必然性を認識するときに起こることは、言ってみれば、わたしたちの想像力の限界を世界に「投射」することでしかない。それは、ものごとが単にそうであるというだけではなく、どんな場合にも別のようではありえないと信じる、という形でなされる。このような投射を拒むのは、こういう場合の反応がわたしたちの自然な反応とはまったく違う人間だということになろう。たとえば、クリスピン・ライトが「慎重人間」と呼ぶ虚構の人物なら、そうなるだろう[4]。慎重人間は、命題が真かどうかにしか関係がない問題については、その他の点ではかれと似ているがかれより用心深さが足りない連中——通常人間——と、つねに意見が一致する。けれども、慎重人間は、どんな命題にせよ、それが必然的に真であると認めるのは拒否する。たとえば、慎重人間は、算術の命題が真であることを認める。かれはまた、算術の命題がつねに真であり続けることを、わたしたちと同様に確信している。さらにかれは、算術の命題が偽であることが自分には想像できないと承認することにさえやぶさかではない。しかしそれでもなお、算術の命題に反することが想像できないということから算術の命題が必然的であるというところへと飛躍するのをかれは拒む。クレイグが述べるように、「かれの想像力の限界が（たとえば）命題が真であることについてのかれの確信にどのような影響を及ぼそうと、想像力の限界はやはりかれについてのいまひとつの事実でしかないのであって、それをなにが必然的にそうでなければならないのかを決する規準だと見なす理由は、かれには見あたらない」[5]。ふたりの人物が、すべての事実問題について完全に同意していたとしても、想像できないというたんなる事実をほんものの不可能性へと変換する手続きが合法的かどうかとか時宜を得ているかどうかとかいったことについては、ほんの少しも同意していない、ということが原理上はありうる。慎重人間という虚構は、そのことを明らかにする役割を果たしている。

必然性についてのウィトゲンシュタイン的な説を指すためには、「規約主義」という言葉より「非認知主義」という言葉のほうがまぎれもなく適切だと考えることには、相応な理由がある。ウィトゲンシュタインが数学の命題を「規約」と形容するときに示唆しているのは、わたしたちがそれに与えている承認が明示的な規約の批准に多少なりとも似ている、ということでは断じてない。「われわれが「２＋２＝４」を規約の表現と呼んだとしよう。しかしこれは、たとえその等式が本来は規約の所産であったかもしれないとしても、やはり誤解を招くものである。この点にかんして、事情は社会契約説において想定されている事情と似ている。われわれは、なんら現実の契約などなされていないことを知っている。だが、あたかもそのような契約がなされたかのようなのである。２＋２＝４の場合も同様であり、あたかもそのような規約が立てられたかのようなのである」（WLC 1932–35, pp. 156–157〔邦訳、二九二頁（文庫版三五八―三五九頁）」）。「規約」という言葉は、命題に対してわたしたちがもつ特定の態度やふるまいを指すのに用いられる。そして、そうした態度やふるまいは主として、命題を使用する実践のうちに表われる。しかし、その種の実践の起源は、ある規約を採用することとはまったく別のことであっていっこうにかまわない。なんらの教育をもあらかじめ受けることなく、自然にそうした実践が存在することさえ考えられる。

したがって、最小非認知主義は、たんに次のように主張しているにすぎない。ある命題が必然的に真であると信じることは、そんなものがあるかどうかまったくもって疑わしい特殊な認識能力に依存するのではない、と。というのも、わたしたちの通常の認識能力を模範とするかぎり、たんにものごとがどのようであるのかだけではなく、ものごとがどのようでなくはありえないのかをも、わたしたちに知ることができるようにしてくれるさらなる能力などというものは、それがどのようなものなのか、想い描くのも容易ではないからである。わたしは以前に、それに答えようとほんとうには試みることなく、ある問いを立てた。それは、ある命題を真であるとしてだけではなく、想像しうるあらゆる状況で（あるいはすべての可能世界で）真であるとして認識するのはなんのためであるのかという問いであった。非認知主義の最も特筆するべき長所の一つは、クレイグが述べているように、この問いに自然な解答を示唆してくれることである。しかも、それは、確実に存在するのが明らかなもの以外の能力なり傾向性なりに訴える必要のない解答なのだ。

世界についてわたしたちは、ふつうの真理だけではなく、必然的真理をも所有する必要を感じる。この必要性はどこから生じるのか。それをクレイグにならって、見晴らしのよさや分かりやすさへの要求と呼ぶことができよう。たしかに、予言する力を優先して、見晴らしのよさを多少ともあきらめる場合はあるけれども、通常わたしたちは世界を、たんに予見可能で制御可能で操作可能なものとしてだけ考えたいとは思わない。わたしたちは、自分が世界をほんとうに理解できると信じているし、精神の作用と世界の事物のふるまいとのあいだになんらかの本質的一致を仮定する権利が自分にはあると感じている。それゆえにこそわたしたちは、自分の想像が及ばないことは生じることがありえないことでもある、と考えてしまう。わたしたちは自分がなんらかの現実と調和していると感じているし、その現実の中でなら安らげると考えている。そして、そのような現実とは、なにが結果として生じるかを認識し予期しうるだけではなく、なにが生じうることでなにが生じえないことであるのかについて、十分に正確な観念をもちうるような現実にほかならない。

実際、想像できないことから不可能なことへと飛躍するとき、わたしたちは危険を冒してそうするのであり、また、いま想像できないことがいつもそうであるとは限らないと経験上知りながらそうするのである。しかし、明白なことであるが、これを決定的な論拠として、そうでないことが想像できない命題に対してわたしたちが一般に採用しがちな方針に反対することはできない。反対できるには、少なくとも、問題の想像できなさが、じつはわたしたちにかかわる事実――つまり、わたしたちのような認識主体の本性にたまたま属する特徴――以外のなにものでもないことを明らかにしてくれる説明手段が与えられるのでなければならない。じつのところ、この点についての方針は、それを変える適切な理由があるときには、わたしたちは変えることができるし、実際に変える。とはいえ、おそらくは――わたしたちが自分と現実との関係を把握する方法において想像できなさが重要な役割を果たすかぎり――、想像できなさから客観的な不可能性の地位へと進むことは、まったく自然な操作である。それについてのクレイグの指摘は正しい。必然性についての非認知主義説がわたしたちに断念するよう迫るのは、ヒュームが因果性への確信を放棄するように説いた以上のことではない。

最小規約主義の原理が含意していると思われるのは、ある命題から必然的真理の位置へと進むという方針が適用されるのは、真だとすでに認められている——通常の命題の真偽がわたしたちに判定できるようになるような理由で（言葉のふつうの意味で）真だと認められている、ということだが——言明に対してだけだ、ということである。もしこれが事実なら、最小規約主義の原理は、〔論理学や算術が〕真理に先行するというテーゼをそれ自体では導き出さないばかりか、このテーゼと矛盾する恐れさえある。このテーゼが主張するのは、端的な真理よりも必然的な真理のほうになんらかの論理的優先性があるということにほかならないからだ。記述命題について真だとか偽だとか言うためには、その記述のなんらかの「論理」をあらかじめ採用しているのでなければならないと思われる。そして、その論理について は、〔記述命題と〕同じような意味で真だとか偽だとか見なすことはできない。算術命題はある規範を設定するのであり、その規範は、通常の事実を記述することの文法の一部であるとともに、文法命題一般の特徴であるような種類の自律性を有している、というのがウィトゲンシュタインの主張だ。それに対してクレイグは次のように反論する。ウィトゲンシュタインは算術命題が事実に対して独立していると考えているけれども、算術命題にはかれが想定しているような種類の独立性はない、と。〔論理学や算術が〕真理に先行するというテーゼはこう主張する。（おおまかな意味での）論理は、言明と実在とが対応するかどうかという問題よりもまったく先立っており、それはちょうど、測定の体系が、長さの報告が正しいか間違っているかという問題よりもまったく先立っているのと同じである、と(cf. BGM, p. 96〔『全集』第七巻、一〇〇頁〕)。このテーゼの意味は、論理や算術を採用するのに先立って(「実在のものさし」となって)いるような確定した事実は存在しない、ということだ。そうした事実がもしあったなら、論理や算術は、それについて言い繕わなければならなかったり、それと矛盾することがありえたりすることになるだろうけれども。偶然的数言明の真理値があらかじめ確定していて、その真理値間の関係を算術がコード化するのではない。算術の寄与によって、その真理値が確定するのだ。となれば、わたしたちの算術と違う算術を使えば、その結果、偶然的事実にかんする虚偽の確信が生まれるのは必至である、と認定するすべも、そう断定する正当な理由もおそらくはない。あるいは、もっと正確にこう言ってもよい。そのように断定する資格が自分らにはあるとわたしたちが認め合っているということは、クリスピン・ライトが言うように、「偶然的数判断が受容可能であるための知覚的で前算術的な規準が有する力についてどう考えるかは、われわれが確定したのだけれども、どのようにその確定をしたのかという、そのしかたの反映」[6]でしかない。

言い換えれば、妙ちきりんな算術を使うことにした人に対して、わたしたちの算術を使うようその人に宗旨変えさせる役に立つ論法といえば、こちらのほうが実際的だよと奨めるくらいしかないのである。望むらくは、わたしたちの算術のほうがずっと使いやすいと、かれが納得することだ。しかし、かれの算術が——文字どおりの意味で——偽であるのだと説得できる望みはない。ただし、次のことは指摘しておかなければならない(ウィトゲンシュタインはそうしたことをきちんと強調している)。有用性は必ずしも唯一の重要事ではないし、また、わたしたちには一見まるで使いものにならないと思えるしかたで数えたり計算したりするのが有利で得になると、いろいろな理由でかれには感じられるということだって、どのみちありうることなのである。

クレイグは、〔論理学や算術が〕真理に先行するというテーゼを拒否して、次のように主張する。「妙ちきりんな算術を使う共同体が、数えることにかんする事実と齟齬を来たすのは、わたしが椅子に座っているのを否定する人物が、わたしと家具にかんする事実と齟齬を来たすのと同じことである」[7]。つまり、ある種の事実があって、その事実のために、わたしたちは算術命題が現実の世界で真である命題だと認めるしかなくなるのだ。慎重人間としてふるまうことに決めた人であれば、算術命題がさらにそのうえすべての可能世界で真であると、つまり必然的に真であるということは、認めなくてもすむだろう。しかし、これは明らかに別の問題であり、これをもとの問題と混同してはならない。

適当な補助仮説をもちこんで、「7＋5＝13」のような事実に反する妙ちきりんな算術言明を擁護することは、たしかにいつも可能である（必要とあれば、幻覚だと弁護したり、デカルト流の邪悪な霊の奸計のせいにしたりするところまで行ってもよい）。しかし問題は、この手の免疫療法は、たとえばふつうの物理的な事実を述べる言明なら、どんな言明にも等しく適用可能だということだ。そうだとすれば、そうした領域では、わたしたちが承認せざるをえない事実やわたしたちの記述とぴったり一致するはずの事実について語ることを、どんな言明についても等しく放棄できることになる。それよりも次のように想定するほうが、はるかに理にかなっていると思われる。少なくとも事物がわたしたちの世界と同じ世界でふるまうのと同様にふるまうかぎりは、妙ちきりんな算術を使うことにしたなら、反駁可能な命題を、そしてまた実際にふつうの経験的事実によって反駁される命題を主張するように結局は追い込まれることになる、と。

反論が規約主義に対するきわめて深刻な脅威となるのは、それが次のように的確に主張したときである。「次の二つをきっちりと対比しなければならない。一つは、「堅固な事実」という原型的なもの(prototypical matters of "hard fact")をわれわれが受け容れることは、合理的に制約された性格をもつということである。もう一つは、どの命題が必然的に成り立つのかについての判断にいたることには、客観的な制約が比較的欠けている、ということである(8)」。算術命題にかんすることでクレイグに理があるのであれば、制約が相対的に欠けているとしても、それは、算術命題を必然的真理として受容するか拒否するかの決断にかんしてだけだ。しかし、〔必然的うんぬんの〕事前にこの種の命題を真理として受け容れることは、ふつうの種類の事実命題を受け容れることと同種の制約のもとにある。そして、別の場合には偽だと認めうるような命題に必然的真理という身分を与えると決断しうるとは、ほとんど考えられない。そうだとすれば、規約主義者は、次のように主張する誤りを犯していることになる。算術の規約を正当化するために、別の規約を選択すれば結局は事実と矛盾することになるということを示したところで、それは見込みがない、と。

規約主義者ももちろん認めていることだが、規約が実際的だったり有用だったり等々でなければいけないという意味において、どういう規約を選択するのかは、事実の力や権限が及ぶ範囲にある。しかし、規約主義者によれば、事実をほんとうに記述している反駁可能な命題の場合とは違って、規約の場合には、これが要求しうる唯一の種類の「事実との一致」なのである。クレイグは、わたしたちがどうして次のことを認めてはいけないのかと不審がっている。まともな算術は、たんに実際的だということで優れているわけではなく、事実と一致しているという、もっとずっと決定的な長所をもつのであって、妙ちきりんな算術ではこの事実を認知できないのである。

ウィトゲンシュタイン的な規約主義者が応答するなら、おそらく手始めに、偶然的な経験言明を規則として受け容れるのは的確ではない、と指摘することになろう。少なくとも理論上は、それに反するあらゆる証拠を無視してそれに固執することもつねに可能であるにもかかわらず、わたしたちはそうはしない。実際にそうすることはできるであろうけれども。規則として受け容れられる言明とたんにふつうのしかたで受け容れられる言明との区別がどこに求められるかといえば、それはもっぱら、取り扱いの差異（規則が別様に正当化されうるなんらかのしかたの差異）にであって、その命題がみずからのうちにもつのにほかならない特徴にではない。

事実と一致するためには、偶然的数言明はまずもって、現行の算術規則で定められていることと一致しなければならない。七つの対象を別の五つの対象に加えたときに一二になっていたとしたら、そうなっているように見えることと事実とは異なっているのだと、「7 + 5 = 12」という規則によって、わたしは結論せざるをえない（「合計するときに一つ忘れたに違いない」とか「知らないうちに一つ失くなったに違いない」とか）。つまり、ふつうの言明は事実に対してある責任を負っているのだけれども、それとは違うタイプの責任を、算術規則はその言明に負わせることになり、事実と一致しているかどうかを確かめるための新しい手段を与えてくれるのである。自分が得た結論が得られねばならない結論と違うとき、考え直すのは規則ではなく、事実の記述のほうである。つまり、異常なことが起こったに違いないと結論するのに、あれこれ考えるまでもない。規則が規則として受け容れられているかぎり、定義により、規則が事実と矛盾することになることはない。そして、規則を真にする事実について語るのが困難である理由は、その種の事実に、規則を偽にしうる別の事実を対置しようとしても、それができないからにほかならない。〔論理学や算術が〕真理に先行するというテーゼが示すのは、端的に次のことである。なにが「ほんとうの」事実でなければならなかったのかを決めるのは算術の規則そのものの役割であり、しかも、規則が正しく事実を決めているのかどうかを判定するにあたっても、規則そのものを越える審級はない。

ウィトゲンシュタインに従えば、命題「7＋5＝12」が表現するのは、二つの概念のあいだの内的関係、もしくは「7＋5」と「12」という二つの表現の使用のあいだの本質的連関である。ウィトゲンシュタインが主張するのは、移ろいゆく自然の諸事実には、そうしたしかたで概念を規定するようわたしたちに示唆することはできても、そうするようわたしたちに強制することなどけっしてできない、ということだ。やはり明らかなことに、規則を採用した人は、その規則がたんに示唆されただけだとは考えない。むしろ、まさしく強いられ押しつけられたと考えるのだ。おかしな結果が得られたので、今後は関係する事実のほうを規則に合致するように述べ直さなければならないと思う人がいたとしても、なにも驚くことはない。このような言いかたで表明されるのは、疑わしげな相対主義的テーゼではない。それはむしろ、単純な文法的真理であり、絶対的な規範的言明をたんに記述的な言明から区別するものについての真理なのだ。

クレイグが不審がっているのはつまるところ、事実と矛盾する算術規則を最初に採用することができたなどということが思考可能であるのかどうか、ということだ。あるいは、次のような事実はまるで存在しないのかどうか不審がっているのだと言ってもよい。それは、わたしたちが自分の算術技法を確定してきたやり方から独立して、かつそのやり方に先立っている事実であり、その事実が認知されたその瞬間から、別の規則を採用するのが不可能になるような、そういう事実である。答えはこうだ。「7＋5＝11」のような命題をたんに真であるだけでなく必然的に真でもあると見なす人間たちを発見したとしても、（わたしたちにとっては）明白に事実と矛盾しているこの種の概念規定にかれらがどのようにしていたったのか、わたしたちはもちろん理解しない。しかし、わたしたちがこのように言い、また言わざるをえないとしても、それは、状況を記述したり判断したりするさいに事実そのものに起因することを、わたしたちが概念を選択することで事実を規定してきたそのやり方に起因することから区別する方法を、わたしたちがもっているということではない。犯してはならない間違いは明らかである。このことを認めることから、問題の区別が存在しないという結論を引き出してしまうことだ。

すでにこれまで指摘してきたように、ウィトゲンシュタイン自身が、「2×2＝4だと人びとが信じている」と「2×2＝4」という二つの命題のあいだには重大な違いがあることを強調している。しかし、かれの考えでは、すべての人が2×2＝5だと、なんらかの理由で信じるようになったとしても、それでもやはり2×2＝4（が真）であるのに変わりはない、と想定するのは、まったくもって奇妙なことなのである。「しかし、それではこれはどういうことなのであろうか、「たとえすべての人間が2×2は5であると信じていたとしても、それはとにかく4であろう」というのは。——あらゆる人間がこれを信じていたとしたら、いったいどのように見えるだろうか。——そこで、わたしは、かれらが別の計算法、あるいはわれわれが「計算する」とは呼ばないであろうような技術をもっているのだ、というふうに想像することができよう。だが、それは間違いなのであろうか（王の戴冠式は間違いか。それは、われわれとは異なる存在者にとっては、奇妙きてれつに見えるかもしれない）」（PU, pp. 226–227〔『全集』第八巻、四五二—四五三頁〕）。この種のことを信じる人たちのことを想像できているのであれば、同様にわたしたちは、すべての人間たちがその種のことを信じていたとしたらどういうことが起きるのかをも想像できるはずである。ウィトゲンシュタインの示唆によれば、この種の仮定的状況を思い描こうとするとき、わたしたちの算術とは違う算術——間違っているにもかかわらず、利用しうるし利用されている算術——をもつ人びとについて語りうるような事例からそれと気づかずに移行して、算術の利用について、したがって間違った算術を利用していることとさえ、もはや語ることができないような事例にいたるのである。

もしも、人間たちが間違った算術的信念らしく一見みえることを表明しているのだけれども、技術を利用するその文脈が、わたしたちが数えることとか計算することとかと呼ぶものでなく、むしろ儀式や典礼と類縁のことであるとすれば、わたしたちはおそらく、かれらがやっていることの「間違い」について語ることはない。わたしたちはただ、奇妙で理解不能なことなのだと言うだけだ。しかし次のように仮定したらどうだろう。かれらはほんとうにもう一つの計算を利用しているのだ。それを計算の技術と呼んでよい理由はいくつもあるのだ。なにしろかれらが与える印象では、わたしたちがわたしたちの計算技術を適用することにかれらはまさにそれを適用しているのであり、結果にも満足しているのだ。その種の技術は、わたしたちの技術と見たところ同じ機能を果たしているのであるからして、それが間違った算術的信念に基づいているとか、あるいはいずれにせよ、その種の信念が存在することを示しているのだとか、そう言わずに済ますことなどのようにしたらできるのか。それこそがわたしたちが言うであろうことであり、またある意味で、それ以外のことは言いえない、とウィトゲンシュタインは認めている。しかしおそらくかれが主張するところでは、わたしたちがその種の判断を表明するように誘われるのは、わたしたちとしてはどういう算術を採用してきたのかという、ただそのことに起因するのであって、算術に中立的で独立に認識可能な事実に基づくのではない。

2かける2は5だと信じている人間たちに出会ったとき、わたしたちがかれらに対して相対主義的で人類学的な態度をとることはけっしてない。協調的にふるまい、ぼくらは2かける2は4だと信じるけれど、きみらは2かける2は5だと信じるのだね、と認めて満足することなどない。わたしたちが信じているのが正しく、2かける2はほんとうは4なのだとかれらを説得しようとするだろう。しかし、ウィトゲンシュタインが言おうとしているところでは、次の二つの説得のしかたに意味のある差はない。一方の説得者は、かれらの信じていることに反して、2かける2は「ほんとうは」4なのだと承服させようとする。他方の説得者のやり方は、かれらがそれまで気づいていなかった明確な事実を認知して、わたしたちの計算法を採用してくれれば、それで満足するというものである。

かれらが利用している計算技術が、わたしたちには受け容れがたく思える結果ばかりをもっぱら生み出す場合を、実際に想定してみよう。その計算技術が有効に利用されているというそのかぎりにおいて、かれらが入手する結果は、かれらの観察やかれらの期待やかれらの予想と調和していると想定せざるをえない。だから問題は次のことだけである。かれらがやっていることは事実と一致しないと述べるときにわたしたちが表明しているのは、「事実」とか「事実と合致しているないし合致していない」とか呼ばれるものをわたしたちが規定しているその様式についての文法的注釈以外のものなのかどうか。あるいはまた、わたしたちの技術が事実と合致しているのかいないのかという問題は、わたしたちにとって、ふつうは生じない問題なのだから、こう言ってもよいかもしれない。かれらが採用している技術が事実と食い違っていると述べることと、かれらが採用している技術はわたしたちのものとは違っているとただ述べることとのあいだに、ほんとうの差異が存在するのかどうか。

規約主義はここで深刻な困難にぶつかる。というのも、規則に対してわたしたちが承認することになっている支配権といえども、事実が存在しない場合に規則が事実を発明するのを認めるところまで及ぶはずがないのは明らかだからだ。算術の規則が、健忘や見落とし、知覚の錯誤や、計算の間違いや、ものの予期せぬ出現や消滅などなどを、そんなことが起きてもいないのに要請したくさせるものではないことを確認してから、その規則を選ぶのでなければいけないと考える自然な傾向が、わたしたちにはある。クリスピン・ライトが言うように、「わたしたちが正しい結果と見なすものをなぜ手に入れることができなかったのかを説明するであろうなにごとかが生起したという主張は反証しえない」[9]というのは、それでもやはり理論上は真である。いま言及したような種類の現象が(ふつうの規準に従えば)生起したという感じから、なにかが生起したことがほんとうに真だという断定へと移行できるのは、算術が押しつける結果と一致するからこそだとすると、前算術的な規準を適用して得られる評決を尊重する義務に従って算術的規則を選択するのは不可能だ(とはいえ、状況を判断するためには、前算術的規準を利用するのだが)。というのも、この種の評決の必要は端的にまったくないのだから。たとえ知覚的ないし(クリスピン・ライトのいわゆる)「操作的」な規準が、妙ちきりんな結果を説明してくれるかもしれない異常な現象がなにか生起したのではないかと強く示唆しているとしても、わたしたちにそれを信用する義務などないし、実際、それを信用することなどまずない。最小規約主義の支持者は、次のように反論するだろう。事実がどのようになっているのかということから独立する以前、算術的真理はそもそも少なくともなんらかの事実と共存可能だったはずだから、したがって、事実に対する責任ないし責任の欠如にかかわることにおいて、算術的真理と偶然的真理とのあいだに根本的な差異はない、と。

しかしながら、厳密に言えば、反論が向けられているのは、規則が事実そのものに対して一定の責任をもつということにではなく、むしろ、規則が他の諸規則に対して責任をもつということにである。他の諸規則というのは、この場合、狭義の算術的規準と操作的規準が――少なくとも十分に小さな数についてはそうであるように――同時に利用されうるときに、前者が後者と合致しなければならないことについての諸規則である。たとえば、数の体系をもち、ものを数えることもできるけれども、足し算や掛け算の規則のような規則をいまだもっていない人間たちのことを考えてみよう。かれらに「7＋5＝12」という規則を教えるということはつまり、ウィトゲンシュタインの観点からすれば、新しい数学的規準をかれらの手に入れさせて、今後は数え上げの単純な経験に基づいて得られた結果が正しいと判断できるように、たとえば、（数え間違いの可能性を排除する十分な理由があるなら）ものが一つ付け加えられたり取り除けられたに違いないと判断するとか、（ものが付け加えられたり取り除けられたりしたのではないと信じる十分な理由があるなら）数え方が悪かったと判断するとかできるようにすることである。規則がかれらに与える規準は、かれらがまだもったことのない規準であり、また、ウィトゲンシュタインの主張に従えば、かれらがこれまで数の概念を使ってきたその使用法のうちにすでに暗黙に含まれていたのではない規準である。その規準によって、たとえば、この部屋に一二人の人がいると、全部を数え直すまでもなく述べることができるのだ。そして、この規準をほんとうに新しいものと考えることができるように思われるというのは、あたかもその規準を適用することで、操作的な規準がかれらの側で異なる結論を押しつけるその場合に、かれらをしてこの部屋に一二人の人がいると言わせることができるかのようである。言い換えれば、その規準が新しいというのは、かれらが以前はその規準をもっていなかったという、たんに無害な意味においてであるのか、それとも、もっとずっと実質的で、しかももっとずっと異論の余地がある意味においてであるのか、ということである。後者であれば、かれらがそれまで利用していた前算術的規準に基づいたならそう使っていただろう使い方とは矛盾するしかたで数の概念を適用することを、その規準はかれらに強いることができる。その規準が文句なく重要な新しさを含んでいるのは、最良の場合でもきちんとした根拠のある経験的訂正でしかなかったものに代えて、概念的な規定がその規準によって導入されるという意味においてである。しかし、以前には適用可能でなかった状況にその後は適用されうるようになるというぐあいに、その規準は概念の外延を変化させるのだ、という意味においても、それはやはり新しい規準だろうか。

少なくとも十分に小さな数については、規則が事実にまったく直接依存しているように見えることを、ウィトゲンシュタインは疑っていない。というのも、規則を適用することで、ものを数えるときに手に入ることと矛盾する結果が得られるのがふつうだというのであれば、それを規則として採用したり保持したりしないのは確かであるから。

「二列のりんごを数え、その結果がそれぞれの列を足し算した数に等しくならなかったならば、そのときわれわれは、加法規則を変えなければならないと言うこともできるし、あるいはまた、数え方が間違っていたと言うこともできる。ほとんどの場合は後者を選ぶだろう。あるいは、数えた結果が計算より少ないときには、りんごが一個消えてしまったと言うかもしれない。そのとき、りんごが消えたとされる規準はなんだろうか。一つの規準は、それが消えるところを見ていることである。だが、たとえ二五個入りと一六個入りの二箱のりんごをもっており、慎重に数えた結果四〇個しかなく、しかも消えたところを見ていないとしても、それでもなお、一つ消えたに違いない、と言うかもしれない。この場合には、われわれは25 + 16 = 41を一つ消えたことの規準としているのである」(WLC 1932-35, p. 160〔邦訳、二九九頁(文庫版三六五―三六六頁)〕)。

したがって、わたしたちのさまざまな言明が実在に対して総体的にもつ責任をそれぞれの言明に配分し、この種の責任をまったく免除される特権をどの言明に与えるか選別する、一定の方法を、ひとり実在がわたしたちに押しつけるわけではない。規則として受け容れられる以前には、「25 + 16 = 41」という言明は、ふつうの言明であればどんなものにでもあるのと同じ種類の責任をまさしく事実に対してもっている。いったん規則として定着したなら、それはこの種の全責任を逃れることになる。しかし、だからといって、確固たる事実に直面してもなお、その規則を変更したり放棄したりすることが不可能になるわけではない。さて、めでたく規則に昇進した命題は、同時になにかを記述することもやめるのだから、その命題が真理に先行するとウィトゲンシュタインのように述べることが、ある意味で議論の余地なく可能である。「算術的「命題」は、それ自身、なにかについて記述的であるどころかかえって、記述を進行可能にしてくれるような概念の適用にとっての規準を確定することのうちに組み込まれている。この意味において、それは記述に、したがって真理に先行する」[10]。しかし他方、その命題は、それが由来する記述的言明が（ふつうの意味において）真であること「より後にくる」とも思われる。

クレイグの不満がなにに由来しているのかといえば、それは、ほかのどの算術規則でもない「7＋5＝12」のような規則を採用することを押しつけたように見えるまさにその事実が、たんにほかの測定単位よりもある測定単位を採用するほうを多少とも実際的たらしめただけの事実と似たようなものだとは、到底思われないという、そのことである。算術規則を導入することは、測定単位を選択することにではなく、むしろたとえば「一インチ＝二・五四センチメートル」のような変換規則を選択することに似ていなければならないように思われる。この変換規則によって、二つの体系のうちの一方で得られる長さの表示を、もう一方の体系で得られる同じ長さの表示に変形することができる。その場合にも同様に、命題を規則として採用するというその発明の起源には、なんらかの経験や発見が事前にある。つまり、一インチの長さのものをセンチメートルで測定すれば、ふつうは二・五四センチメートル（とかそのくらい）になるという事実の発見だ。ウィトゲンシュタイン自身、この点はまったく疑わない。「だがわれわれの場合には、メートルの長さとフィートの長さとの関係は、実験的に決定されたのではないか。確かに。しかしその結果が規則の烙印を押されたのだ」（BGM, p. 432〔『全集』第七巻、三八六頁〕）。

新しいことは、たとえばあるものをインチで測定したとき、それ以降はその長さがセンチメートルではいくらでなければならないのかわかっているという点である。そして、それが重要な新しいことであるのは疑いえない。というのも、ウィトゲンシュタインが述べるように、「そうでなければならないとは、そうであろうということではない。逆に、「そうであろう」は、一つの可能性を他の可能性から選別しているのに、「そうでなければならない」は、一つの可能性だけを見ているのだ」(BGM, p. 239〔『全集』第七巻、二四四頁〕)。算術言明の場合と同様、変換規則はわたしたちに新しい規準を与え、それによってわたしたちは、あるものが何センチメートルだと(あるいは何インチだと)もう一度測定しなくても言えるようになる。しかし、算術言明についてと同様に、次のように考えたくなる。正確な値——実験結果は程度の差こそあれ、必ずその周辺に分布する——の選択にも規約的なものが存在しうるということを措けば、変換規則にできるのは、変換規則に依存せずに確認可能であり、実際にも確認される経験的相関関係を、事実と直接矛盾しないように、堅固な概念的連関へと変えることだけである、と。

　ウィトゲンシュタインがそれでもなお主張するのは、ひとは二つの場合に規約とかかわりをもつということであり、また、われわれの採用してきたのとは違った規約が使用可能あるいは有用となりうる事態や理由を想像するのはかなり容易だ、ということである。『数学の基礎』においてかれは、論理的推論を、たとえば一方の縁にインチが目盛られ他方の縁にセンチメートルが目盛られている定規《レーグル》を使って実行される「表現を変えること」に準えている。「もちろん一方のものさしから他方のものさしに移っていく際にも正誤はある。だがその正しさがどんな実在に一致するというのか。おそらく、規約(Abmachung)ないし使用に、そしておそらくわれわれの実際的要求に、一致するのである」(BGM, p. 41〔『全集』第七巻、三〇頁〕)。そのように表現を変えることが正しいか正しくないかは、それが変換規則に一致するかしないかということのうちにもっぱら存する。さて、二つの体系のどちらにおいても変換規則に依存せずに正しい測定結果が得られるのだけれども、この正しい測定結果に変換規則は一致していなければならない。このことが意味するのはほかでもなく、明らかな不一致があったとき、規定どおりに表現を変えることと矛盾するのは、疑いもなく実際的要請なのであって、じつのところ客観的事実なのではない、ということだ。というのも、わたしたちには思いもよらなかったり実感できなかったりする実際的要求をもつ人間が、妙ちきりんな変換規則を使用できたり、また実際に使用していたとすれば、その妙ちきりんな変換規則は、ウィトゲンシュタインによれば、その種の規則が正しいとされうる唯一の意味において「正しい」のであって、わたしたちが事実との明らかな不一致として知覚しているものは、当然のことながら、その種の規則の使用者にとっては存在しないからである。

この点にかんしてウィトゲンシュタインについていくのに覚える困難は、以下のように「ジレンマのかたちで」述べることができる。第一の選択肢は、長さは測定されるものがもつ客観的特性であり、たんに異なる体系では異なるしかたで決定されたり表現されたりするだけだ、という選択肢だ。明らかに、わたしたちは長さについてこのように考えている。だからこそ、変換規則の選択はなんらかの客観的な事実に対応していなければならず、数値が正確な場合には、変換規則はインチとセンチメートルとの真なる関係を言い表わしている、とわたしたちは確信できる。たしかに、ウィトゲンシュタインが注意を促しているように、わたしたちが測定をおこなうのに使っているフィートの長さとセンチメートルの長さが毎日すこしずつ変化していると信じるに足る理由があるのなら、「一フィート＝〇〇センチメートル」という命題は、それが現に使用されているような無時間的なものとしては使用されなくなる。フィートとメートルとの比較は絶えずやり直され、わたしたちが採用する変換規則は、二つの通貨を比較しながらその相場を決める規則のたぐいの、変動規則となる（cf. BGM, p. 432〔『全集』第七巻、三八六頁〕）。しかし、それはまさしく、規則に依存せずに認知できる事実、また現に存在する事実に適合するように、規則を修正しなければならないのを認めることになるのではないか。第二の選択肢は、長さの指定は、ものを測定するのに使われる体系や技術を選択することから独立した特性を、ほんとうは表現していないのだ、という選択肢だ。さて、わたしたちとは異なる人間たちが、なにか測定の体系みたいなものを利用してはいるが、かれらの到達する結果はあまりに奇妙で不規則なので、わたしたちにかすかにでも理解できる法則であるかぎりは、その法則に従って得た測定結果に変換できない、というのは考えられることだ。しかし、その場合それでもなお、かれらのしていることが、ものの長さを測定することとわたしたちが呼んでいることと似ていると言う理由が、はたしてなにかあるのだろうか。

　量や長さなどの、わたしたちの概念と異なってはいるけれども、ある意味で類似してもいる概念を例示してくれるような、そういう計算や測定などの技術を使うことを、もっともらしくて予想可能なことにするためにウィトゲンシュタインがなしている努力は、気難しい注釈者たちをこれまでほとんど納得させてこなかった（とはいえ、その種のことを信じたいだけで、子細に吟味しようという欲求などまったくもたない者たちは、きわめて容易に納得するのだが）。ウィトゲンシュタインの見解を、ふたたびなんとか理解しうるものに――なんとか受け容れうるものにというわけではないかもしれないが――するただ一つの方法は、ここでもまた、根本的な意味論的関係を表現することはできないという、かれの全哲学における絶対的に中心的で決定的なテーゼを考慮に入れることだと、わたしには思われる。算術命題と実在とのあいだに存する結びつきは、ウィトゲンシュタインによれば、適用において示すしかないようななにものかであり、したがって、言語ゲームの実践——算術命題はその内部で実在に適用される——のまったく外部の視点から到達可能な事実と比較することで、問題の結びつきを記述することなど論外だ。実在と妙ちきりんな算術における命題とのあいだに存しうる関係は、これまた、それを使用している者たちによってその命題が適用されるそのしかたのうちに表出される。そして、もっぱら適用という場において、かれらの技術とわたしたちの技術とが、それぞれ実在と——両者の外部だとわたしたちには思われる視点から——呼ばれるものに対してもつ関係について、両者の比較がなされうる。

ウィトゲンシュタインが言うように、必然性とは本来、恣意的な規則として現われるという形をとってしか、言語化されえないものである。これを「必然性のパラドクス」と呼ぶことができるだろう。別の言い方をしてもよい。わたしたちの言語（すなわち、わたしたちの諸概念が形成されるのはどのようなしかたでかということ）に相関的な必然性から、それらと無関係に到達可能な必然性を、わたしたちは分離できない。同様に、次のように言ってもよい。わたしたちがもっているような算術を採用するのを不可避的にしてきたと思われるもので、言語のうちに収まりうるものは限られている。実在についての記述のうち、ある種の記述は算術によってはじめて与えられるのだが、そうした記述の単純さとか使い勝手の良さとかいった言葉で表現しうるような、いくつかのものだけがそれに当たる。そしてもちろん、それは、わたしたちの算術が「真である」とか「正しい」と言うときにわたしたちが言いたいのは、たんにその算術が「実際的である」ということにすぎない、ということを意味しない。

それゆえ、真理にかんする先行性のテーゼは、論理や算術が事実に対してもつなにかある種の責任がありうるのを否定しない。このテーゼが否定するのはたんに、一方では「事実」と呼びうるようななにものかが存在し、しかも他方では問題の責任を果たすための決まった方法が存在して、その方法は、いわば関連する諸事実についてたんに熟考するだけで導き出しうるのだ、ということでしかない。わたしたちが使用している規則や概念が、事実そのものから直接いわば読み取られると言いうるようないかなる段階も、端的にまったく存在しない、というのがウィトゲンシュタインの主張である。いずれにせよ、たとえ、計算や推論のわたしたちが使用している技術しか、それに課されている責任を正しいしかたで果たす技術はないということが真である――「真である」でどういうことを言いたいのかはともかく――のだとしても、その種のことは、けっして語ることができないであろう。

ウィトゲンシュタインの述べていることは、先に検討した例と同様に、もっぱら数え上げのために使われ、算術計算のためにはまだ使われていない数の概念には自然に当てはまる。クロネッカーが言ったように、神（ないしは――そちらのほうがよいと考えるのなら――自然）が自然数をつくり、それ以外のすべては人がつくった、と言いたいところだ。〔訳注1〕ウィトゲンシュタインはそれどころか、それ以外の数とまったく同様に、自然数の体系が生み出されたのも、発明によってであり、たんなる発見によるのではない、と示唆する。自然数の体系はわたしたちのためにつくられたのであり、そのありかたは、その他の数と正確に同じである。また、結局のところ、自然数の体系が自然であるのは、あとから継続的にそれに付け加えられてきたさまざまな拡張――今日まったく自然な拡張であると見なされているし、ある程度までは不可避的だとも見なされている――が自然であるのとまったく同程度のことである。フレーゲやラッセルのような著者たちが抱いていた基礎論の問題系についての構想に反対して、みずからの立場を完璧に集約した決め台詞で、ウィトゲンシュタインはこう指摘する。「数学は還元されえない。

ただ新しい数学をつくりうるだけだ」(WLC 1932–35, p. 71〔邦訳、一二九―一三〇頁(文庫版一八四頁)〕)。超数学でさえも、ウィトゲンシュタインにとっては、やはりそういう種類の数学を創造することにほかならない。創造の過程は、その開始以来、進行し続けてきた。その事実が示すのは、わたしたちの発明は、ある意味で、いつもすでに他の発明に先んじられているということだ。しかしけっして、発明に押しつけられ、発明を発見であるかのように見せかける「事実」に先んじられているのではない。あるものに色があるように見えることから色の概念が自分の中にあると信じるのは間違いであり、それは、「あなたに負債があるという事実によって、あなたが負の数の概念を所有する」(Z, §332〔『全集』第九巻、二八四頁〕)と信じるのと同様に間違っている。しかしもちろん、貸越金があるからといって正の数の概念をもっていると思うのも、まったく同様の錯覚である。もう一度繰り返して言うが、こうしたことは、わたしたちが自然数を創造しなかったとしたならば、九つの惑星や一二人の使徒が存在することはなかっただろう、ということを含意しない。わたしたちが創造したのは数の体系である。しかじかの本性をもち存在しうるものについて、その数を創造したのではない。

原注

(1) E. J. Craig, « Arithmetic and Fact», in *Exercises in Analysis: Essays by Students of Casimir Lewy*, edited by I. Hacking, Cambridge University Press, Cambridge 1985.

(2) E. J. Craig, *ibid.*, pp. 104–105.

(3) E. J. Craig, *ibid.*, p. 105.

（4）Cf. C. Wright, *Wittgenstein on the Foundations of Mathematics*, Duckworth, 1980, pp. 452–456.
（5）E. J. Craig, *op. cit.*, p. 93.
（6）C. Wright, *op. cit.*, p. 439.
（7）E. J. Craig, *op. cit.*, p. 103.
（8）C. Wright, « In Defense of the Conventional Wisdom », in I. Hacking (ed.), *ibid.*, p. 196.
（9）C. Wright, *Wittgenstein on the Foundations of Mathematics*, p. 91.
（10）C. Wright, *ibid.*, p. 65.

訳注

〔訳注1〕クロネッカー〔Leopold Kronecker, 1823–1891〕は一九世紀ドイツを代表する数学者の一人で、多彩かつ偉大な業績を誇る。かれの「神は整数を造り給うた、他のすべては人業である」という言明は、一八八六年にベルリン自然科学者会議で開陳されたものとして、ハインリッヒ・ヴェーバーが記録している。ただし、この言明が与える印象から、クロネッカーに濃厚な哲学的背景を読み取るのは的外れだとも考えられる。かれがカントールの仕事に冷淡であったのも、かれにとっては、現実の個別の数学的結果を求めることが重要だったのであり、そうした研究から遊離したものと集合論を見なしたためだったのかもしれない（佐々木力『二十世紀数学思想』、みすず書房、二〇〇一年、五九―六〇頁、佐々木力『数学史』、岩波書店、二〇一〇年、二五頁を参照）。

第一二章　必然的真理の歴史性の問題、認知主義、規約主義

「黄色本」のある章節で、ウィトゲンシュタインは、仮説という呼び名で受け容れられている言明と、規則として機能する言明との差異を、以下のように理解できると示唆している。

「一方で「真」や「偽」といった語を用い、他方で「実際的」や「非実際的」といった語を用いることによって、仮説と文法規則との区別をつけることができる。われわれは命題に対しては実際的であるとか非実際的であるとか言いはしない。「実際的」や「非実際的」という言葉は規則を特徴づけるものなのであり、規則は真であったり偽であったりするものではない。だが、いまわれわれは仮説に対してこの二組の語を両方とも用いている。ある仮説を誤りであると言う人もいれば（他のことがらに修正を加えたくない場合）、それを実際的でないと言う人もいる（他のことがらが修正できると認めた場合）。ある文が仮説として用いられるのか文法規則として用いられるのかを決

めることは、あるゲームがチェスなのか、あるいは、ゲームのある段階で新規則が導入される点がチェスと異なるようなチェスの変種であるのかを決めることに似ている。その段階に達するまでは、見ただけではいずれのゲームがおこなわれているのかを言うことはできない」（WLC 1932–35, p. 70〔邦訳、一二八―一二九頁（文庫版一八三頁）〕）。

仮説と文法規則との区別は、ウィトゲンシュタインにとってきわめて重要であったかもしれない。だからといって、個別の言明が規則としてよりもむしろ仮説として用いられているかどうかは、多くの場合、即座に決着する問題でも決着しうる問題でもないということにかれが気づいていなかったわけではない。

「ある仮説に従えば楕円を描くとされているある惑星が、実際にはそうではなかったとしてみよう。われわれはそのとき、その惑星に作用している未発見の別の惑星があるに違いない、と言うだろう。だが、われわれの軌道の法則が正しいのであり、ただそれに作用している惑星が見つかっていないだけなのだと言うか、あるいはわれわれの軌道の法則の方が間違っていると言うかは、任意である。ここにわれわれは仮説と文法規則との間の移行を見出だす。観察がなんであれ、近くに惑星があるのだと言うならば、われわれはこれを文法規則として提出しているのであり、それはいささかも経験を記述していない。そのときわれわれは、奇妙な修正を迫られもするだろう。それを説明するために、仮説を修正する以外のあらゆることをなさねばならないのである（部屋の中に河馬がいるという仮説を受け容れるために要求される修正のことを考えてみたまえ)」(*ibid.*〔邦訳、一二七—一二八頁(文庫版一八二頁)〕)。

この点にかんするウィトゲンシュタインの考え方と、クワインの仕事によってある時期以降すっかりおなじみとなった考え方との類似点は、強調するまでもない。根本的な違いは、クワイン流のプラグマティストには、おそらく、「真である - 偽である」と「実際的である - あまり/まったく実際的でない」という二つの区別がどちらも、ある意味で、例外なくすべての命題に適用されうると述べる傾向があるということだ。偽だとして拒否することをわたしたちが受け容れる言明と、他の箇所で必要な再調整を施してまで維持しようと試みるより放棄するほうが実際的だとわたしたちが考える言明と、この二つの間の区別をほんとうにつけるのは不可能である。一見しただけでそれを反駁するような経験に直面したとしても、その結果生じるかもしれない不便さという代償を払うのさえ厭わなければ、それを真と見なし続けるのが不可能な言明など存在しない。そしてまた、わたしたちがそうしようと決断するに十分なほど大きい利益が、全体の便利さについて引き出されると期待しうる場合がひょっとしてあったならば、いかなる言明も再検討なり放棄なりの対象になることを免れない。ある命題がそれを反駁するかもしれない事実の圧力に譲歩せざるをえないのかどうか見極める問題が決着しうるとしたら、それは、体系全体の単純さや扱いやすさや格好よさや予言能力にかかわる考察によってのみである。この体系のうちには、ウィトゲンシュタインが文法命題に与えた特別な地位をほんとうに占め、かれが文法命題に承認した種類の特権を保持するような命題は(たとえ数学や論理学の命題であっても)、まったく存在しない。

ウィトゲンシュタインによれば、不適切だとか不便だとかとしてある形式の記述を拒否することと、言葉の本来の意味において偽であるとして記述的な命題を拒否することとのあいだには、重大な区別が存在するのであり、かれはそれを放棄することにけっして同意しない。

「ある形式のシンボル体系を拒否するとき、われわれはそれをあたかも、ある命題が偽として拒否されたかのように見てしまいがちになる、これこそわれわれが避けようとしている誤謬にほかならない。ある測定単位の拒否を、あたかもそれが「その椅子は二というより三フィートの高さだ」といった命題の拒否であるかのように扱うのは間違っている。この混同は哲学のいたるところに見出だされる。哲学の問題を表現の問題としてではなく、世界の事実にかかわるような問題であるかのごとく考えることも、これと同じ混同なのである」(WLC 1932–35, p. 69〔邦訳、一一七頁(文庫版一八一―一八二頁)〕)。

ウィトゲンシュタインがわたしたちに認めさせようと望んでいるのは、(なんらかの理由で)不満足な表現様式を否認することと、(実在と矛盾するという意味で)受け容れがたい事実命題を否認することとのあいだには本性的な区別があるということだ。その区別について真剣に再検討しろと言われても、かれには受け容れがたいことだったであろうことは明らかだ。というのも、ウィトゲンシュタインの哲学的な問題系と方法の全構想が、ある意味で、この区別の上に築かれているのだから。とはいえ、クレイグが見晴らしのよさや分かりやすさの要求について述べていることのなかにも、クワイン的な発想を受け容れない独立した理由——おそらく決定的でもある理由——を見出だすことは可能である。クワイン的な発想においては、たまたまこうであるような世界で真であるというだけとして受け容れられている命題と、それだけではなくすべての可能な世界で真であると見なす傾向がわたしたちのうちにあるような命題とのあいだには、たかだか程度の違いがあるだけであって、本性的な違いはない。言い換えれば、まさに必然性の観念にかんして、クワインが最終的に行き着くことになる懐疑論を回避するような違いはない。

記述的言明と記述の規則とのあいだにウィトゲンシュタインがつけている区別を支えている直観的な基礎は、十分に頑丈なもので、クワインの議論では、この区別の正当性に疑いを抱かせようとしても、まったくうまくいかない。クワインの言い分を認めてもよいのは、まず、分析－総合の区別は、満足のゆくしかたでは、けっして説明されたことがないということであり、また、必然－偶然の区別は、第一の区別に還元可能と思われるかぎりにおいて、第一の区別以上のものではないということだ。ただし、ここまで理詰めにされても、この種の区別がどのみち確かに存在するのでなければならないという確信が揺らぐことは、実際にはないのであるが。クワインの漸進主義的で全体論的な構想がとっさに抵抗にあう理由の一つは、クレイグが言うように、わたしたちが理論に要求するのは、たんに現象を満足のゆくしかたで組織化し体系化し予言することではない、ということである。むしろ、理論が世界をある程度まで見晴らしのよいものにしてくれることをもまた、わたしたちは求めるのだ。さて、ある時点で真として受け容れられるどんな言明といえども、原理上、別の時点では偽として拒否される余地があるのだと認めざるをえないとすれば、そのことが意味するのは、科学の顕著な「操作的な」成功にもかかわらず、また、科学が実在の支配に成功しているその効能にもかかわらず、実在は科学にとって基本的に見透かしがたいものであり続けている、ということにほかならない。クレイグが認めているように、予言能力の株が一貫して騰り続けると、それと相関的に必然性という観念の価値は下落し続ける。「もしもひとの認知的企てがたんに「その持続する感覚的刺激に合うように科学的遺産に変形を加える」[1]ことでしかないのなら、いかなる言明も、曲げられることを絶対に免れていると、期待されるべくもない」[2]。「7＋5＝12」のような数学的命題さえも、結局のところほんとうは、改訂の可能性を免れているわけではないというクワインの考えが、かれの読者の多くに、理解できないとは言わないまでも、やっとのことで受け容れうるものだと思われているというのは、ありそうなことだ。じつのところ、この改訂可能性は、まったくもって理論上のことである。というのも、この種の命題についてわたしたちが再検討を受け容れるのは、最後の手段としてであり、他の解決法がまるでない場合に限られているからだ。また、そうしようとわたしたちが決意するためには、見込まれる利益があきらめられた犠牲に見合っているのでなければならないからだ。他方、クワインが抱いているような構想では、妙ちきりんな算術といえども、それが事実と共存可能になるような十分に根本的な変化を、体系の他の部分にもたらす用意さえあれば、わたしたちはそうした算術を含んだ、物理世界についての理論を今後採用することができる。そうした考え方に、クレイグは重要な反論を対置している。かれが指摘するのはこういうことだ。正統的な算術を放棄するとき、わたしたちは、たんに体系の中での重大な修正に踏み出さなければならなくなるだけではないのである。同時にわたしたちは、どういう体系であれある体系を採用するための主要な眼目の一つを、断念しなければならなくなるのだ。つまり、実在をわたしたちの精神にとって理解可能で見晴らしのよいものにしようとする欲求や希望を、である。[3]

『数学の基礎』でウィトゲンシュタインは、わたしたちが、以前からずっと間違って12×12＝144だと信じてきたけれども、この命題はほんとうは偽だと発見したとして、そのときなにが起こることになるのだろうと不審がっている。

「この奇妙な可能性を考えてみよ、われわれがこれまでずっと掛け算12×12を間違って計算してきたのではないかということ。確かに、どうしてそうなったのかわからないが、そうなったのだ。したがってそのように算出されたものはすべて間違いである！——しかしそれがどうしたというのか。実際、全然どうもしないのだ！——その場合、算術の諸命題の真偽についてのわれわれの観念には、なにか間違ったところがあるに違いない」（BGM, p. 90〔『全集』第七巻、九三頁〕）。

思うに、ウィトゲンシュタインが言いたいのは、こういうことだ。もしもわたしたちが算術命題の真偽という概念を有しており、その概念のおかげであるときふと、この種の掛け算のときにこれまでずっと間違っていたと気づくことができたのだとすれば、そのときはおそらく、その概念そのものが間違っているのである。12×12＝144のような命題が間違っていると判明しうるという想定に意味はない。なぜなら、この種のことを認めることは、結局のところ、算術命題が（そしておそらくは命題一般もまた）真であったり偽であったりすることがありうるという発想を、そっくり断念するようわたしたちに強いることになるのだから。深刻な動揺をきたしているのは、わたしたちが現に有している世界像のみではない。なんらかの世界像を構築しようと試みる発想そのもの、ひいてはわたしたちと世界との関係全体がそうなのだ。もしも実在がこのようなしかたでわたしたちを誑かしうるのであるとしても、それでもなお、実在――それを認識しようとわたしたちが努めているものであり、また、わたしたちが自分たちこそそれを認識しうる者だと見なしているもの――について語るどのような意味があるというのか。ウィトゲンシュタインが書いているように、「「たとえ悪魔がわれわれを欺いたとしても、万事うまくいっている」と言えるところでは、悪魔がわれわれに加えようとしている悪戯は、まったく目的を果たさない」(BGM, p. 159〔『全集』第七巻、一五一頁〕)。さて、これこそがまさに、12×12=144のような算術命題の場合にわたしたちが最初からずっと騙されてきた可能性がある、と想像しようと試みるときに生じることにほかならない。

哲学的な観点から、ウィトゲンシュタインは、わたしたちの概念が現にそうであるのと異なりうるということに気づくのが本質的に重要だと考えている。だからといって、わたしたちの概念が現にそうであるのと異ならなければならないということにはならないし、わたしたちがしじゅう別の概念を試みなければならないというわけでもない。妙ちきりんな計算技術を使ったり、変形したり長さが伸びたりする計測道具を使ったりする部族について書いているすべてのことにもかかわらず、ウィトゲンシュタインはけっして、非正統的な概念体系や表現方法を系統的に産出するよう勧めることに努めてはいない。哲学者たちが、妙ちきりんな体系をおもしろがって興奮するのはなぜか。それは、第一に、かれらに次の二つのことを同一視する傾向があるからだ。一つは、たとえばある種の現象を記述するために、ふつうの論理学ではなく非標準的な論理学を使うことが可能だということであり、もう一つは、ものごとがわたしたちが慣れ親しんでいるのとはまったく異なる論理に従いうることが発見されることである。第二に、より一般的には、哲学者たちには、実在のふるまいが、じつは自分の想像力不足のために一度も思ってもみなかったようなものであるのを発見しようと、しじゅう身構えていなければならないと考える傾向があるからだ。こうした傾向がなかったとすれば、哲学者たちが妙ちきりんな体系をありがたがることなどほとんどないのは確かである。この点にかんするウィトゲンシュタインの意見はこうだ。わたしたちは、新しい論理を発明できるし、その新しい論理を実在に適用しようとするならどんな種類の記述をすることになるのかについて、必要ならなにごとかを学ぶこともできるけれども、どんな場合であろうと、実在がこれこれの種類の論理に従っていると発見することはありえない。

「わたしは、C・I・ルイス〔訳注1〕の見解やワルシャワ学派〔訳注2〕の見解を取り上げているのではない。なるほど、そこではさまざまに多くの論理が展開されている。だが、一つ以上の論理とわたしが言うとき、たとえば命題が二値ではなく、三つの可能性、真、偽、そして可能、の三値をとるとされる三値論理のような非アリストテレス的論理のことを言っているわけではない。そうしたゲームを作ることは、それがゲームであると理解されていないかぎり、大きな危険を伴っている。そうしたゲームの価値はそれらが偏見を打ち壊すところにある。すなわち、「必ずしもこのやり方でなくともよい」ということをそれらは示すのである。だが、それがあたかも科学の言明であるように言われるとき（つまりこんなぐあいだ。「諸君はネズミとはすべてこういうものだと考えているが、じつはそうではないネズミもいるのだ」）、そのとき、たとえば三値体系は論理の拡張であるように見え、一つの発見を提示しているように思われてしまうかもしれない」（WLC 1932–35, p. 139〔邦訳、二五七—二五八頁（文庫版三二一頁）〕）。

予想がつくように、ウィトゲンシュタインは、直観主義論理学に夢中になるどころか、ブラウワー[訳注3]を、かれが排中律に従わない命題を発見したのだと思い込んだとき、まさにこの種の混同を犯しているのだと非難する。

「かれは命題を発見したのではなく、命題のみかけをもったなにものかを見出だしたのだ。ここにおける状況は、チェスのようなみかけを保ちながら、なおチェスよりは綱引きと類比的であるようなボードゲームの場合に似ている。数学者がみずからを表現するしかたは自然科学の言語からとられている。「排中律は無限集合についての命題にはあてはまらない」という言い方は、「この大気の層ではボイルの法則は成立しない」という言い方に似たものとなっている」（WLC 1932–35, p. 140〔邦訳、二六〇頁（文庫版三二三頁）〕）。

量子力学において観察可能な現象を説明するために要請するのを強いられてしまっている存在者や過程が、想像するのが困難だったり不可能だったりする特徴を有する、ということはありうる。しかし、だからといって、とりたてて満足のいくことにはならないかもしれないことは別にしても、このことは、クレイグが指摘しているように[4]、通常の巨視的な対象のふるまいが妙ちきりんな算術規則に従うのだといつの日か認めなければならないということとは、まったく別のことである。妙ちきりんな算術を含む概念的理論的枠組みが、それを受け容れるのをわたしたちが納得するような記述的予言的な力を、いつの日か所有すると信じるのはほんとうに難しい。たとえ、科学が本質的な点で進歩して、想像可能なものの範囲が大幅に拡大したのが明白だとしても、想像可能性という要件をまったく放棄すること（論理的な想像可能性や算術的な想像可能性も含む。それを放棄するということが意味をなすかぎりでだが）で結果する変化が、途方もなく根本的で重大なことになるのは明らかだ。なにしろ、わたしたちにとって知的な観点からはまったく未知の現実の中で、今後は暮らしていくことになるわけだから。

必然的真理は、物理的世界と異なる宇宙で実現している、いわば生《なま》の事実と対応する。そして、それを把握するための特殊能力なりなんなりが誤りを犯しがちであるとしても、その生《なま》の事実をわたしたちはあるがままに認識しうる（し、認識しなければならない）。それが強い意味での認知主義の主張だ。この種の理論が、必然的なことを端的なことから区別する特性がどんなものなのかを説明しないのは明らかだ。なにしろ、その事実はその物理的宇宙と異なる宇宙に現にあるのであり、そのようにしてあることが意味するのは、そのようにしてあるのでないことがありえないということだ、というのだから。こうしたものの見方にウィトゲンシュタインが対置するのが、必然性にこの種の「実在」をあてがうことを拒否する考え方である。わたしたちは神御自身ですら2+2=5となるようにはできないと言いたくなる。その通りだとすれば、それは、卓越した実在が立ちはだかっているからではなく、むしろ、わたしたちが創造した概念結合のゆえにでしかない。

認知主義にとって、論理的な「でなければならない」の堅固さは、つまるところ、論理学や数学の理論が正確に表現しようと努めているある種の事実の特別な堅固さに帰着する。ウィトゲンシュタインにとっては、前者の堅固さは、わたしたちがみずからに押しつけている規則の堅固さでしかありえない。さて、永遠の真理があるとすれば、それについての認識は、撤回不能という特性をもつのでなければならない。しかし、ある命題に規則の無時間的特性を与えようという決断がそのような特性をもたないのは明らかだ。それゆえ、たんに想像不可能性——必然的真理を必然的真理としてわたしたちに認識させる——が完全に確定してはいないという理由だけでも、必然的真理は歴史を有するという考えるのは、まったく腑に落ちることである。しかし他方、この種の「懐疑的な」考え方はほぼ否応なしに、ある種の価値理論が引き起こすのと同類の不信心をもたらす。そうした価値理論によれば、倫理的な判断は、もはや実在する事実を表現するのではなく、むしろ、わたしたちが世界にかんして評価的なかたちでもつ感情や反応や態度を実在へと投射するにすぎない。さて、実在する必然性が与える感じでは、それが依拠しうるのは、「堅固な」種類の客観的事実を認識すること以外のなにものにでもない。だとすれば、蔓延しかねない考え方、つまりウィトゲンシュタインのいわゆる哲学的「治療」の対象となるべき考え方とは、これまで重大なことが大なり小なり隠されてきた、という意見だということになる。隠されてきたのは、一方の場合であれば、「論理的な「でなければならない」の堅固さ（die Härte des logischen *Muss*)」とウィトゲンシュタインが呼ぶものであり、他方の場合であれば、「道徳的な「しなければならない」の堅固さ（die Härte des moralischen *Soll*)」と呼びうるものである。

ウィトゲンシュタインから見れば、フレーゲの存在論的プラトニズムは、可能だと認められることはきっとすでにどこかで実現されているはずだということに、基本的に依拠している。

「偉大な思想家だったフレーゲが言っている。ユークリッドには直線は任意の二点間に引くことができるとあるけれども、実際にはだれも引かなかったとしても、直線はすでにそこにある、と。この考え方によれば、幾何学の領域というのがあるのであって、そこには幾何学的な存在者が存在しているのだ。通常の世界で可能性と呼ばれるものが、幾何学的世界では実在と呼ばれる。ユークリッド的天国では、二点はすでに結ばれている。これはきわめて重要な考え方である。可能性を別種の実在性と考えるわけだ。実在の影と呼ぶことができるだろう」(WLFM, pp. 144–145)。

こうした考え方(それが格別に重要であることをウィトゲンシュタインは一方で認めているのだけれども)に抗してウィトゲンシュタインが述べる反論は、一見して、算術の場合と幾何学の場合とを区別しないことであると分かる。

「25×25という掛け算をして625を得る。しかし、数学の領域においては、25×25はすでに625である。──即座の反論はこうだ。それは624でもあり、623でもあり、ほかのどんなへったくれでもある。──望みの任意の数学体系について考えれば。──二点間に一本の直線が引かれているのなら、その二点間には一〇〇〇本の直線がある。──異なる幾何学では異なることになるのだから」(WLFM, p. 145)。

ヒンティッカの言い方に従えば、意味論に徹底して禁欲的であったために、ウィトゲンシュタインはいかなるメタ体系的な論述にも踏み込めなかった。それができれば、体系に先立つ実在と比較して、体系そのものの「真理」や「正確さ」を問題にすることができたのだが。この種の保証は、期待も依頼もできない。フレーゲであれば、算術と幾何学とでは事情が大きく違うということに注意を促し、抗弁するのは明らかだ。算術は端的に論理学に属するのであり、したがって、その公理のうちのどれかを否定したなら、それで直接に論理法則と矛盾をきたすことになるけれども、幾何学は純粋に論理的とはいえないアプリオリなものに依拠しており、固有の公理をもっているので、そのうちのどれかを否定したところで、論理的な矛盾に逢着しないこともありうる、というわけである。だれかがウィトゲンシュタインに反論して、算術さらには初等算術についてかれが持ち出す可能性は、まったく想像不可能な種類の可能性だと指摘するならば、ウィトゲンシュタインの答えは間違いなく、それはたしかにそのとおりで、しかもありうべき最も徹底的で確定的なしかたで想像不可能なのだけれども、それを言うならば、非ユークリッド幾何学が発見される以前には、二直線が空間を囲む可能性だってきっと想像不可能だったのだ、という答えだろう。真として受け容れられている数学的命題が偽であるかもしれないと想像することは、わたしたちがいつかそれを偽であるとして放棄する気にさせる理由を想像することに帰着する。そして、もしもわたしたちが今からすでにその種の理由を垣間見ることができたとしたならば、それを規則として受け容れるにあたってその命題に与えた堅固で格別な地位を再考しなければならないかどうかを、今からわたしたちは自問することになるだろう。

ユークリッド幾何学の公理を規約と特徴づけたときに、ポアンカレが言おうとしていたことが、ギリシャの幾何学者たちが多くの可能な選択肢からそれらをほんとうに選び取ったのだ、ということでないのは明らかだ。ウィトゲンシュタインもまた、算術の場合にわたしたちがそんなことをしたなどと示唆してはいないし、この場合にはなにしろ選択するべき材料がないのだからして、なおのことそんなことを示唆できるはずがない。それならば、ウィトゲンシュタインが言いたいのは、幾何学の場合に起きたのと似たことが算術の場合にもいずれやはり生じると予期するべきだ、ということだろうか。確実に違う。かれが言いたいのはむしろ、この点についてわたしたちが安心を得たいのだとしたら、数学的存在者という実在論的な考え方は全然役に立たない、ということだ。というのも、〔その考え方によれば、〕可能でなかったがいまは可能になったことというのもまた、すでにある意味で実在的であったのでなければならないことになるだろうからである。ユークリッド幾何学についての実在論的で絶対主義的な確信は、非ユークリッド幾何学の発見（ウィトゲンシュタイン的な言葉づかいでは、発明）がそれを真剣に受け取ることを強いるような種類の可能性に対して、なんらかの安心を与えてくれるだろうか。まさにこの点において、数学的実在論は、間違った説というよりも、むしろまったく空虚でしかない説なのだ。この説は、わたしたちがどこでなにを探求しなければならないかを指示して、宙吊りになっている数学的な問いを解決に導くと思われている。しかし、それがそうしたことをなにもしないのは明らかだ。ウィトゲンシュタインであれば、そうしたことをほんとうになしうるのは、わたしたちがその中で現に探求している体系だけだと言うだろう。かれの使う比喩を踏襲すれば、物理的問題を解決するには物理的世界を探検すればよいけれども、どんな数学的解決も、数学的存在者が先在する世界における探検の成果として描くことはできない。したがって、つまるところフレーゲ的な考え方は、ウィトゲンシュタインがそうでないかと疑っている以上の考え方ではない恐れがある。すなわち、それは非常に魅力的だけれども恣意的な像であって、それに反対して言うべきことはなにもない。ただ、それをどのように適用したり利用したらよいのか、いっこうに分からないということ以外は（cf. WLFM, p. 145）。この議論を通じて注目されるのは、フレーゲに対するウィトゲンシュタインの敬意が、『算術の基本法則』の著者が信憑性を与えようとする怪しげな像へのかれの抵抗と同じくらいきわだっているということだろう。「これはフレーゲの議論を破壊するものでは全然ない。なにかうさんくさいところがあるのを示しているだけだ」（*ibid.*）。

わたしたちが物理的実在の像を物理学そのものの中でも物理学の外部でも使っている、その使い方にかんしてひとが自問できるのは当然である。ウィトゲンシュタインが述べていたのはおそらく、物理的実在に物理学において意味や適用が与えられるのは、わたしたちの物理学の体系が——それがどれほど別様のものでありうるとしても——〔その体系から〕独立した諸事実からなる宇宙に適合すると思われているからだ、ということだ。たとえほんとうに、わたしたちが問いうる問い、手に入れうる答えが、選択した体系にある程度まで依存するのだとしても、やはり、問いが問われるのは物理的実在に対してにほかならず、答えが探されるのは物理的実在の中においてにほかならない、というそのことは変わらない。他方、数学の体系については、もしもウィトゲンシュタインが信じていたとおり、わたしたちの体系が適合する数学的な事実などないのだとすれば、数学的実在という像は、実際にはなんの役にも立たないし、なんの頼りにもならない。ウィトゲンシュタインは、その像を受け容れることはもちろん、それを批判することもやはり同様に危険であると考えていた。というのも、それを批判する者は有限主義の立場に固執する誘惑に襲われるし、そうでなかったとしても、固執していると疑われるからである。ウィトゲンシュタイン自身、そうした立場を取ろうとも示唆しようともするものではないと、みずからを弁護している。「わたしは超限的な命題が偽だと言っているのではない。悪しき像がそれに伴う、と言っているのだ」（WLFM, p. 141）。ウィトゲンシュタインが望んでいたであろうのは、その種の像から、その魅力的で関心を集める要素の大部分を引き剝がし、わたしたちにそれを放棄することを納得させることだ。是非はともかく、かれが思ってもみなかったのは、かれの断念が哲学的欲求不満の感情よりも、もっと劇的で壮絶な帰結をもたらすかもしれないということである。

原注

（1）W. v. O. Quine, « Two Dogmas of Empiricism », in *From A Logical Point of View*, Harper & Row, 1963, p. 46.〔『論理的観点から』、飯田隆訳、勁草書房、六八頁〕

（2）E. J. Craig, « Arithmetic and Fact », in *Exercises in Analysis: Essays by Students of Casimir Lewy*, edited by I. Hacking, Cambridge University Press, Cambridge 1985, p. 105.

（3）E. J. Craig, « The Problem of Necessary Truth », in S. Blackburn (ed.), *Meaning, Reference and Necessity*, Cambridge University Press, Cambridge, 1975, p. 30.

（4）E. J. Craig, *ibid.*, pp. 29–30.

訳注

〔訳注1〕C・I・ルイス〔Clarence Irving Lewis, 1883–1964〕は、米国の論理学者・哲学者。論理学史においては、厳密含

意（strict implication）の概念と、S1からS5までの五つの様相論理体系との創案によってとりわけ名高い。論理学上の著作に、*A Survey of Symbolic Logic* (1918) およびラングフォード〔Cooper Harold Langford, 1895–1964〕との共著 *Symbolic Logic* (1932) がある。

〔訳注2〕ワルシャワ学派とは、一九二〇年代から三〇年代にかけてワルシャワ大学で活躍したウカシェヴィチ〔Jan Łukasiewicz, 1878–1956〕やレシニェフスキ〔Stanisław Leśniewski, 1886–1939〕を中心とする論理学者たちのグループのことである。ウカシェヴィチは、アリストテレス論理学や多値論理の研究で知られ、邦訳書に『数理論理学原論』、高松鶴吉訳、文化書房博文社、一九九二年がある。なお、ウィトゲンシュタインの講義では、三値論理をはじめとする多値論理を「非アリストテレス的」だとしているが、むしろ「非クリュシッポス的」であると言うべきだという人もあるかもしれない。コタルビニスキーによれば、ウカシェヴィチが多値論理を構想した背景には、決定論への関心があり、それが古代ギリシャの論理学へとかれを導いた。アリストテレスに帰される論理学は、（たしかに支配的なのは古典的な見解であったが、）将来の行為の結果にかかわる予想の場面では、三値論理に余地を残している。そして、そのことが、例外を許さない二値論理の擁護者クリュシッポスらストア派と、決定論に反対するエピクロス派との論争に道を開いたのである（コタルビニスキー『論理学史』、松山厚三訳、合同出版、一九七一年、一七二―一七八頁を参照）。

〔訳注3〕ブラウワーは、数学とは数学者がおこなう心的な構成活動にほかならないとする直観主義を提唱したオランダの数学者（第二章訳注3参照）。論理主義や形式主義を、心的構成の言語的対応物でしかないものを数学の対象と誤認し、数学的構成にあとから観察される規則性にすぎない論理法則を数学の法則であるかのように使用する立場だと批判した。そうした乱用を代表するのが排中律――A∨¬A（AあるいはAでない）がつねに妥当するという原理――の無限集合への適用である。ブラウワーと直観主義については、金子洋之『ダメットにたどりつくまで』（序文訳注9参照）が参考になる。

結論

数学的命題という特権的な例を通じて、ウィトゲンシュタインがその権威を失墜させようとしていたのは、文法的命題が通常の命題と異なるのは、たんにそれが特別な本性をもつ対象についての命題だからだ、という考え方であった。『青色本』でかれは、「幾何学的な眼」と「物理学的な眼」とが、あるいは「樹木のセンス・データ」と「物理的な樹木」とが、二つの別の種類のものであるかのように語る人たちは、「ちょうど、数は数字とは別の種類の対象だ、と言う人たちのように」(BlB, p. 64〔『全集』第六巻、一一六頁〕)、種類という語の文法について誤りを犯しているのだ、と指摘している。混同の出所は、かれらが「鉄道列車と鉄道駅と鉄道車輌は異なる種類の対象だ」のようなことを発言しているつもりで、じつはむしろ「鉄道列車と鉄道事故と鉄道法規は異なる種類の対象だ」(*ibid.*〔同右〕)と似たようなことを言っていることである。

問題になっているいずれの場合でも、まやかしの種は、「対象」について語ることではなく、むしろ、

「種類」という語そのものが数多くの異なるしかたで使われることを顧みずに、異なる種類の対象について語ることである。「われわれは数の種類、命題の種類、証明の種類について語る。そしてまた、りんごの種類、紙の種類等について語る。一つの意味では、種類を定めるものは、甘さ、固さ等の性質である。だが別の意味では、種類の違いは文法構造の違いなのである」(BIB, p. 19〔『全集』第六巻、四八頁〕)。

基数がある特別な「種類」の数であるかのような語り方を、ウィトゲンシュタインは危険視する。といというのも、そのような語り方をすると、この種の数を扱う算術という分野とさまざまな数学の諸分野との対比が、特殊なものとより一般的なものとの対比と同じようなものであると、示唆してしまうからだ。それはあたかも、たとえば果樹学概論や鳥類学概論がなにかある種類に言及し忘れて不完全になりうるような意味で、数のいろいろな種類の目録を作ろうとして、それが不完全でありうるかのようである。果樹学や鳥類学の場合なら、それが完全かどうかについて、自然そのものが提供する規準がわたしたちにはある。しかし、この種のいかなる規準をもってしても、ある文法構造を他の文法構造で「拡充」ないし「補完」しないかぎり、わたしたちの数学的宇宙にはどこか欠けた部分がある、と言うことはできない。ウィトゲンシュタインが批判する自然誌モデルがわたしたちに押しつけるまったく不適切な表象によれば、数学的な種類は、いわばある種類が別の種類に由来しうるようなものであり、そのうちのあるものはより原始的で、別のあるものはより進化しており、おそらくは、いくつかの種類がいまだにわたしたちに発見されるのを待ち続けているのである。

数学的対象は一般に通常の対象とは異なった種類の対象であると述べるときに、「種類」という語をやはり別の意味で使っているのは明らかだ。鉄道列車と鉄道事故と鉄道法規が三つの異なる種類の対象だと述べることには、もちろんなんの不都合もない。実際のところ、ほぼどんな言語表現でも、それがあるタイプの対象を指示すると言うことができる。最良の場合であれば、そのように言ったところで、興味深いことを言ったことにも危険なことを言ったことにもならない。しかし、最悪の場合であれば、重大な文法的な差異をのっぺりと一様な外観のもとに覆い隠してしまう恐れがある。ウィトゲンシュタインによれば、これこそが、数を数字によって指示される対象と見なすときに起こることである。「理解という心的過程に関する事情は、三という算術の対象に関する事情と、似かよったところがある。一方の「過程」という言葉も、他方の「対象」という言葉も、われわれをして当の言葉に対し文法的に誤った態度をとらせる」(PG, p. 85〔『全集』第三巻、一〇八—一〇九頁〕)。

この態度はまず次の点で間違っている。すなわち、わたしたちは、いったんある表現にそれに対応する「対象」の類を割り当ててしまうと、文法全体がこの表現と対象との神秘的な関係のうちにいわば凝縮されており、だから、その文法の特殊性について自分はそれ以上に子細に考えなくてもよいのだと考えてしまう点である。なにしろ、文法全体が、対象に対するこの神秘的な関係のうちに、いわば凝縮されているのだから。さらに、名前と対象というモデルをいわば純化して、このモデルを棄てずにすませようとしたり、通常とは別の「種類」の対象と、その種の諸対象が棲まう世界とを要請して、通常の種類の対象が全然存在しないところになんらかの対象がはっきり存在することを説明しようとしたりしたなら、まったく惨憺たるありさまになる。「エーテル的な対象」という発想は、「われわれがある言葉の文法について困惑を感じた場合、そしてそれらが物質的対象の名として使われていないことだけが明白な場合」(BlB, p. 47〔『全集』第六巻、九一頁〕)にわたしたちが飛びつく古典的な言い逃れである。実際、わたしたちは、ここで問題となっている対象が物質的でないと言うのだけれども、容易に分かるように、わたしたちは一般に、違う種類の素材からできたものという以外に、その対象を思い描くことはできない。そして、数学の対象の場合には、その素材は、この上なく微細であって、しかも完璧に不変で、無限の耐久性をも有するのでなければならない。

「数の名前」、「色の名前」、「物質の名前」、「国の名前」などといった表現はまったく無害であり、ウィトゲンシュタインがそうした表現を使ってきた慣習とあえて戦おうとしているわけでないのは明らかである。かれが批判するのは、「それに見合う数多くのいろいろな言語表現それぞれの機能の間で十分な類比をしなければ、さまざまなものの名前について語ることはできないのだけれども、いつでも結局、内容がある類比の代わりに、いろいろな種類の対象すべてを名前が指示しているという類比に訴えることができる」と考えてしまう傾向である。数の名前や方向の名前についてわたしたちは語るのだが、そんなことを許す類比がどこにあるのか。抽象的な対象の場合を考慮する以前には、「名前」と呼ばれるさまざまな表現の、その互いにほとんど似ていない機能のあいだには、まだ明らかないかなる類比も存在しないということのうちに「その類比がある」というのが実際かもしれない（cf. BrB, p. 82〔『全集』第六巻、一四〇―一四一頁〕）。

たとえばチェスのゲームの規則は結果として対象を構成すると言いたくなるかもしれない。そしてその対象は、明らかに、チェス盤上でその身代わりをしている物質的なものと同一視することはできない。そのことは、チェスをするのに盤上の物理的な駒を動かす必要など全然ないということからも分かる。となればまるで、チェスができるためには、キングの機能（能力）を確定する規則とキングであるのはどの駒かということとに加えて、さらに第三の要素を知らなければならないかのようである。ウィトゲンシュタインが説こうとしているのは、この第三の要素（見たり触ったりできるその相関物とは異なる本性をもつ対象）がほんとうに果たしている役割といえば、まさしく使用を記号と並んで存在している対象であるかのように表象したいという哲学的欲求を満足させる以外にはなにもない、ということだ（cf. BlB, p. 5〔『全集』第六巻、二七頁〕）。そして、かれにとって、それについてフレーゲがどう考えていようとも、違いはすべて適用によって生まれるのであって、それ以外には、算術の規則とゲームの規則とを根本的に区別しうるものはない。

数の名前や方向の名前について語るときに、わたしたちは当然「数や方向は対象のさまざまな形式にすぎない」と言いたいわけではない（そのように言うことで自分たちがやっていることを正当化しているように思えるかもしれないが、そうでないのは明らかである）。むしろおそらくは、数の名前と方向の名前とは、わたしたちが名前と見なす他の表現に、それらどうしが似ていないのとちょうど同じ程度に似ていない、と言いたいだけだ。混同が生じるのは、ひとが想定される類比を明確化しようと試みて、対象のどのような類や種が数や方向でありうるのかと自問するときにほかならない。

文法的命題は特殊なタイプの対象をあつかうのだと考えるとすれば、二つのとても難しい問題を解決する責務を背負い込むことになる。第一の問題は、別の実在に属するそれらの対象が、具体的な実在とどのように関係するのかということであり、第二の問題は、それらの対象が、認識主体とどんなたぐいの関係をもつのかということである。ウィトゲンシュタインは、言語の規則を把握したり適用したりする能力以外に、要請するべきなにものもないことを示すことによって、この二つの難問を同時に解決しようと試みる。たしかに、「規則」や「規則に従うこと」と呼ばれるものは、これはこれで、きわめて厄介な哲学的問いを立てることになるかもしれない。しかし、ともあれ、これは目新しい問いではない。というのも、感覚不可能だけれどもなんらかのしかたでそれと接触する能力がわたしたちにあるような対象から、規則をいわば読み取ることができると認めたとしても、どのみちこの問いに出会うことにはなるからだ。

いま挙げた二つのうち第二の問題を解決するためには、わたしたちの通常の認識方法で接近不可能な実在を認識するのに適した、特殊な能力を想定するのが一般的である。第一の問題を解決するためには、イデア的対象（少なくともとにかくそんなようなもの）を、現実世界において、多少ともそれに似た対象が代理しうると想定される。数学的言明は、数学的実在を正確なしかたで記述する一方、その適用対象たる物理的実在を、間接的で不正確でしかないしかたで記述する（問題になっているのは物理的でもある実在なのだから）。こうした可能性を斥けるにあたってウィトゲンシュタインが、かれ自身『論考』において誑かされていた形態の神話のきわだった見本として告発するのは、〔イデアの〕分有についてのプラトン的学説（描像というのがより正確か）を、多少なりとも想起させるすべての考え方である。「死の追放、あるいは死を殺すこと、しかし、他方において、死は骸骨として、それ自身ある意味で死んでいるものとして叙述される。「死のように死んでいる」。「なにものも死ほどは死んでいない、なにものも美自身ほど美しくはない」。人がこのような場合それによって実在を考える描像は、美、死等が――それらはある美しい対象のうちに混在してはいるが――純粋の（凝縮された）実体である、という描像である。――そして、このような場合は、「対象」および「複合体」についてのわたしたち自身の考察を確認することになりはしないか[1]」。

わたしたちには、数学的命題が数学的対象（つまり、数学的命題がそれについて述べていると考えられているもの）に帰する特性を、それが通常の実在の成分として現われるさいには本性がまったく異なる別の成分と混じり合ってでなければならないようなものとして理解する傾向がある。ウィトゲンシュタインの考えでは、この錯誤は、表現の原理ないし規範として機能する道具立てが、わたしたちの言語のうちに占める特別な地位を認知しないことに由来する。「イデア的」対象が通常の対象と異なるのは、なにか（完璧さや正確さや純粋さ等）が「優る」からではない。優っているか劣っているかという問いが意味をもつのは、そうした対象を範型として利用することによってなのだ。そうした対象は比較方法を提供するけれども、その対象自体は、その対象によってはじめて比較可能になるものと、その比較項目にかんして比較可能ではない。あるいはまた、そうした対象はものさしたりうるが、それ自体にものさしをあてることはできない、と言ってもよい。だからといって、一方に、ある特性を最高度に有するイデア的なものが存在し、他方に、その特性を不幸にもいつも少し劣った程度にしか有しない対象を構成するために発見されるべき方法が存在する、というわけではない。イデア的な対象は、ある意味で、近似法それ自体によって構成されるのだ。

> 「定規を作る一つの方法が明らかに存在する。この方法はあるイデア的なものを含んでいる。つまり、無限の可能性をもった近似法を含んでいる。なぜなら、まさにこの方法がイデア的なものなのだから。

あるいはむしろ、無限の可能性をもった近似法がある場合にはじめて、この方法をもつ幾何学がユークリッド幾何学でありうる（そうである必要はないが）」（Z, §708〔『全集』第九巻、三九二頁〕）。

ウィトゲンシュタインは、「ひとは、ある一つのものについては、それが一メートルであるとも、一メートルでないとも主張することができないのだが、それはパリにあるメートル原器である」と指摘する（PU, §50〔『全集』第八巻、五六―五七頁〕）。このように言うときに、もしもある特性をある対象に帰属させたのであれば、奇妙な特性を帰属させたことになるのは明白である。しかし、メートル原器についてこのようなしかたで語るときに、わたしたちは実際上たんに「メートル尺を使って測定するというゲームの中でそれが果す独特な役割を特徴づけたにすぎない」〔ibid.（『全集』第八巻、五七頁）〕。メートルがなかったとしたらメートルで測定できないし、色がなかったとしたら色について話すことはできないし、数がなかったとしたら対象を数えることはできないし、等々とわたしたちは思っている。それに対してウィトゲンシュタインはこう応じる。「見かけの上で存在していなくてはならないものは、言語に属している。それは、われわれのゲームにあっては、一つの範型であり、それとの比較がおこなわれるようななにかである」（*ibid.*〔同右〕）。あるものについて、それが赤である（とかないとか）と語りうるためには、赤が見かけの上で存在するのでなければならないとか、これこれの種類のものが三つある（とかないとか）と語りうるためには、三という数が存在するのでなければならないとかいったことは、結局のところ、ゲームの中にそうした道具立てやその使用法を確定する規則が存在しないならば、わたしたちはそれを利用できない、という陳腐な発想に帰着する。しかし、原型はゲームに属する道具立てであって、ゲームがなされうるためにゲームの外に存在しなければならない対象ではない。

なにが起こっても存在するはずの対象、それゆえ通常の種類の対象ではありえない対象に結びつけられることによって、はじめて有意味である名前が、言語の中に存在するように見える。通常の実在性をもついかなる対象にも適用しえなくなったとしても、意味を保持し続ける名前があるのだから。ウィトゲンシュタインが見つもるところでは、この種の必然的対象を相手にしている感じがしたとしても、そのとき実際にわたしたちが思考しているのは、表現体系の原理であり、それは露わであるにもかかわらず、みずからが表現されることはない。

この種の——英知的な（あるいはとにかく感覚不可能な）、無時間的な、不変の、破壊されえない——対象の存在という問題は、数学の場合にとりわけ鋭角的に提出される。無限が介在してくるという、余分な困難のためである。無限についての言明は、対象が無限に存在すると前提している感じを与える。そして、こうした言明が有意味かどうかが、無限が自然の中に具体的に例化されるかどうかにかかっているはずがないのは明らかなのだから、数学的な宇宙の中の数学的対象についてしか問題にはなりえない。ウィトゲンシュタインの応答はこうだ。いかなる数学的言明もほんとうに無限についての言明なのではないし、いかなる存在問題もそこで提出されない。無限は、表現体系そのもののうちに刻み込まれた可能性という形でしか現われえないのだから。「無限公理（axiom of infinity）を言明する可能性がすでに無限に多くのことを、——したがってそれが主張しようとすることを——前提しているので、無限公理は無意味である。〔訳注1〕たとえば、無限のような論理的概念については、その本質がその存在を証明する、と語ることが可能である」（PB, p. 124〔『全集』第二巻、一五六頁〕）。

数学的言明は抽象的対象にかかわるのではないと考えてきた数学の哲学者たちは、それらが実際にはほかのもの（心的な構成とか、紙上の記号とか、等々）にかかわることを論証しなければならない。そしてかれらの考えでは、数学からその明らかでいわば公認の存在論を剝奪すると決意するなら、再編成や再構成、そしてひょっとすると、途方もなく複雑で問題含みの修正の企てに身を投じざるをえなくなる。ウィトゲンシュタインの立場の最大の特色は、この種の争論に立ち入るのを拒否することにほかならない。かれの確信するところ、数学の基礎をめぐる論争に立ち向かってきた哲学的思考は、ひっきょう、同じタイプの混乱に全面的に乗っかってきたのだ。また、数学命題は規則なのであって、いかなる対象ももたないと認める以外には、体系的に再解釈しようとか、ましてやどのように訂正するか考えるとかいったことは、哲学の問題ではありえないと、かれは確言する。

このことは、ウィトゲンシュタインによる解釈にとって深刻な問題を引き起こさずにはいない。というのも、算術等式のような命題にならかれの提示するたぐいの解釈をほどこすのが比較的容易であるとしても、抽象的対象をあからさまに量化し、この種の対象が存在するといやも応もなく認めざるをえないような感じを与える数学的言明すべてについてそうかどうかは怪しいからである。この種の命題についてさえも、わたしたちがそれらに「散文的に」語らせたがっていることを、それらはほんとうは語っていない、とウィトゲンシュタインが固く信じているのは明らかだ。それらは使われている計算の中でしか意味をもたない。それらは、まさにそういうことをしているという感じを与えるにもかかわらず、計算の外にある対象についてはなにも語らない。「もし２＋２＝４は「偶数が存在する」という命題の証明であると考えるならば、ここで「証明」という言葉がいかにあいまいに使用されているかが分かるだろう。「偶数が存在する」という命題は2＋2＝4から導かれるだろうか！――また、素数の存在の証明とはいかなるものか――素因数への還元の方法。しかし、この方法ではけっしてなにも語られない。〈素数〉についてすら語られない」（Z, § 702〔『全集』第九巻、三九一頁〕）。ただわたしたちが言葉にして与える解釈のみが哲学的問題、とりわけ存在論的問題を生み出しうる。それらの問題は、論理学の有害な影響によっていっそう解決困難になっているのだ。「数学の内部ではすべてのものが算法（アルゴリズム）であり、いかなるものもその指示対象をもたない。われわれが言葉によって数学的事物について語っているように見えるため、それが指示対象をもつと思える場合でも、違う。われわれはそのさいむしろ、まさにこれらの言葉によって、ある算法を構成しているのだ」（PG, p. 468〔『全集』第四巻、三三二頁〕）。

ウィトゲンシュタインはかれの省察の重要な部分を最も初等的な数学に割いていたし、そこで考察されているのは、かれ自身が述べるように、最も初等的な数学を学ぶときに子どもたちが突き当たるのと同種の問題なのである（cf. PG, p. 347〔『全集』第四巻、一五五―一五七頁〕, PG, pp. 381–382〔『全集』第四巻、二〇八頁〕）。してみると、次のように問わざるをえなくなる。ウィトゲンシュタインは、たんにあらゆる手を尽くして、数学がかかわっているのは記述や計算過程の範型、規則、規範とは別のなにものかであることを認めなければならなくなる瞬間を先延ばしにしようとしているだけではないのか。D・ゴットリーブ〔訳注2〕が、算術を要するに「多重性帰属の論理（の部分）」(2)以外のなにものでもないように算術を解釈してみせた〔訳注3〕あとで認めているのは、存在論なき算術を構成することによって可能な利益がどんなことであるにせよ、ほんとうに重要なことが始まったのだと分かるのは「存在論なき集合論が手に入った」事後的にでしかない、ということだ。実数論を構成するのに集合論（とその存在論）が必要であり、しかも集合論があれば算術も手にはいるというのであれば、存在論的含意のない算術など、なんの役に立つというのだろう。算術の対象である数が、特定の種類の集合と（いろいろと異なったしかたで）同一視されうるそのかぎりにおいて、存在論的な問いは、全面的に集合論へと向け直されうることになる。そして、存在論的な問いが避けがたく思われる領域があるとすれば、それはまさにそこである。

ウィトゲンシュタインとしては、集合論においても、計算を、散文や散文が示唆する存在論から厳密に区別することは可能だと主張しているのであるし、基本的には後二者〔散文と散文が示唆する存在論〕に対してしか、異議を唱えていない。しかし、存在論なき集合論を構成することがどこまで可能かというのは、きわめて恐るべき、解決までは程遠い、哲学的問いである。そしていずれにせよ、超限集合論〔訳注4〕についてウィトゲンシュタイン的立場から、なにを保存していると称しうるのか、なにを保存しうると望みうるのかが、いっこうに明瞭でない。ウィトゲンシュタインにとって、存在論的問題が提起されるのは、基本的に、わたしたちが適用を忘れるとき、もしくは、集合論の場合にそうであるように、可能な適用が明瞭でなかったり数学自体の内部でしか実行されていない（超限集合はまずなによりも、数や関数等の集合として現われる）ように感じられたりするときなのである。ウィトゲンシュタインは、集合論が現実への適用によって正当化される可能性を排除していないし、集合論が正当化されるとすれば、そうしたしかたを措いてほかにないと考えている。しかし同時に、ウィトゲンシュタインは、集合論が無限にかんして提供する手法は本来的に不適切であって、結局のところ、それを適用できるような場面はないのだと、完全に確信しているように思われる。たとえばかれは次のように主張する。「「無限な」という語の構文論は、無限に対するラッセルの記号の構文論とまったく別のものなのである」

(WWK, p. 114〔『全集』第五巻、一六一頁〕)。そして、そうだとすればよく分からなくなるのは、ラッセル流のクラス計算がどのようにしたら適用可能なのかということだ。それを適用したい対象は、ラッセルの計算がそのために構想された当のものだというのに。「ラッセルの計算はしたがって、計算としては秩序立っているが、ラッセルがそれを設けたときに信じていたものを成就してはいない。もちろんラッセルは、かれがその計算をつくったときには、たんに一つのチェス遊びを展開しようと意図していたのではなく、「無限な」という語が現実の適用において実際に意味するところのことを、かれの計算によって再現しようと思っていたのだ。しかし、そこにかれの誤りがあったのである」(*ibid.*〔『全集』第五巻、一六一―一六二頁〕)。ラッセルが犯した構文論の間違いとは、「無限な」という語をクラスの形容詞と理解したことだ。この語は、ウィトゲンシュタインによれば、可能性の副詞なのである (cf. WWK, p. 70〔『全集』第五巻、九九―一〇〇頁〕)。どんな計算の規則も恣意的なのだから、ラッセルが恣意的な規則をもつ計算をつくるのを禁止する理由はない。しかし、通常の構文論――ひとが予測する適用の構文論はこちらだ――と、ラッセル流の構文論という、二つの論理的構文論を「無限な」という語がもつわけがないのは明らかだ。

ウィトゲンシュタインと集合論との関係という微妙な問題について述べてきたのは、数学理論をその形而上学から切り離すことに存する困難を、かれはおそらく過小評価していると指摘したかったからにほかならない。カントール〔訳注5〕の理論がそうであったように、数学理論は公然と形而上学的な(そして神学的でもある)「罪」において理解されてきたのだ。シャンカー〔訳注6〕が述べるように、「数学の哲学におけるウィトゲンシュタインの中心的意図は、数学の楽園から形而上学の源泉を追放することだった。しかし、大天使ミカエルといえども、そのような芸当を、エデンの園に立ち入ることなしに成し遂げることはできないだろう」(3)。ウィトゲンシュタインが望んでいたのは、最も一般的なしかたで、哲学者を本質の天国から追い出すことだった。そして、本質がたんに「人間的」でしかない規約の水準まで落ちぶれたのを目にするのは、大部分の哲学者にとってほとんど地獄にいるのも同然である。だから、最後に付け加えておかなければならない。他の大部分の注釈者たちと同様にウィトゲンシュタインの立場を「規約主義的」とするからといって、わたしは、この言葉を使うことが引き起こす恐れのある誤解を無視してはいない。また、(どんな形態であるにせよ)規約主義が、ひとが哲学理論に——とりわけ、その理論が必然的真理一般や特に数学的真理を説明するべく提起されているときに——求めるたぐいの深遠さを根本的に欠いていることを無視してはいない。

「規約主義」よりも威厳がある名前や、たんにもう少し中立的な名前をつけたところで、なにも変わらないことだが、アプリオリとアポステリオリの区別が哲学にとってきわめて重要だとウィトゲンシュタインが認めているとしても、それは、文法規則の背後に、それを認識したり表現したりする責任を哲学が負う、特別に深遠な真理が隠れているからではない。ウィトゲンシュタインの観点からすれば、真相はまさにその逆である。そして、哲学は概念的ないしアプリオリな学問であるので、哲学に固有の命題などというものはなく、したがって、哲学的真理などというものもない。哲学が到達できると思っているものの背後に身を潜めているのは、ほんとうは規則にほかならない。ただし、規則としてはっきりと認知されていない規則である。その点で、現におこなわれているゲームの規則や、代わりに進行しているのを哲学者が見たがっているような別のゲームの規則とは違う。

であろう。というのはそのようにして哲学はアプリオリなものとアポステリオリなものとを示すのだからである[4]」と、ウィトゲンシュタインは認めている。哲学の使命をこのように了解している哲学者が、同時に、アプリオリな真理がなんらかの形而上学的な解釈や説明を必要としているという考えから手を切りうるというのは、信じがたいことだ。しかし、ウィトゲンシュタインが一貫して繰り返し再確認している見解によれば、アプリオリな真理にわたしたちが帰属したくなる特別な深遠さは、わたしたちがある記述規範に同意すると決断したときに使った規定を表現したものでしかない。「なにものかがかくかくであらねばならないと言うときにはつねに、われわれはそこで表現の規範を用いているのである。ヘルツ〔訳注7〕は、かれの法則に従わぬものがあるならば、それを説明する見えざる質量があるはずだ、と述べた。この言明は正しいとか誤っているとかいうものではなく、実際的であるとかないとか言われるようなものであるだろう。「見えざる質量」とか「無意識の心的出来事」といった仮説は表現の規範なのである。それらは、原因があらねばならないとわれわれが言うことを可能にすべく、言語のうちに入ってくる。(…)われわれは自然法則をアプリオリに扱っていると信じているが、じつはそこで扱っているのは、みずからの定めた表現の規範にほかならない」(WLC 1932–35, p. 16〔邦訳、三〇―三一頁(文庫版七五頁)〕)。ある現象に原因があるかどうかを探求しているのではなく、その原因がどういうものかを探求していることは、わたしたちがすでにある体系を採用してしまっているということである。決定論と非決定論の論争で問われているのも、いったいどちらの体系を選択するのか、ということにほかならない(*cf. ibid.*〔邦訳、三〇―三二頁(文庫版七五―七六頁)〕)。

物理学の場合、ある命題が記述規範として導入されたのか、それともあとから却下可能な仮説として導入されたのかを決定するのはとりわけ困難な（だからといってとても重要だとはかぎらない）ことである。しかしいずれにせよ、ウィトゲンシュタインは、ヘルツ（『力学原理』はウィトゲンシュタインのアプリオリ概念に決定的な影響を及ぼした）のほうがフロイト〔訳注8〕よりはるかに明晰に、自分がなにをしているのかを自覚していたと考えている。そうあってほしいとひとが思うほど正確であるとはかぎらない区別だとしても、ウィトゲンシュタインにとってはやはり本質的な区別というのがあり、その区別をとらえそこなうと、いったいどういう点で危険かもしれないのかを、精神分析の例がうまく明らかにしてくれる。ウィトゲンシュタインによれば、フロイトは、かれの使い方でなら、むしろ概念形成命題ないし概念規定命題としてずっとよく機能する命題を、テストされたり検証されたりした科学的仮説として提示するという誤りを犯している。たとえば、夢（いっさいの夢）を欲望の擬似的な実現であると考えるように勧めるとき、フロイトは、ある原型ないし範型を採用することに決めたのであるが、かれがそれを利用するしかたは、それがどういうものであるのかを誤解しているために独断的になっている。「「根源現象」（Urphänomenon）とはたとえばフロイトが単純な願望充足の夢にかんして認識していると思っていたことである。根源現象はわれわれの心をとらえている先入観念なのである」（BF, III, § 230〔邦訳、一五七頁〕）。ウィトゲンシュタインは次のように記している。「ゲーテと意見が一致する人は、ゲーテが色の本性を正しく認識していたと思っている。〔訳注9〕ここで言う本性とは、実験（Experimente）から判明するものではなく、色の概念のうちに含まれているのである」（BF, I, § 71〔邦訳、四三頁〕）。ゲーテと意見が一致することが意味するのは、この場合であれば、現象が強制されたものとして知覚されるときに、その現象を記述するあるしかたを受け容れることである。同様に、フロイトと意見が一致するひとは、フロイトが夢の本性を正しく認識していたと評価するだろうけれども、それは、フロイトが夢の真なる本性や真なる概念としてなにかを（実験的に）発見したことを意味しえない。

〔ウィトゲンシュタインにとっては、〕たんにアプリオリな命題と経験命題の区別が切り捨てられないだけではない。むしろ、ある命題をこの二つのどちらのしかたで用いているのかがつねに確定可能ではないからこそ、哲学的問題がどういうものなのかが見定めがたいのだ。『青色本』でウィトゲンシュタインは、形而上学者を、使用されている体系がうまくあてはまらない印象を与えるとりわけ重要な「事実」に基づいて、記号法の改変を強行しようとする人として描いている。「だが形而上学者のある主張が、通常の文法に対する不満の表現であるのを見てとるのは、その主張の言葉でまた経験的事実を述べることもできる場合、とりわけ難しい」（BlB, pp. 56–57〔『全集』第六巻、一〇五頁〕）。それはたとえば、自分以外の人が感じる痛みはほんとうの痛みではないと、独我論者が人に認めさせようとしているときに起こることである。かれが要求する独特の地位をかれに与えるような記述様式を採用して、独我論者を満足させようとするのなら、それは明らかに可能だ。ある意味では、それは、かれが要求する以上にかれと意見が一致すること、あまりに意見が一致しすぎることになる。なぜなら、かれが虫歯であるときにかれ自身がもつものを他人はもちえないと言うときに、独我論者はおそらく、かれがもつものを他人がもつと想定するのが無意味だとか、わたしたちの言語のこの表現様式をひたすら排除することが必要だとか言いたいわけではないのだから。というのも、かれが排除を望んでいるものは、それをわたしたちに認識されるはずの有意味な事実について語りうるのと同様に語りうるためには、なんらかの意味において可能であり続けなければならないからである。しかし反面、かれが要求しているのより、ずっと少なくしかかれと意見が一致していないようにも思われる。なぜなら、わたしたちがかれに譲歩したのは、ことがらを別のしかたで記述する可能性を認めるということだけで、痛みにかんする重要な事実を認めたわけではないからである。独我論者はそれを発見したと思っているわけだが。ウィトゲンシュタインが言わんとしているのは、自分の要求を形而上学者と正確に一致させるためのいかなる方法もないということである。というのも、形而上学者が望むのは、非経験的事実がわたしたちの体系の中で正しく表現されることであり、たんにわたしたちの表現方法の（規約的な）選択の中に反映されるだけではないからだ。

確定した表現様式を採用するために考慮されるべき形而上学的事実など存在しないといったん認めてしまったならば、次の二つのことが考えられる。第一には、自由に概念を創造する活動としての哲学それ自体のために（概念開発の可能性をそれ以外の場合には制限しているように見える厄介な拘束を免れているという明らかな利点をもって）、文法の自律性についてのウィトゲンシュタイン的テーゼを利用することである。第二には、ウィトゲンシュタインが数学的発明に認めていたのと同種の免責特権を、哲学的発明全体についても想定するように主張することである。しかしながら、それは実際上は、哲学的活動というものを、解決が目指される哲学的問題という発想から完全に分離することに帰着するだろう。また、哲学者自身がいわば、哲学的な良心に一切のとがめを感じることなく、(5)数学者と同種の本能的確実性に正当に安んじうることに帰着するだろう。「基礎を批判することによって数学の中のあるものが脱落するかもしれない、と多くの数学者が信じているということは、数学者が犯している注目すべき誤りである。しかし、一部の数学者はまったく正しい本能をもっており、われわれが一度計算したものは、基礎が批判されても、脱落したり消えてなくなったりすることはありえないと言っている。実際、基礎が批判されることによって消えてなくなってしまうもの、それは、計算の中に現われてくる名目であり暗示であって、それゆえ、散文と名づけてもよいものなのである」（WWK, p. 149〔『全集』第五巻、二一四頁〕）。もしも哲学が同種の確信を誇れないとすれば、それは、哲学の場合には、数学の場合に匹敵するいかなる区別も可能でないからである。というのも、哲学には、散文における叙述の混乱によって影響を受けることはまったくありえないと感じられるような、まさにその堅固な核が欠けているからだ。正確に言えば、ここにあるのは（哲学的）散文、つまり概念の混乱のみであるし、また、そこから始めるべき、いかなるアプリオリに確定された方法もない。これが、哲学的批判が物事を消し去ることができる——ある意味では、さらに哲学におけるほとんどすべてを消し去ることができる——理由である。もちろん、ウィトゲンシュタイン的な哲学観は、伝統的な哲学が実際に生み出してきたものと一致しないし、おそらくはウィトゲンシュタイン自身が哲学において成し遂げたこととも一致していないと評価しうるし、多くの注釈家たちもそう評価してきた。しかし、その不一致は、ウィトゲンシュタインが哲学的混乱とか哲学的ナンセンスと呼ぶものがこれまで一度も存在しなかったかのように、また、そもそも存在しえないかのようにふるまう理由にはならない。

　ウィトゲンシュタインの考察に存在論的としか言いようのない次元を回復したいという欲求をおぼえ、ウィトゲンシュタインが哲学者たちに提案したのは、存在論的問題を言語的問題に置き換えることだった——とりわけウィズダム〔訳注10〕はそう示唆している——ということに、疑義を呈する解釈者たちもいる。(6) しかし、ウィトゲンシュタインの観点からすれば、言語的問題を存在論的問題の位置につけるのも、ありもしない脅威におびえて存在論的問題の自律性や独自性を守ろうとするのも、およそ問題外である。ウィトゲンシュタインの考えでは、言語が哲学にとって重要なのは、哲学的問題の起源が言語にあるからであって、哲学が言語的問題——つまり、哲学がこれまで従事しているとつねに信じてきたのとは違うこと——に従事しているからではけっしてない（cf. WLC 1932–35, p. 13〔邦訳、二五—二六頁（文庫版六九—七〇頁）〕, p. 31〔邦訳、五九—六〇頁（文庫版一〇六—一〇七頁）〕）。むしろこう述べたほうが真相に近いかもしれない。存在論の理論家たちが言い表わそうとしていたことは、まさしく、ウィトゲンシュタインが「文法的」と呼ぶ種類の形態の考察のもとでしか、そのようなものではありえないのであり、ウィトゲンシュタインにとっては、他のありようであったことはいまだかつてないのである。そういうわけで、ウィトゲンシュタインが言っていることが「すべて偉大で重要なるもの」（PU, §118〔『全集』第八巻、一〇二頁〕）を破壊しているような印象を受ける人がいるかもしれない。けれども、じつのところ、かれが破壊しているのは、偉大さと重要さの幻想——とりわけ、「言語」とか「意味」とか「命題」とか「世界」といった特権的な語の文法が、例外的に深遠なことを開示しうるという幻想——でしかない。ウィトゲンシュタインによれば、それらの語の文法は、きわめてありふれた語の文法とまったく同じ地位にある。「本質は文法の中で述べられている」（PU, §371〔『全集』第八巻、二三一頁〕）といったん認められたなら、あらがうべき誘惑は、その表現のうちに重要なことがいわば隠されていると思いたくなる誘惑である。すなわち、文法が押しつける決まり事は、ある対象についての考察から引き出されてきたに相違ないのだけれども、その対象は、不幸にして、それをだれかに示そうとしてもできず、あまつさえ、自分自身にさえ示すことができないのである、というわけだ。それはあたかも、本質なるものに到達しようとして、気づけばただ言語と言語規則とともにある自分を見出していたようなものである。そしてその規則は、この種の対象がない以上、なにによっても正当化されえないように思われる規則なのである。ウィトゲンシュタインが文法的言明を、なんらかの対象の本性をアプリオリに確定するようなものとして提示するときに、神学の例が有効に使われている。

「あるものがいかなる種類の対象であるかは、文法が述べる。（文法としての神学）」（PU, § 373〔『全集』第八巻、二三一頁〕）。

「ルターは、神学とは「神」という語の文法であると言っている。わたしはそれを、「神」という語の探求は文法的探求である、という意味に解する。たとえば、人びとは神が何本の手をもっているのかと論じるかもしれず、そしてまた、神の手については語りえないのだと主張してその議論に加わる人もいるかもしれない。こうした議論は「神」という語の使用に光を投じるだろう。馬鹿げたこと、冒瀆的なこともまた、「神」という語の文法を示す」（WLC 1932–35, p. 32〔邦訳、六一頁（文庫版一〇八頁）〕）。

ウィトゲンシュタインが、神学の対象は「神」という語であって神ではない、と言いたいわけでないことは確かだ。それは、かれが、幾何学の対象は「立方体」という語であって立方体そのものではないとか、算術の対象は数字であって数でないとか示唆しているわけでないのと同様である。哲学が文法的探求だというのを盾にとって、哲学の対象はつまるところ語でしかないと思い込むのは、まったくもって馬鹿げている。じつのところ、神学は、神にかんして意味のあるしかたで語りうることと語りえないことを確定する学問だと理解することができる。ある問いを「文法的」と呼ぶなら、それはその問いを純粋に言語的な問いに変えてしまうと思うのは、文法が実在の記述に適用されるためにこそしつらえられるのを忘れることである。あるものがどのようなものであるのかを文法がわたしたちに語るとすれば、それは、わたしたちがそれ（その存在が信仰の対象となる神や、実在する立方体など）について語りうるようになるのはどのようにしてであるのかを文法がわたしたちに示すことによってにほかならない。ウィトゲンシュタインは、哲学が現象を見通す（durchschauen）ように努めなければならないという考え方に抵抗していた。というのも、実際に問題になるのは、現象についてわたしたちがどういう種類の言明を述べるのかを通じて、現象の可能性を記述することだからである（cf. PU, §90〔『全集』第八巻、九〇―九一頁〕）。哲学が文法的探求であるというのはそれゆえにであって、哲学が、ものではなく、言葉を対象とするからではない。ウィトゲンシュタインの解釈者たちは、この問題にずいぶんと悩まされてきたのだけれども、それはおそらく、かれらが以下のことをよく考察してこなかったためである。ウィトゲンシュタインが考えるような哲学は、実在に無関心であるかのような印象を与えるかもしれない。しかし、その基本的な理由は、そうした哲学が実在にではなく言語に関心があるからではない。むしろ、その対象が可能性によって構成されているからなのである。

　この本でわたしが直接手を出すのを慎重に控えてきたのは、現象学という観点からウィトゲンシュタインがどのような位置にあるのかを正確に確定しようとした解釈者がぶつかる難問である。「現象学＝論理学＝文法」というウィトゲンシュタイン的等式がなにを意味しているのかを精緻に査定するのは、別の機会に回すのが好ましいと思われる。「たしかに現象学は存在しないが、しかし現象学が扱っている問題の方は存在する」（BF, I, §53〔邦訳、三五頁〕）という断定は、どう考えればよりましに理解できるだろうか。ウィトゲンシュタインにとって、現象学の問題は概念分析の問題なのであり、概念的な問題はたしかにあるとしても、それに反して、概念的な発見や真理は存在しない、と考えればよい。論理学と科学との中間的な学問領域として現象学が可能であるためには、なにごとかを意味の可能性の（そしてそれと相関的に無意味の必然性の）原初的経験として語ることができなければならない。そして、ウィトゲンシュタインはまさに、そのように語りうるということを否定しているのだ。あるいは、より正確には、この種の経験とわたしたちとの間に、「恣意的」と思われるいくつもの選択と決断を、つねにすでに文法が割り込ませてきたように思われる。ウィトゲンシュタインが次のように述べるとき、かれは、数学的命題の本性についてのみずからの考え方にまったく忠実である。「2×2＝4をいまや現実に考えることができるようになった、と語っているひとりの論理学者をわたしは想像できるかもしれない」（BF, III, §109〔邦訳、一〇三頁〕）。この種の皮肉が、色彩の論理学の場合や色彩の数学（cf. BF, III, §3〔邦訳、六一頁〕）の場合にも同じくあてはまらないと考える理由が、わたしには見あたらない。つまり、「濃い黄色は濃い青よりも明るい」〔cf. BF, III, §9（邦訳、六三頁）〕を現実に考えることができるようになった、と語っているひとりの現象学者を想像することができる。かれがこの場合に現実になにをすることができたのか想像することは、明らかにまったく別問題である。ウィトゲンシュタインの考えでは、論理学に所属することと経験に属することとを区別してくれるのは、わたしたちがそれを「思考する」ことに努めなければならないなにごとかや、わたしたちがそれを実際に思考することに成功しうるなにごとかではなく、むしろ関連する命題の使用法にほかならない。「というのも、経験命題から論理学の命題を区別するのは、やはりひとつの心的随伴現象――人は『思考』をそのようなものだと思っているのだが――ではなく、その命題の使い方だからである」(BF, I, § 32〔邦訳、二九頁〕)。無時間的なことを思考する必要はない。むしろ、ある命題がどのように無時間的なしかたで――それも、ウィトゲンシュタインが「自然誌」と呼ぶものに属する命題としてでなく――使われうるのかを理解する必要がある(cf. BF, III, § 9〔邦訳、六三頁〕)。

こうした考察のせいで、なにものか(意味の起源ないし意味と無意味の分かれ目の起源)が失われてしまったと、あるいは決定的に消え去ってしまったと考えてしまうかもしれない。形而上学的な欠如や葛藤の感覚が、まさしく代償的種類の神話を紡ぎ出すかもしれないのは、言うまでもない。ウィトゲンシュタインはこうした感情を惹起すると同時に治療しようとしているのである。

原注

(1) « Bemerkungen über Frazers The Golden Bough », *Synthese*, 1967, p. 242.〔*Philosophical Occasions*, pp. 134–135.「フレーザー『金枝篇』について」、杖下隆英訳(『全集』第六巻、三九一―四二三頁所収)、四〇六頁。〕

(2) D. Gottlieb, « The Truth about Arithmetic », *American Philosophical Quarterly*, 15 (1978), p. 86.

(3) S. G. Shanker, *Wittgenstein and the Turning Point in the Philosophy of Mathematics*, Croom Helm, 1987, p. 215.

(4) « Ursache und Wirkung: Intuitives Erfassen », *Philosophia*, Philosophical Quarterly of Israel, 6 (1976), p. 393.〔*Philosophical Occasions*, p. 374–375.「原因と結果―直観的把握」(『原因と結果：哲学』、羽地亮訳、晃洋書房、二〇一〇年、一―七三頁所収)、一四頁〕

(5) 昨今流行の考え方に従えば、本来の意味での哲学的良心は、数学や科学一般においてと同様に、哲学においても居場所が見つからないありさまである。

(6) Cf. E. K. Specht, *Die sprachphilosophischen und ontologischen Grundlagen im Spätwerk Ludwig Wittgensteins*, Kölner Universitäts-Verlag, Cologne, 1963, pp. 78–86.

訳注

〔訳注1〕無限公理は自然数全体の集合が存在するのを主張する公理で、次のような論理式で定式化される（x'はxの後者）。

$$\exists A(\emptyset \in A \wedge \forall x(x \in A \rightarrow x' \in A))$$

空集合を最初の数として、その後者をとり、さらにその新しい数の後者をとる、というツェルメロやフォン・ノイマンの方法で構成した自然数すべてを含む集合が存在すると主張している。ウィトゲンシュタインが言いたいのは、おそらく、自然数無限の概念を前提しない「後者」――つまり、「その次の数」とか「1つ多い数」とかいう――概念などナンセンスだということであろう。

〔訳注2〕ゴットリーブ［Dale Victor Gottlieb］は米国の哲学者。生年不詳だが一九七〇年にヴァン・ハイエンオールト［Jean Louis Maxime van Heijenoort, 1912–1986］の指導の下で博士号を取得している。ジョンズ・ホプキンス大学の准教授・教授として教鞭を執った。現在はラビ・ゴットリーブ［Rabbi Dovid Gottlieb］として、エルサレムのユダヤ人共同体で指導的な役割を果たしている。哲学上の著書に *Ontological Economy: Substitutional Quantification and Mathematics*, Clarendon Press, 1980 がある。

〔訳注3〕数の言明を多重性帰属の論理式に書き換えるというのは、たとえば、$E!O''x(Fx)$（「二人がはげている」）という文を、

$$(\exists y)(Fy \land (\exists z)(Fz \land y \neq z \land \neg(\exists x)(Fx \land x \neq y \land x \neq z)))$$

（「はげている人が存在し、かれとは別のはげている人が存在し、かれらとは別のはげている人は存在しない」）という、数表現（O''）のない式で書き換えるような手続きのことである。数についてのこうした取り扱いについては、戸田山和久『論理学をつくる』、名古屋大学出版会、二〇〇〇年や、バーワイズ&エチメンディ『論理学の基礎と演習』、大沢秀介・白旗優・中川大・中戸川孝治・橋本康二訳、慶應義塾大学出版会、二〇〇六年などの論理学の教科書を参照されたい。なお、こうした書き換えに基づいて算術を再構成する着想は、David Bostock, *Logic and Arithmetic*, Oxford University Press, 1974 にすでにあるとゴットリーブは述べている。

〔訳注4〕無限を現実の存在者とすることが多くの困難を引き起こすことは、遅くともエレア派のゼノンの頃には、かなり明瞭に意識されていたと思われる。アリストテレスを筆頭に、無限とは際限なく繰り返しうること（可能的な無限）でしかないのだと理解するのが哲学の作法となっていった。キリスト教神学が現実無限としての神の概念を必須としても、世俗の学問の中に現実的な無限を持ち込むことはやはり抑制され、その態度は、ガウスら一九世紀の数学者たちによっても継承される。しかし、カントール（訳注5を参照）は、無限をあたかも自然数と同様の対象であるかのように順序づけ、それらの上での演算を可能にする手法を編み出した。かれはみずからの無限論を、超限集合論(transfinite Mengenlehre) と呼ぶ。

〔訳注5〕カントール［Georg Ferdinand Ludwig Philipp Cantor, 1845–1918］は集合論を創始したドイツの数学者。三角級数の研究にかかわって点集合の概念を開発したカントールは、一八七三年には自然数と実数のあいだに一対一対応の関係が成り立たないことを証明し（対角線論法）、以後集合論の研究に集中した。しかし、かれの集合論の構想は、クロネッカー（第一〇章訳注1を参照）ら当時の主流数学者から冷笑的な扱いを受け、それは晩年のカントールを心の病に沈めることになる。邦訳書に『カントル 超限集合論』、功力金二郎・村田全訳、共立出版株式会社、一九七九年がある。

〔訳注6〕シャンカー［Stuart G. Shanker, 1952–］はカナダの哲学者。一九八六年から九五年までヨーク大学の准教授・教授として教鞭を執る。ウィトゲンシュタインにかんする他の著作に *Wittgenstein's Remarks on the Foundations of AI*, Routledge,

1998 などがある。*Ludwig Wittgenstein: Critical Assessments* や、*Routledge History of Philosophy* 等の編集にも携わっている。

〔訳注7〕ヘルツはドイツの物理学者。電磁波の研究で名高い。かれの遺著となった『力学原理』は、序論――ここで提示される「像（Bild）」の概念が、『論理哲学論考』の像の理論に決定的な影響を与えたことは、広く認められている――と「物質系の幾何学と運動学」という表題をもつ第一部、「物質系の力学」という表題をもつ第二部とからなる。第一部でのすべての言明が、「カントの意味でアプリオリな判断」であり、内的直観の法則と論理形式に基づくのに対して、第二部では時間・空間・質量が、外部経験の対象の記号と見なされ、直観と思考の法則によってのみならず、経験によっても支えられる言明を得ることになる（『ヘルツ　力学原理』、上川友好訳、東海大学出版会、一九七四年、五九頁、一三九頁。カッシーラー『実体概念と関数概念』、山本義隆訳、みすず書房、一九七九年、二一〇―二一一頁を参照）。序文の訳注1をも見られたい。

〔訳注8〕フロイト［Sigmund Freud, 1856–1939］は、言わずと知れた精神分析の創始者。ブーヴレスは一九九一年の著書で、ウィトゲンシュタインの講義の同じ箇所を引用した上で、次のように述べている。「フロイトが批判されてよい点は、自分の体系の冒頭に普遍的な表現規範をおいたことではない。なぜならそれはまったく通常の科学的手続きだからである。批判されてよいのはむしろ、それ以上のことをいっさいやらなかった点である。さらに付け加えてこう言っておこう。表現規範の導入をプラグマティックな規準（その「実用的な」性格）から正当化したところで、それは、どのみち表現規範を受け入れてしまうわれわれの抗しがたい傾向に比べれば、とりたてて強調するほどのことでもない。ウィトゲンシュタインによれば、精神分析は、関連するもろもろの事実のための提示の体系あるいは記述の方法以上のなにものをも与えない」（『ウィトゲンシュタインからフロイトへ――哲学・神話・疑似科学』、中川雄一訳、国文社、一九九七年、一〇九―一一〇頁）。

〔訳注9〕ゲーテの『色彩論』は、教示篇・歴史篇・論争篇の三つからなる。教示篇からの抄訳がちくま学芸文庫（『色彩論』、木村直司訳、二〇〇一年）、歴史篇からの抄訳が岩波文庫（『色彩論』、菊地栄一訳、一九五二年）で出ている。全訳は、『完訳版　色彩論』、南大路振一・高橋義人・前田富士男・嶋田洋一郎訳、工作舎、一九九九年。

〔訳注10〕ジョン・ウィズダム［Arthur John Terence Dibben Wisdom, 1904–1993］は英国の哲学者。ウィトゲンシュタインの講筵に列した学生の一人でもある。ケンブリッジ大学等で教授を務めた。著書に *Other Minds* (1953) など。

訳者あとがき

過去についての反実在論に荷担していなくとも、誰も記憶していないし誰も知りたいと思わない過去の出来事など存在しないのも同然だというのは、それほど無茶な言い分でもない。しかし、この本の翻訳がいつどのように企画されたのかということも、おそらくそうした出来事の一つなので、いまここにこの本があるのは、誰も企画しなかった翻訳書が出版されているというのも同然ということになり、それはやはり奇妙なことに思える。

だからたぶんかつて誰かがこの本を日本語に翻訳しようと思い立ったはずであり、あくまで推測に過ぎないのだけれども、そう思い立った理由のうちには、この書物を通じてフランス哲学界の現状を報告したいという希望も含まれていたのではないかと考えられる。翻訳の作業があちらへと漂流し、こちらへと流浪しているあいだに四半世紀が過ぎ、かつて実現可能であったかもしれないその希望は、もはやけっしてかなえられることはなくなってしまったのだけれども。

四半世紀もあれば、ウィトゲンシュタインの数学の哲学についての研究も、それなりの進展を見ずにはすまない。A・ケニー[1]の『ウィトゲンシュタイン』（野本和幸訳、法政大学出版局、一九八二年。原著は一九七三年刊で、二〇〇六年に改訂版が出ている）は、とても優れたウィトゲンシュタイン哲学の紹介だと思うけれども、数学の哲学についてはほとんど触れられていない。これは、ウィトゲンシュタインにとってそれが重要でないとケニーが判断したためではなく、むしろ、執筆当時のウィトゲンシュタイン研究において、数学論方面についての蓄積が、入門書としてまとめるのに十分でなかったためだと思われる。しかし、今書いたのだとすれば、ケニーの選択も違っていたかもしれない。

本書も参照しているC・ライト（序文訳注7を参照）やS・G・シャンカー（結論訳注6を参照）の著作等を嚆矢として、この領域ではさまざまな研究が積み重ねられてきた。第六章の訳注1でも触れたように、ゲーデルの著作集が刊行されたことで、ゲーデルの数学の哲学は、哲学の素人による素朴な議論という従来の印象を一新したのだけれども、遺稿の研究等を背景としたウィトゲンシュタイン読解の蓄積も、数学の素人による怪しげな議論という、かつてのウィトゲンシュタインの数学の哲学への冷ややかな眼差しを変えつつある。たとえば、戸田山和久「〈ウィトは不完全性定理が分かって書いているのか〉問題」（『KAWADE道の手帖　哲学入門　ウィトゲンシュタイン』、河出書房新社、二〇一一年、五一—五六頁）や、水本正晴『ウィトゲンシュタインvs.チューリング』（勁草書房、二〇一二年）の「補遺1　ウィトゲンシュタインのゲーデル批判？」を読めば、ゲーデルの定理もまともに理解できていない哲学者、というウィトゲンシュタインについて抱かれていた描像は、もはや一昔前のものだと感じられるだろう。

ちなみに、右に挙げた河出書房新社の小冊子は、岡本賢吾のレクチャー「ウィトゲンシュタインの数学の哲学」（五七―七八頁）や、都留竜馬や渡辺大地らによるウィトゲンシュタインの著作の解題も収めており、本書の読者にとっても役に立つと思う。また、水本の著書は、*Wittgenstein's Lectures on the Foundations of Mathematics, Cambridge, 1939*（この講義録は本書も参照している）でのウィトゲンシュタインとチューリング[2]との議論に照明を当てた本である。認知科学について論じるのを目的としているが、（取り上げた素材からして当然ながら）数学の哲学についての記述が多くなっていて、本書での論点と重なるところも多い。私的言語の問題から数学の哲学についての考察に移って行ったという（本書序文を参照）ブーヴレスの関心は、意外に水本に近いのかもしれない。

さて、本書はそうした認識の転換以前の著作であり、ウィトゲンシュタインの数学の哲学についての最新の研究成果を伝えるものではまったくない。それにもかかわらず、この翻訳を出版しようと考えたのは、日本語で読める類書が依然としてほとんどないからである。飯田隆の『ウィトゲンシュタイン』（講談社、一九九七年）は日本の数学の哲学研究の指導者のひとりが書いた優れた入門書で、第一八章が数学の哲学の解説にあてられているものの、「現代思想の冒険者たち」という叢書の性格上、ウィトゲンシュタインという哲学者の全体像を描き出そうとしたものであって、数学の哲学に特に立ち入った議論がなされているとは言えない。かといって、クリプキの『ウィトゲンシュタインのパラドクス』（序文原注3を参照）では、あまりに特別の観点からのアプローチになってしまうだろう。

実際、まとまった分量の記述をウィトゲンシュタインの数学の哲学を正面から論じるためにあてている日本語の書籍となると、ごく最近刊行された水本の本くらいしかないかもしれない。それにしても本当の主題は認知科学なのである。本書が埋めるべき席には、まだ誰も座っていないと言ってよいと思う。

また、最近の研究の深まりは、一般読者が近づきにくいウィトゲンシュタイン文献を生み出してもいる。論理学や集合論や計算論についてひととおり以上の素養をもっていなければ、なんのことやらわけがわからないということになりがちなのである。それに対して、本書を読むのにそれらの訓練はほとんど必要ない(もちろん、入門書として書かれたわけではないので、歯ごたえは十分にあるけれども)。だから本書は、一般の読者が、これを読んでウィトゲンシュタインの数学の哲学に近づきうる書物である。あるいは、一般読者がウィトゲンシュタインを通じて数学の哲学に関心をもちうるような本である。そして、数学についてのウィトゲンシュタインによる思考のあれこれは、専門的研究者に独占させておくにはあまりに惜しいということを、十分に教えてくれる書物でもある。

実のところ、翻訳にあたって念頭に置いていたのは、なにか変な本を読みたいと思い立った大学の学部学生レベルの読者であり、訳注等で、日本語文献に関する記述をなるべく多く取り入れたのは、そうした読者の便を考えたためである。そうしたつもりで翻訳の作業を進めてみたら、四半世紀前の本を訳すのには意外な利点があることもわかった。出版直後に訳したとしたら、翻訳・紹介がなかったはずの(それどころか、原文テキストさえ手にはいりにくかったであろうようなものもある)——だから、ブーヴレスが参照していても、語学におぼえのある読者以外は、さらに進んで手を伸ばしかねただろう——少なからぬ文献が、いまでは読者に近づきやすいものになっていた、ということである。そういうわけで、訳注等を通じて、この翻訳では、ウィトゲンシュタイン研究や数学の哲学およびそれに関連する分野で、この二〇年ばかりのあいだに日本の研究者がどのような仕事を積み上げてきたのかをも、間接的に伝えることになった。

著者ジャック・ブーヴレス〔Jacques Bouveresse, 1940–〕は、フランスの哲学者で、ジュネーヴ大学やパリ第I大学で教鞭を執ったのち、一九九五年からコレージュ・ド・フランス教授を務めている（二〇一〇年に退官し、現在は名誉教授）。フランスにおけるウィトゲンシュタイン研究の第一人者といってよい。ただし、かれの仕事はその枠に収まりはしない。金森修は、ブーヴレスの業績を「ウィトゲンシュタインを蝶番のように自己の知的世界に配置しながら、彼を中心に、フレーゲ、ラッセルらに繋がる分析哲学、今世紀〔引用者注：二〇世紀のこと〕初頭のウィーン文化、戦後ドイツの思想というように触手を伸ばし、独自の構図と視野をもつ知的世界を構成しつつある」（「ジャック・ブーヴレス――現代フランス思想批判」（金森修『自然主義の臨界』、勁草書房、二〇〇四年、二四二―二五四頁所収、初出は二〇〇〇年）、二四七頁）と評している。そして、二〇世紀初頭ウィーン文化にかんしては、ウィトゲンシュタインと並んでムージル[3]とカール・クラウス（序文訳注2を参照）について周到な研究をなし、また、現代ドイツ思想については、スローターダイク[4]やブルーメンベルク[5]らの著作に準拠するという、ブーヴレスの際立った独創性を指摘する。

しかし、右の金森の文章でもそれが主題になっているように、日本の読書子には、ブーヴレスといえば、むしろ現代フランス思想の批判者として知られているのではないか。というのも、『哲学の自食症候群』（*Le Philosophe chez les autophages*, Éditions de Minuit, 1984. 大平具彦訳、法政大学出版局、一九九一年）、『合理性とシニシズム』（*Rationalité et cynisme*, Éditions de Minuit, 1984. 岡部英男・本郷均訳、法政大学出版局、二〇〇四年）、『アナロジーの罠』（*Prodiges et vertiges de l'analogie. De l'abus des belles-lettres dans la pensée*, Raisons d'Agir, 1999. 宮代康丈訳、新書館、二〇〇三年）という、セール[6]やデリダ（第四章訳注4を参照）など、ポストモダニズムやポスト構造主義の「スターたち」の仕事を厳しく批判する著作が、いち早く日本語に訳されてきたからである（本書の序文でもブーヴレスのそうした顔の片鱗が窺えよう）。

そういえば、ほかに邦訳がある『ウィトゲンシュタインからフロイトへ』（*Philosophie, mythologie et pseudo-science. Wittgenstein lecteur de Freud*, Éditions de l'Éclat, 1991. 結論訳注8を参照）と『言うことと、なにも言わないこと』（*Dire et ne rien dire. L'illogisme, l'impossibilité et le non-sens*, Éditions Jacqueline Chambon, 1997. 中川雄一訳、国文社、二〇〇〇年）にしても、広い意味でのウィトゲンシュタイン研究には違いないものの、むしろ、金森の言う「三極構造」のうちの、前者はウィーン文化の研究に、後者はフレーゲらの分析哲学の研究に寄った書物である。

つまり、『不幸な言葉』（*La Parole malheureuse. De l'alchimie linguistique à la grammaire philosophique*, Éditions de Minuit, 1971）、『ウィトゲンシュタイン——韻律と理性』（*Wittgenstein : la rime et la raison. Science, éthique et esthétique*, Éditions de Minuit, 1973）、『内面性の神話』（序文原注1を参照）、『規則の力』（一九八七年、本書）、『可能的なものの国』（*Le Pays des possibles. Wittgenstein, les mathématiques et le monde réel*, Éditions de Minuit, 1988）と続いた、ブーヴレスの業績中のいわば主要山脈をなすウィトゲンシュタイン研究群は、日本語訳ということでは手つかずの状態であって、本書は（意外にも）このフランスの重要な哲学者の主著群の一つをはじめて翻訳紹介することとなった。

さて、ブーヴレスを、英米圏やドイツ語圏の哲学・思想に通じた哲学者であり、いわゆる現代フランス思想の敵手として紹介したのだけれども、これはかれがフランス哲学の伝統に冷淡であることをまったく意味しない。フランスには、数学の哲学の研究に独自の確固たる蓄積があり、ブーヴレスはウィトゲンシュタインを読み解くにあたって、それに随所で依拠している。ポアンカレ（第六章訳注5を参照）

をしばしば引き合いに出すのは当然だろうが、それには留まらない。たとえば、第二章の終わりでは、ウィトゲンシュタインが出会った問題とボレルが取り組んだ問題との共通点を指摘している。また、第六章の始めには、フランス・エピステモロジーの哲学者たちに明示的に言及もする。第一一章の表題で「必然的真理の歴史性」という言いまわしを使っていることを挙げてもよい。近藤和敬が指摘するように、カヴァイエスの数学の哲学が格闘したのは、〈時間の外にある真理の歴史性〉というパラドクスにほかならなかったからである[(7)]（「カヴァイエスと数学史の哲学」、金森修編著『エピステモロジーの現在』、慶應義塾大学出版会、二〇〇八年、九三―一五〇頁所収）。

かくして、本書は、ウィトゲンシュタインを媒介として、交流が盛んだとは言いがたい英米系の数学の哲学とフランス・エピステモロジーの数学の哲学とのあいだに連絡口を見つける試みであると解することもできる。こうした企ては、他の国でも日本でも、けっしてありふれてはいない。ウィトゲンシュタイン（および数学の哲学）へのユニークな導入になるということ、ブーヴレスの主著群の最初の邦訳であるということに加えて、この点を本書の三番目の特色に挙げておく。

本書の主人公ウィトゲンシュタイン［Ludwig Wittgenstein, 1889–1951］について、ここで説明を加えるのは蛇足だろう。はじめてそのような哲学者がいることを知って、かれの人となりに興味を抱いたという読者には、あくまで教え子による回想であって、本格的な評伝ではないけれども、ノーマン・マルコムの[(8)]『ウィトゲンシュタイン――天才哲学者の思い出』（板坂元訳、平凡社ライブラリー、一九九八年）を薦めたい。長尺の伝記も――伝記は適切な短さを守らなければならないと述べたのはリットン・ストレイチー（第一章訳注1を参照）だった――出版されているが、そうした本にはないよさがあると思う。

ところで、先にも述べたように本書は論理学の素養をとくだん必要としないけれども、初等的な論理学用語は若干登場する。たとえば、「トートロジー」という、その定式化がウィトゲンシュタインに帰されることもある概念は、七章の主題の一つになっている。本書の議論をよく読めばおおよその理解は得られるだろうということと、それは訳注の守備範囲を逸脱してしまうだろうということから、「トートロジー」や「真理関数」や「結合子」や「量化」やらに、いちいち注釈を重ねていくのは避けた。どうも気持ちが悪いという読者には、大学初年次学生向けに書かれた現代論理学の教科書などをちらちらとご覧いただければ、本書を理解するには十分だと申し添えておこう。

翻訳の作業は、まず、序文から第八章までの訳稿を村上が、第九章から結論までの訳稿を中川が作り、その上でそれを両者で検討して直していくという順序で進めた。推敲や改稿が重ねられたので、当初の分担に実質はなくなっていると思う。ちなみに、検討会の多くは、北海道大学の哲学研究室でおこなった。貴重な空間を使わせていただいたことに感謝を申し上げる。

さて、最初に述べたように、本書の翻訳作業は、多くの人の手を経て、現在の訳者のところまで漂着してきたもので、そのすべての人を訳者は知っているわけではない。なので、訳者が知る若干の人の名前だけを挙げて謝辞を述べるのは、かえって公正を欠くことになると思う。そこで、それはまとめて省かせていただく（どうもすみません）。とはいえ、現在の翻訳の刊行に直接その手を煩わせた二人の方は別であろう。

本書の仕上げにかかわったのは、法政大学出版局の前田晃一さんである。訳者の作業がなかなか進まず、いろいろとご心配をおかけした上に、某社のワープロソフト（あえて商品名は出さない）が使いにくいとか、本来ならビル・ゲイツ（あ、言ってしまった）が聞くべき文句まで聞いてもらって、まったくおわびの言葉もない。校正にあたっては、表記の統一や字句の選択について綿密な検討をしていただいた。本書が読みやすく美しい仕上がりになっているとすれば、それはもっぱら前田さんのご尽力のおかげである。

北海道大学大学院文学研究科の中島孝一さんには、何度にもわたる訳文の検討会に出ていただいて、後期ウィトゲンシュタイン哲学研究の専門家の立場からさまざまな助言をもらった。訳者たちには盲点になっていたことを数多く指摘していただき、さもなければずいぶんと間の抜けた翻訳になっていたかもしれないのを救われた。検討会後の二次会では、訳者たちの肝臓にかなりの負荷が与えられたが、それに見合う以上のことをしていただいた。改めてお礼を言いたい。

注

（1）アンソニー・ケニー［Anthony John Patrick Kenny, 1931–］は英国の哲学者。心の哲学やスコラ哲学の研究で知られる。他の邦訳書に『トマス・アクィナスの心の哲学』、川添信介訳、勁草書房、一九九七年、『フレーゲの哲学』、野本和幸訳、法政大学出版局、二〇〇一年などがある。

（2）アラン・チューリング［Alan Mathison Turing, 1912–1954］は、二〇世紀のケンブリッジを代表する英国の数学者。チューリングマシンやチューリングテストの概念で名高い。ドイツのエニグマ暗号を打ち破った救国の英雄でありながら、同性愛者として迫害され、若くして自殺した。ペゾルド『チューリングを読む』、井田哲雄・鈴木大郎・奥井哲・浜名誠・山田俊行訳、日経PB社、二〇一二年は、チューリングの一九三六年の著名な論文「計算可能数とその決定問題への応用」に長大な解説・注釈を付す。その他の邦訳論文に「計算機械と知性」（高橋昌一郎訳、『現代思想』（青土社）、四〇巻一四号（二〇一二年一一月臨時増刊号）、八―三八頁）、「解ける問題と解けない問題」（田中一之訳、田中一之『チューリングと超《メタ》パズル』、東京大学出版会、二〇一三年、左五―左二八頁）がある。

（3）ロベルト・ムージル［Robert Musil, 1880–1942］はオーストリアの作家。未完の長編『特性のない男』で知られる。松籟社から著作集が、法政大学出版局から日記の完訳が刊行されている。

（4）スローターダイク［Peter Sloterdijk, 1947–］はドイツの批評家・哲学者。ブーヴレスは『合理性とシニシズム』で、かれの『シニカル理性批判』（高田珠樹訳、ミネルヴァ書房、一九九六年）を援用しつつフランスのポストモダニズム思想の退廃を難じている。これは、スローターダイクが、フランクフルト学派等のリベラル左派を挑発・批判するポストモダニズムの論客として知られていることからすれば、皮肉とも言える。

（5）ブルーメンベルク［Hans Blumenberg, 1920–1996］はドイツの哲学者。カッシーラー［Ernst Cassirer, 1874–1945］のシンボル形式論を継承した独自の隠喩論を展開し、それに基づき思想史を再構築しようと企てる。邦訳書に『近代の正統性』（三巻）、斎藤義彦・忽那敬三・村井則夫訳、法政大学出版局、一九九八―二〇〇二年、『コペルニクス的宇宙の生成』（三巻）、後藤嘉也・小熊正久・座小田豊訳、法政大学出版局、二〇〇二―二〇一一年などがある。

（6）ミシェル・セール［Michel Serres, 1930–］はフランスの哲学者。「ヘルメス」連作の翻訳（『コミュニケーション』、『干渉』、『翻訳』、『分布』、『北西航路』）が法政大学出版局から刊行されているほか、邦訳書多数。

（7）カヴァイエス［Jean Cavaillès, 1903–1944］はフランスの哲学者。ナチス占領期にレジスタンス運動に挺身し、処刑された。「公理的方法と形式主義」や「抽象集合論の形成についてのいくつかの注意書」における数学史研究、および獄中での遺著『論理学と学知の理論について』によって、フランス・エピステモロジーの基礎を築いたと評される。日本で書かれた研究書に近藤和敬『構造と生成I　カヴァイエス研究』、月曜社、二〇一一年がある。

（8）ノーマン・マルコム［Norman Malcolm, 1911–1990］は米国の哲学者。ケンブリッジ大学に留学してウィトゲンシュタインのもとで学んだ。他の邦訳書に『何も隠されてはいない』、黒崎宏訳、産業図書、一九九一年などがある。本書序文訳注3も見られたい。

著者

ジャック・ブーヴレス（Jacques Bouveresse）

1940年生まれ。エコール・ノルマル・シュペリユール卒。パリ第I大学教授などを経て、1995年にコレージュ・ド・フランス教授に就任。2010年に退官し、現在は同名誉教授。ウィトゲンシュタインや、ムージルやクラウスなどの研究で知られると同時に、フランス現代思想に対する厳しい批判でも知られる。邦訳された著書に、『哲学の自食症候群』、『合理性とシニシズム――現代理性批判の迷宮』（以上、法政大学出版局）、『アナロジーの罠――フランス現代思想批判』（新書館）、『ウィトゲンシュタインからフロイトへ――哲学・神話・疑似科学』、『言うことと、なにも言わないこと――非論理性・不可能性・ナンセンス』（以上、国文社）がある。

訳者

中川 大（なかがわ・はじめ）

1961年生まれ。北海道大学大学院文学研究科博士課程単位取得退学。北海道大学文学部助手などを経て、現在、北海道教育大学教授。専攻・哲学。著書に、『ウィトゲンシュタインの知88』（共著、新書館、1999年）、『分析哲学の誕生』（共著、勁草書房、2008年）。訳書に、ヒラリー・パトナム『理性・真理・歴史――内在的実在論の展開』（共訳、法政大学出版局，2012年〔新装版〕）、飯田隆編『リーディングス　数学の哲学――ゲーデル以後』（共訳、勁草書房、1995年）、論文に、「色彩空間と排中律――中期ウィトゲンシュタインにおける反直観主義哲学の構想」（『北海道大學文學部紀要』41巻2号、1992年）など。

村上友一（むらかみ・ゆういち）

1969年生まれ。北海道大学大学院文学研究科博士課程単位取得退学。札幌学院大学非常勤講師などを経て、現在、カフェ・パンジ販売担当。専攻・倫理学。著書に、坂井昭宏・柏葉武秀編『現代倫理学』（共著、ナカニシヤ出版、2007年）、川端繁之編『哲学的諸問題への誘い』（共著、梓出版、2006年）、論文に、「行為者性と道徳的責任――フィッシャーとラヴィツァの責任論」（日本倫理学会編『倫理学年報』第59集、2010年）、「応対的態度の系譜学――ストローソン・ダーウォル・ウィリアムズ」（北海道哲学会『哲学年報』第57号、2011年）など。

《叢書・ウニベルシタス　1008》
規則の力
ウィトゲンシュタインと必然性の発明

2014年4月7日　初版第1刷発行

ジャック・ブーヴレス
中川 大・村上友一 訳
発行所　一般財団法人　法政大学出版局
〒102-0071 東京都千代田区富士見 2-17-1
電話03(5214)5540 振替00160-6-95814
組版：HUP　印刷：平文社　製本：積信堂

Printed in Japan

ISBN978-4-588-01008-8

人名索引

タ行

ナ行

ハ行

マ行

ラ行

ワ行

事項索引

ア行

カ行

サ行

タ行

ナ行

ハ行

マ行

ヤ行

ラ行

ウィトゲンシュタイン著作索引